纵横精华

情系国宝

刘未鸣　刘　剑　主编

国宝沉沦呐喊
魂牵中华大地

中国文史出版社

目 录

故宫国宝的守护者：马衡

―――――

马文冲

先父马衡，字叔平，别号无咎，浙江鄞县人，生于 1881 年。1955 年 3 月 26 日在北京逝世。他毕生致力于我国金石学的研究，数十年一直从事历史文物的搜集、整理、保护，自 1933 年至 1952 年他一直担任故宫博物院院长，在战火纷飞的年代里，为保护国宝文物，竭尽全力，正如郭沫若先生在先父遗著《凡将斋金石丛稿》一书的序言中写道："马衡先生同时还是一位有力的文物保护者。中国古代文物，不仅多因他而得到阐明，也多因他而得到保护。"他毕生以保护祖国历史文物为己任，视同自己天职，任何时候，只要得悉某地历史文物被盗或蒙难，他立即不计个人安危得失，挺身而出，一面向社会和当局呼吁，一面亲临现场，奋力挽救。许多历史文物"多因他而得到保护"的事迹，不胜枚举，在此仅录数端荦荦大者以飨读者。

保护古代壁画，免于流落国外

1926 年，有山西古董商运抵北京多箱壁画，打算秘密盗卖给外人，以谋厚利。父亲得悉此讯，以年来国内古物、美术品被盗运海外者时有发生，国内好古之士欲求一睹之机而不可得，不仅考古家引为憾事，亦为国人之大辱，遂组织人员四出察访，以谋抢先购得而保存之。嗣经人介绍得睹原图，凡59方，壁高丈余，长约10丈，惜中缺数方，不能恢复旧观。经磋商价购，以4000银圆得之。其画虽丈余巨制，而前后照应，一气呵成，可以断定必出自名手，非常工所能为，惜无当时题字，不能确定年代。嗣后按古董商所言，着人前往山西稷山县小宁村兴化寺实地调查，证实乃为大元国戊戌（太宗十年）即宋理宗嘉熙二年所立。因之此壁画之年代得以确定，当为公元1238年。原物收归故宫博物院保存。

敦煌壁画一经发现，举世瞩目。昔有美籍瑞典人斯文赫丁，早在清末即曾在我国新疆境内盗掘木简甚伙，乃系两汉时遗物。至20世纪20年代，又潜入甘肃敦煌盗窃莫高窟壁画。父亲对于外国人盗贼式的劫掠我中华文化遗产，深恶痛绝，绝难容忍。当得悉此讯，立即以北大的名义向社会及北洋政府当局呼吁和检举，并亲自赶往现场，会同当地政府部门，将这一国际文化窃贼驱逐。在当时国力不振的情势下，也只能如此解决。当时发现壁上已有数幅画面被盗，据闻系用先进的科学方法，将整幅幕布用药水浸透，贴附壁画之上，然后将画面与幕布一同揭下，盗回国去，再将幕布贴附壁上，画面即移植壁上。所盗几幅壁画当即查获扣留，幸免遭流落国外之灾。新中国成立初期，父亲曾写过一篇文章，详述此事件之始末，登载于一本宣传爱国主义的小册子上。迄今经40年变迁，已无法找到这本资料，只凭模糊的记忆，略述梗概，深感遗憾。

呼吁严办东陵盗宝者

1928 年 7 月，孙殿英东陵掘墓盗宝一案，曾经轰动一时，报章杂志争相连续报道。此案父亲亦是最早举报者之一，时任北大教授，兼任故宫博物院古物馆馆长。孙甫作案，父亲即得琉璃厂古董商之密告，闻之十分愤慨，以清东陵乃历史古迹，应留作史家研究，政府自当保护，岂可任匪徒劫掠，遂会同有关方面向当局举发，呼吁政府对盗卖宝物者严拿究办，追出赃物交有关部门珍重保存，以免散佚。同时，又亲往东陵现场勘查。据闻孙殿英部开进东陵后，声称要搞军事演习，四处设岗放哨，禁止通行。入夜，派工兵营用炸药轰开陵墓 14 座，其中主要为乾隆、慈禧二陵。开棺时，慈禧面貌一如生前，传说因其口中有一颗明珠故也；见风后，面色发黑，尸骸抽缩，衣服风化，片片碎裂。孙部遂将随葬珍宝劫掠一空。哄传被盗珍宝不计其数，仅钻石、明珠一项，竟重达四五十斤之多。流传尚有翡翠西瓜、蝈蝈白菜，其色泽、条纹与真者无异，蝈蝈振翅欲鸣，栩栩如生，巧夺天工，可称稀世珍宝。

此案轰动中外，全国舆论极为重视。北平当时属山西省主席阎锡山所辖，组织了军事法庭会审，派商震为审判长主持其事，并特请父亲作为考古专家，到庭鉴定赃物并做证。孙殿英看到情势严重，乃多方设法，力求解脱，暗托特务头子，用盗陵的珍宝，到处行贿，直达党国要员。果有奇效，不仅本人逍遥法外，还把已经被捕的要犯师长谭某也保释出来。待到风平浪静，孙将大量珍宝从天津租界出手，大发横财。这批价值连城的珍宝就这样被糟蹋得无影无踪。从此轰动全国的孙殿英东陵盗宝一案，不了了之。

1930 年，中原大战开始后，孙殿英虽是举世皆知的盗宝犯，但毕竟还掌握一定武力，阎锡山为了利用孙殿英，欲争取他出任北平卫戍要职。孙乘机提出条件，要求先通缉故宫马某人，以泄其愤。当时北平的主政者为山西方面的李服膺。他一面答应，一面着人透露信息，通知父亲暂避一时，免遭暗算。孙殿英是靠土匪起家的无赖，什么事情都干得出来，其所部副师长赵某，即因盗陵案发生后，有不利于孙的言行，当即遭孙暗杀。所以父亲得讯后，不得不郑重对待。那天父亲回到家已是晚上9点半钟，母亲匆匆为他整理随身衣物和行装，在友人陪同下由东交民巷进入前门火车站，乘夜车抵天津，转乘轮船赴上海。逗留南方期间，曾在西湖西泠印社受聘担任一届社长。未几，北方政局变迁，父亲才又回到北平。当父亲由北平出走，抵天津投宿旅馆登记时，为防不测，化名"马无咎"。咎者，罪也，凶也。含义是"虽出走，却无罪过，无凶险。"充满了乐观与信心。嗣后，即以"无咎"作为别号，晚年尝以"无咎老人"署名、落款。这就是"无咎"别号之由来，也留下了为保护祖国文物，不畏强暴，不计个人安危得失的一个纪念。

组织故宫国宝大迁徙

1931年，"九一八"夜，日军偷袭沈阳，数日间山河变色，东北沦陷，翌年上海"一·二八"事变，日军又欲窥我沪滨，随之虎视华北，肆无忌惮地进行着侵占的准备，中日关系已是"山雨欲来风满楼"之势。1933年，父亲受任故宫博物院院长之职，当他受任之际，故宫古物也正面临蒙难之时。鉴于惨痛的历史教训和严峻的政治现实，迫使有关当局作出转移故宫国宝的决定。形势紧迫，刻不容缓。父亲决定把上海作为古物迁徙的第一站，立即组织大量人力，拣选古代艺术珍品，进行清点、登记、装箱。这是一项非常细致而又繁重的工作，点验不仅要登记品名、件数，有些还要记重量、颜色、尺寸、款式、有无损伤等；装箱更须注意安全，以防运输中损毁；尤其要严防忙乱中被盗窃，其责任异常重大。由于策划、组织工作有条不紊，以及全体职员的努力与负责，清点装箱工作进行得非常顺利。一个夜深人静的晚上，紫禁城的大门缓缓打开，装载木箱的独轮车一辆辆鱼贯而出，任护卫的宪兵和警察伫立道路两旁，夜静如水，只能听到车轮碾在石板路上的隆隆响声，一小时接一小时的过去，手推车川流不息地穿过天安门广场，来到前门火车站。木箱顺序装上两列火车，每节车厢装满后，即被锁住、封死，车皮两头有武装警卫。一切停当，汽笛一声长鸣，火车缓缓驶出北京城，经天津南下，直达上海。在 5 个月中，共开出 6 列火车，装载近 2 万个木箱，木箱里装着 24 万多件中国古代艺术珍品，其中包括自秦代以来的书法和绘画作品，商代的青铜器和玉器，宋代的瓷器，还有无计其数、价值连城的钻石、明珠、象牙、翡翠、玉雕等稀世珍宝，皆中华古代文化之精粹，中国古代艺术之代表作。

上海的英、法租界，非国宝久停之地，经行政院批准，在南京水西门朝天宫的土山下，建筑故宫分院地下仓库，工程极其宏伟，仅两道铜制密码防盗门即耗资数百万银圆。建成，可防空袭、防盗、防火、防水，仓库内有照明及供氧设备。1936 年建成，存放在上海的古物陆续迁入。整理工作尚未及完成，便爆发了卢沟桥事变，继而"八一三"上海烽烟又起，南京也连遭日机轰炸，国宝转移又迫在眉睫，父亲连忙再安排文物西迁，决定分南、北、中三路出发。

1937 年 8 月 14 日，南路第一批文物乘船离开南京，抵汉口转汽车至长沙，将文物存放湖南大学图书馆的地下室里。父亲随即赶到长沙视察，感到此地甚不安全，决定再找汽车继续向大西南进发。就在他们离开长沙不久，该图书馆即被日机炸弹夷为平地。这批文物西行到达贵州的安顺，找到一个既干燥又通风的山洞，就在那里沉睡，一直到抗战胜利。

11月10日，北路第二批文物乘三列专车，从南京开出，北过长江，经徐州转陇海路，经郑州西抵宝鸡。火车一出南京就遇到日机袭击，幸无损失。翌日，抵郑州时，又遭敌特放火破坏，幸赖车站人员及时将列车从大火中开出。当南京陷落时，专列已安抵宝鸡。日机又跟踪而至，万幸未遭损失。紧接着又传下转移的命令，改乘汽车，翻越秦岭，攀缘唐代大诗人李白当年入蜀的"难于上青天"之古道，向峨眉山进发。从宝鸡到汉中，虽仅百余公里，却行驶了一个多月，沿途屡遭日机追袭，满载文物的汽车队未敢稍怠，在蜿蜒崎岖的蜀道上整整盘桓了一年有余。进入四川盆地后，道路越发难行，遇到天雨，一片汪洋，分不出路面、路沟、河道。竟有一次，一辆满载古书的卡车，不慎滑下山坡，直冲向河床，撞到一座桥墩上，司机不幸殉职，古书全部翻入河床，幸河床已干涸，古书无损。经一年多旅途颠簸，最后在峨眉山脚下的一座古庙里，这批文物找到了安全的避难所。

进入12月，上海已被日军攻占，第三批，也是最大一批国宝，尚滞留在南京城中，城里一日数惊，人们争先恐后要逃出城去；长江交通混乱，往来船只十分难找。父亲已在武汉，派职员牛德明务必排除万难，赶回南京，抢运第三批文物。时已是南京沦陷前夕，浦口江面只停有一艘英国轮船。英国船长慑于日军飞机的淫威，拒绝载运。再三与之交涉，许以中方管理人员同船前往，始勉强成行。12月3日，中路第三批文物乘英轮离开南京，驶向汉口。12月10日，日军向南京发动进攻，12日夜南京沦陷。若不是父亲抓紧时机策划督促，以及押运搬迁人员不畏艰险，忠于职守，大批文物就可能落入敌手。这艘英轮驶抵汉口，因形势紧迫，货未下船，继续向重庆进发，中途传来消息，那里连遭日机轰炸，亦不安全。经反复权衡，最后选定乐山为最后目的地。但由于乐山地处岷江中游，英轮到达宜宾就上不去了。这批文物在宜宾等待运输工具滞留了一年。1939 年 9 月才抵达乐山。在登岸过程中，又发生一个惊险插曲，当装文物的木箱搬上筏子，由纤夫们拉向江岸时，突然一个筏子的纤绳断了，筏子随着汹涌的激流奔腾而下，筏子上的人惊呆了，岸上的人不知所措，在筏子将与大船相撞的千钧一发之际，勇敢的筏工急中生智，突然掉转舵把，使筏子冲上浅滩，才保住文物没有葬身江底。

1939 年底，三批文物俱已得到妥善安置。在寻觅选定安全地点中，父亲都亲临现场勘察，反复权衡，才作出最后决定。在那严酷的战争环境中，恶劣的自然条件下，任务艰巨，时间紧迫，交通困难，父亲和故宫的同人们竭尽全力把 20 余万件文物搬迁存放到安全地带，直到抗战胜利，这 20 余万件国宝无一受损，无一失落，无一被盗，全部安然返回南京，这不能不说是个奇迹。父亲却从不以此居功，甚至绝少提及。郭沫若先生在《凡将斋金石丛稿》一书的序言中，对此事迹给予充分肯定，写道："前日本帝国主义发动大规模侵华战争时期，马先生担任故宫博物院院长之职，故宫所藏古物，即蒙多方将护，运往西南地区保存。即以石鼓①十具而论，其装运之艰巨是可以想见的。但马先生从不以此自矜功伐。"父亲一生，在金钱和荣誉面前，从来都是这样处之淡然。

为故宫增添稀世国宝郭瓷与杨铜

1944 年，抗日战争接近胜利，国民政府教育部在重庆成立一个"清理战时文物损失委员会（简称清损会），次长杭立武是主任委员，

---

① 石鼓为秦刻石，我国石刻中最古者，称刻石或碣，唐宋以来多称石鼓。

父亲与梁思成①、李济②等任副主任委员。1945 年 8 月日本投降，清损会立即在重庆召开一次会议，确定派往京沪、平津、武汉、广州等地区之工作人员，调查沦陷期间文物损失情况，进行追查索偿和收复工作。派沈兼士③为清损会平津区代表，王世襄为助理代表，王世襄 1941 年毕业于北平燕京大学研究院，1943 年穿过日军封锁线到达重庆，与先父有世交之谊，由于精通英语，又识文物，为先父罗致故宫工作。

1945 年，第二次世界大战结束，美国纽约大都会美术馆副馆长翟荫来到重庆，受联合国文物保护组织委托，来华观察调查战后中国的文物损失及保护情况。他提出希望能到成都、西安、北平三地观察后返美。王世襄自然是陪同译员的最佳人选。父亲对于外国人，警惕性甚高，特地叮嘱王世襄："对翟荫必须密切注意，防范他借观察、调查之名，进行盗窃、搜购文物，如有此等事情发生，应立即阻止，并报告清损会"。一路上，王对翟荫谨慎戒备，形影不离。

动身前，父亲特地对王世襄介绍了北平"郭瓷"的情况，"郭瓷"系指郭葆昌所收藏的瓷器。郭葆昌，字世五，号觯斋，西城羊市大街古玩铺学徒出身，精明干练，为袁世凯赏识，委赴景德镇烧制洪宪瓷。他对瓷器鉴定有一定实际经验，喜藏书画、古瓷，编有藏瓷图谱《觯斋瓷乘》20 册。故宫古物南迁之前，他受聘该院瓷器、书画审查委员。约于 1935 年前后逝世，藏瓷为其子女郭昭俊等数人所有。父亲对这批文物素有了解，一向十分关心，所以在王世襄去北平之前，特地向他交代："郭瓷是一批重要文物，其中有些是稀世精品，清官窑仿古'彩牺耳尊'连故宫都没有，你到北平后要注意这批瓷器，向郭家的人恳切地

---

① 梁思成，时为研究古代建筑的中国营造学社社长。
② 李济，时为中央博物院筹备处主任。
③ 沈兼士，教育部特派员，曾任故宫博物院文献馆馆长。

谈一谈，最好不要让它散掉，将来完整地归公家收藏才好。"但是具体如何归公，父亲没有说，因为这不是敌产，除收购别无他法，而收购需要一笔巨款，父亲心里明白，当时请专款收购古物，不仅不会批准，也许还会遭到物议。故仅示原则，并无具体措施，全看受托者见机而行了。王受此重托，抵平就先找到郭昭俊，郭谓："其家瓷器虽已分成几股，但并未散失，也未出售，若公家收购乃求之不得。"唯因牵涉价购问题，一时无法开展。这时王世襄想起一位前辈朱启钤，号桂辛，两家夙有交往。民国初年，朱老曾任交通总长、内务总长，虽供职政界，但对祖国文化十分重视，素有提倡建树之功，曾筹划成立我国最早的艺术博物馆古物陈列所，也曾出资创办研究古建筑的唯一机构——中国营造学社。他对古代文化的许多学科也多有贡献，受到中外人士推崇。并与当时国民党上层官员颇多交往，因而王世襄想到应去向这位前辈请教如何进行，或能找到解决途径。果然得到朱老的关注和兴趣，也恰好当日下午适逢行政院长宋子文约会来访，朱启钤当即将这批瓷器的价购问题面陈，委托宋给解决，宋当即表示同意。几经努力，多方周旋，1946 年7 月，郭昭俊到故宫面称，全部藏瓷已由政府收购，请故宫择日去郭家验收，经过 4 天逐件核对点验后，运回故宫列为国宝，存入延禧宫库房。据闻宋子文收购郭瓷付给了 10 万美元巨款，名义算为捐献，并给郭昭俊在中央银行安插一个工作。此事牵涉重金价购，据当时情况，很难指望能如此顺利解决，当然这与王世襄对工作的认真执着分不开，也体现了父亲知人善任的特点。

　　另一件，关于没收德商杨宁史青铜器 240 余件免遭流落海外之灾。抗战时期，平津两地文物流失极为严重，除侵略者盗窃损毁外，还有外国商人趁火打劫，低价抢购，伺机外运。这也是父亲一贯重视的问题。行前特别叮嘱王世襄抵北平后，务必注意察访这方面的情况。王世襄一到北平先走访几家古玩商，又在中山公园设宴招待知名的古玩商四五十人。请他们提供线索，声明有功者给予物质奖励，并消除其顾虑。有三家古玩商提供了一条重要情报：沦陷时期，河南出土一大批青铜器，被德国禅臣洋行经理德人杨宁史买去，准备运回德国。王世襄立即只身前往干面胡同禅臣洋行察看，时办公室内只有一位外籍女秘书在打字，王世襄在等待接见中凑上前去察看，由于他精通英文，一眼便看出正是一份青铜器目录，便立即上前把它拿到手中，同时亮明自己身份，询问缘由。女秘书说，目录是一位美籍德人罗约①交给她打的，若需用这份目录，请找罗约索取。当罗约看到目录已在王世襄手中，只得承认目录是自己编的，但器物却是杨宁史所有。此时，杨正在天津，王世襄为防万一，立即持目录，带上罗约，直奔天津，会同当地敌伪产业处理部门，找到杨宁史对质。杨在人证、物证面前不得不承认有这批铜器，但仍不甘心交出，编排谎言，制造假象，意图搪塞，伺机外运。为收复这批青铜器，王世襄三赴天津，烦请其前辈朱老启钤，会同国民党高级官员，宋子文院长，敌伪产业处理局长孙越崎、钱昌照等，协同处理此事。谈判结果，杨把所藏青铜器全部交出，不叫没收，算他捐献给故宫博物院，我方同意他的请求，准许两个德人罗约和女秘书康斯顿②继续到故宫完成其尚在编写的图录。1946年1月22日，故宫派员将这批青铜器运回，直运御花园绛雪轩，在各界代表监督下，逐件清点、造册、验收，共240余件，送存延禧宫库房。这批精品中，首推宴乐渔猎纹铜壶。壶高31.6厘米，腹径21.5厘米，铜壶缩口、斜肩、鼓腹、肩上有两只兽首衔环。乃战国时期魏国所造，制作技艺精湛。最为珍贵之处在

---

① 罗约，美籍德人，曾任哈佛大学福格美术馆馆长，对中国画、青铜器、古玉等有专著。

② 康斯顿，曾写过有关中国美术、园林、青铜器等文章。

于壶身上有四圈分别以采桑习射、宴乐打猎、水陆攻战等为内容的图饰，图中共 178 人，鸟兽鼻虫 94 只，内容庞博，形象生动，真实全面地反映了 2300 年前我国的社会风貌。此外还有商代兽面纹大钺及鼎、卣、爵、杯等许多价值连城的稀世珍宝。

保护国宝、拒绝赴台

1946 年秋季，教育部决定在南京举办一个"胜利后第一届文物展览"，要故宫将新入藏的文物选送若干件参加展示。父亲与有关人员商量，决定从杨铜中选几十件精品，派王世襄与庄士周二人押运南京参加展出。展览期间，傅斯年（当时著名学者）、李济前去参观，盛赞杨铜中宴乐渔猎纹铜壶，认为它的花纹真实地反映了我国战国时期的生活，为其他铜器所无。他们提出等展览结束后，将杨铜暂留南京，将花纹，器形拓完一份再送回北平。父亲当时在场，他对故宫文物之保护，警惕性非常高，李济当时为南京中央博物院筹备主任，又是故宫博物院理事，与父亲同是"清损会"副主任委员；傅斯年更是老熟人；父亲不顾情面，当即婉言谢绝，说："这些铜器是从新开辟的杨铜专室中提出来的，因精品已去，北平陈列室只得暂时关闭，若留在此处传拓，北平陈列室开放延期，观众会有意见"，并当即让王世襄将带去的几份拓片，包括铜壶的花纹展开图送给李济，免其再提要求。事后悄悄对王世襄说："铜器留此，夜长梦多，说不定他们要打什么主意，早日运回为妙。"如今杨铜仍保存在故宫，若非此举，杨铜精华恐早已被运到台湾了。

1948 年淮海战役拉开序幕，南京行政院决定将存放南京分院的文物精华分成三批运台，同时电令北平故宫将珍品尽快装箱，分批空运南京。父亲的态度与抗日战争时期积极组织文物南下并西迁的情况完全相反，采取了消极拖延的态度，一面从形式上遵命，在院务会上宣布行政院的命令，并布置造册上报与准备装箱等工作，一面则强调藏品装箱要特别小心，安全第一，不要求快。此后便不加催促，直到辽沈战役之后，一箱文物也未运出北平。

不久，天津战役开始，行政院再次电催，父亲依然不慌不忙，不催不问，图书馆馆长袁同礼将飞南京，打电话给父亲："第一批文物若已装好，可与之同行"。父亲回答："尚未装完，你先走吧，当另派人押运。"直到北平围城，南京再次电催，复电称："当前机场不够安全，暂时不能起运。"并于 1949 年 1 月 14 日，给杭立武回了一封长信，称自己心脏不好，遵医嘱不能离平。还说："运台文物已有三批精华大致移运，闻第一批书画受雨淋湿者已达 21 箱，不急晒晾，即将毁灭。现在正由基隆运台中，既未获有定所，则晒晾当然未即举行，时间已逾三周，不能不有损失，若再有移运箱件，则晒晾更将延期。窃恐爱护文物之初心转增损失程度。前得分院来电谓三批即末批，闻之稍慰，今闻又将有四批，不知是否确实，弟所希望者三批即末批，以后不再续运。至留存京库者，想不能尽量运清，拟与中博院存品庋藏一处，取同一步骤，敬请先生分神照顾。"始终一箱文物也未运出北平。北平解放之前，南京方面再次派飞机接运在北平的国民党高级官员和文化界知名人士，父亲暂时躲避起来，使他们扑空。他之所以在抗战与内战两个时期，对于文物迁徙问题抱截然不同的两种态度，是因为他一贯以研究与保护国家的历史文物为己任，视同自己的天职，故对文物迁徙与否，其态度完全取决于对祖国的利害得失，视政治形势的是非顺逆和人民的意愿而定。这就是决定他当时政治态度的基本因素。

1952 年"三反"运动开始，在有些人心中，故宫是座深山，必有大虎，何况经历 30 多年长期战乱和迁徙，岂能没有贪污、盗窃等，然而运动开展，久无成效，于是另换专人领导，自院长以下，中、高级干部分别集中指定地点审查、学习。当然很多人无辜受到极大委屈，然而坏事又会变成好事，整个故宫和每一个人都在这场严峻的考验中增进了透明度。父亲经此意外，虽然思想、感情颇难平衡，然而并未因个人得失荣辱而稍改其敬业与爱国之初心，他历来把自己收藏的文物、图书，视为祖国的文化遗产，主张死后应归国家保存。因而在他去世后，子女遵其遗愿，将他一生收藏的文物、图书全部无偿地捐献给国家。经文化部与故宫会同造册点收，历两周验收完毕，由故宫博物院接收保存。王世襄先生与先父共事时间不算很长，但对之理解颇深，1982 年，他在一篇回忆录①的结尾中写道："马先生为人有正义感，热爱祖国文物，对工作一丝不苟，在古文字学、古器物学方面造诣甚深，无愧于主管我国最重要的一个博物馆的重任……信笔至此，不书还是不能自已"。

（通县政协文史办供稿）

---

① 回忆录题为：《回忆抗战胜利后我参与的文物清理工作》。刊载于《文物天地》刊物。

广集国宝献神州

——记香港文物鉴藏家杨铨先生

———

罗雨霖

　　本文所要介绍的，是这样一个奇人，他既无叱咤风云的气势，也没有偶傥英俊的风度。他，只不过中等身材，白白胖胖的，活像一尊石湾公仔笑佛，说话慢条斯理的。他的奇特之处，就在于放着亿万富翁不当，却宁愿一生省吃俭用，历尽艰辛，把竭尽毕生心血而搜集到的流散于海内外的6200 多件珍贵文物全部、无偿地奉献给国家，而一件也没有留给自己的子孙后代。

　　这位奇人，就是已故的香港著名文物鉴藏家杨铨先生。

"怎能出卖自己的祖宗"

　　杨铨先生是广东省鹤山县人，生于祖国民族危机日益严重的1891年。杨铨的父亲在他出生后不久就离乡背井到香港谋生，杨铨16 岁那年亦到香港，随父在一位英国人开办的太古船坞工作。其父是该船坞的一位小职员。初进太古船坞时，杨铨作为"后生"（即学徒兼杂役的简称）经常代父送件到英国人上司家里。这位英国人酷嗜收集中国古代文化遗物：古玩、字画、陶瓷、雕塑、碑帖，以及富有天然画意的大理石等都为他所爱好和悉心搜求。杨铨看见他的客厅里到处摆满了古董、字画，感到十分奇怪。有一次，他忍不住问这位英国上司，为什么要摆这些东西？这些东西又破又烂又旧，放在这么干净、漂亮的客厅里陈设有什么作用？英国人听了这位小"后生"的发问后，眼珠一转，突然哈哈大笑起来。他走到杨铨身旁，操着一口半通不通的中国话，拍着他的肩膀说："傻瓜！你不要小看它们，这是中国极其珍贵的东西，全世界到处都有人在收集、保藏。你今后如果在哪里见到这类东西，就通知我或帮我买下来，这对你今后是有好处的"。杨铨听后点头应允。从17岁以后，杨铨就经常手里拿着这位上司给的钱，在送件之余，到各处寻找中国历史文物。他在接触文物的过程中，由不认识到认识，以至于渐渐产生了兴趣，有了一定的鉴赏能力。那时候，人们经常可以看到一位穿着一身笔挺西装的年轻人出入于香港、澳门及中国内地的古董店、文玩档，打探各种行情，像着了迷似的学习文物知识，收购各种文物。杨铨有时会买到好东西，有时又会受骗上当，买回赝品。他通过逐渐总结经验教训，在提高对各类文物的鉴赏能力的同时，开始认识到：祖国珍贵的历史文物是中华民族悠久历史发展的见证，特别是那些古字画、古墨、古玉、古铜器和历代陶瓷工艺品，更是科学与艺术的结合，是无数艺术家和劳动人民天才智慧的结晶，是中华民族的光荣和骄傲。"怎能够把它们交给外国人，出卖自己的祖宗?!"于是，他暗自有意识地把其中一些好的留下来，而把一般的交出去，开始了自己的收集。经过不懈努力，他收集的东西就像涓涓的细流汇入江河，越来越多，住处的床下、桌下到处都堆满了古物。不久，他亦由于得到上司的赏识，而一步步地被提拔为高级职员。

举债变家产，"把好第二海关"

人们一定会奇怪，杨铨先生既不是富商大贾、达官贵人，也非豪门望族后裔，他为何能搜集到这么多价值高昂的文物？是的，杨铨先生并不富有，这位九个子女的父亲为了购买、搜集各种文物，情愿长期节衣缩食，过着清贫的生活，有时甚至不惜举债变卖家产，赤心护国宝。

20 世纪初叶，是中国近代史上最动乱的时期，中国海关被当时的反动政府拱手让给帝国主义把持，这样的海关不但不能维护中国的主权，反而成了帝国主义掠夺中国财富、盗窃中国文物的"安全门"。如1903—1908 年，山东省潍县美国传教士方法敛就盗走我殷墟甲骨达2720 片之多；长沙雅礼学院美籍牧师柯克思盗走我大批战国楚器，其中有至今仍是我国发现最早的用毛笔写绘在纺织物上的"缯书"；1914—1917 年，美国的毕士博深入华北各地许多重要石窟区，盗走了大批艺术雕刻，其中包括举世闻名的陕西唐太宗"昭陵六骏"中最精美的两方石雕……当时的香港是内地文物、古董流向海外的重要集散地，杨铨目睹祖国的艺术精华不断流失于国门之外，不禁痛心疾首。正如他后来回忆所说："解放前出土的文物不多，偶有出土便视为奇货，被官僚、地主富豪们巧取豪夺，盗卖给帝国主义，真叫人痛心。那时我真担心祖国文物会被一扫而空。"于是，他下定决心，要尽自己的微薄力量，拯救祖国的文化遗产，把好"第二海关"（他常对人说："我就是第二海关"）。但当时他个人的财力有限，即使是他后来被提升为高级职员，收入较为丰裕，但因购买文物耗资可观，故常常捉襟见肘。杨铨在这样极为艰难的情况下，仍然尽力而为。

1941 年底香港沦陷时，在日本帝国主义的铁蹄下，民不聊生，物价飞涨，港币贬值，许多文物收藏家无法维持生计，只好将其收藏的宝贝在街头设摊贱卖。有一天，杨铨先生偕好友任真汉漫步街头（任真汉是个对古文物素有研究、经验丰富的著名画家）。他们看到在充盈街头的古董摊之间，有一位衣衫褴褛的老汉摆卖一幅古画。杨铨与任真汉走上前去仔细欣赏，发现这是唐代大画家阎立德（阎立本的兄长）画的《文成公主降蕃图》真迹，乃是一幅稀世奇珍！但老人要价甚高，而且非要当时最通行的"日本军票"不可！杨铨一时无法凑足这笔款，正在惋惜、焦急之时，突然走来两个问价的日本人，看得出他们还真的识货懂行。杨铨与任真汉担心这幅名画落入日本人之手，两人商量了一下，决定赶紧允诺卖主的要价，并约定第二天成交。杨先生回到家里，立即四出向亲友求助，东借西凑，好不容易才凑足了这笔款，便赶紧找到那位老汉，把那幅珍贵的《文成公主降蕃图》抢买了回来。望着这幅几经波折的国宝，他们难以抑制激动的心情，整天像着了魔似的，把它打开来仔细地看了一遍又一遍，并翻书寻典，对画面的内容及落款题字逐字逐句进行对照、鉴别。这幅画，在当时并无人认出它的历史价值。自宋元以来，人们一直只当它作《唐人画神仙故实》，而且由于宋元明清的绘画主流是山水画，因而这幅人物画一直未受重视。他们从浩如烟海的画书史籍中查到《资治通鉴》中有记载：贞观十五年，唐太宗以文德皇后所生的文成公主降嫁吐蕃王松赞干布，并命"阎立德画《文成公主降蕃图》存之宏文馆"。他们确认此图并非"仙人故实"画中的盛装女子面貌及衣着，其发型及歧头履均是公主装束的真实写生，尤其是那公主双臂间横搭着一幅白绸，更表明那是西藏特有的"哈达"仪注风俗，此为中原地带所无；古来画仕女只有在肩上披长带，从无以白巾横搭两臂间之形象，况且公主裙边还有落款："立德"二细字款，这是画家阎立德当时的署名方式；图中左侧男子形象是无须的太监，这应当是侍奉公主的太监，他手持一把白丝，挥扬在空中，犹如一缕白云，神仙故事中必无握一把云的神话，而且画中的白丝截得齐整、飘向空中的末端也是齐的，可知是蚕丝而不是白云；画上端正中央还有已黯黑的大印，文为"缉熙殿宝"四字。他们把考证研究的情况作了笔记，然后妥善收藏在秘密的地方。

一些有名的收藏家获悉杨铨收购文物的消息后，都纷纷上门要求出售自己的藏品。例如当时的著名大收藏家黄咏雩就来找杨铨先生商量，要求将自己收藏的唐代画家戴嵩的《春陂牧牛图》暂时抵押给他，求价300军票，并且还向他声明，这是暂时作价抵押给他的，将来三年、五年还可赎回。杨铨一一答应这些条件，把它购买回来。为了提防别人偷抢、破坏（因为当时社会非常混乱，黑社会盗窃、抢劫十分猖狂），他又立即动手包装钉箱，小心翼翼地把它收入箱内埋入地下收藏。还有一位姓许的古董商，带着南宋著名山水画大家刘松年的《蜀道图》到香港求售。此画当时已很残破，杨铨看见了，心里拿不定主意，便征询于任真汉，看看是不是刘松年的作品。任真汉与杨铨仔细地进行了鉴别，从画的用笔风格到题款落跋等，细心加以分析比较，认为它是刘松年的真迹无疑，杨铨当即照价把它抢买了回来。

杨铨先生不仅在国内搜求文物，而且到国外搜求。别人运出去的，或在报章上刊登的，抑或从朋友处打听到的，他都千方百计赶紧把它抢买回来。他像一道无形的海关，把外流出境的一件件、一幅幅珍贵古董字画等文物截留、收藏起来。有一年，他到广州看广州市美画展，他打听到有一位美术学校教务主任在旅行日本时，从一位日本华侨手上买回一幅唐人花鸟画，就想办法找到这位教务主任，仔细地观赏了这幅画，并托人要求他转让。收购这幅画后，杨铨与任真汉从画的隐秘处找到了画家滕昌祐的落款署名，字体凝重，画迹也是晚唐方有，比宋画有更多的厚重感。这幅画的原主，那位日本华侨，是为了不让国宝长流国外，才让这位教务主任带回广州的。还有一幅由八屏联成的巨画《万术奇峰图》，是五代著名画家董源的杰作，原存放在河北省承德避暑山庄内。辛亥武昌起义爆发时，一位清朝宣统三年时的皇族内阁邮传部的大臣仓皇把它卷逃日本，窃为己有，后来再由他的后人携到香港找外人出售。杨铨打探到这一消息后，立即找他许以重价收购了回来。这幅巨作有宋高宗和董其昌的题跋，实属国宝。据清朝张庚的《国朝画征录》记述，王石谷也曾临摹过这幅画，但杨铨收购的这幅画却并非王石谷的临摹品，而是董源的真迹。

1937年"七七"卢沟桥事变后，国内不少收藏家把藏品带到香港躲避。也有一些名刹的僧人或古董投机商、偷儿，将寺内的镇寺之宝卷逃出来到香港求售。其中最珍贵的、原藏广州光孝寺的一幅五代画僧贯休画的《罗汉图》，可能是由盗贼偷出卖给古董贩子的。画上无落款，古董贩子不知此画来头大，要伪装成名人手迹，就找了个人间不易有画迹留下的南宋画家的名字来做假款，在画的下边用小字写上"朱玉"两字，而在标题上则题作"南宋朱玉画大阿罗汉图"。杨铨见了此画后马上把它买回来，并请任真汉一起鉴定。他们查出清初的大诗人朱竹筼和广东大诗人陈恭尹，曾用长诗咏述过他们在光孝寺欣赏贯休画罗汉时的情景。两人的诗皆详细记述了画中的形象神态：一只巨猿持帚站在庭中扫落叶，一个高僧在窗内写经，一个侍者在高僧背后恭立，画中景物皆有诗句描写。诗与画像对照，即证明此画是光孝寺旧藏贯休画的三幅罗汉图之一。据记载，它是苏东坡在遭贬海南时，留赠给光孝寺的，这是一幅十分珍贵的名画。杨铨当时得此宝贝喜不自胜，立即把它珍藏起来。

杨铨还收购了宋代著名画家崔白的《雪雁图》。这幅画是作者在宣和画院出诗题考试选拔画家时，获第一名的成名杰作。当时宣和画院曾出"梅柳渡江春"一句诗作考题，很多画家或以画梅，或以画柳的春天景物来应试，而崔白的画却别出心裁，独具一格：一双由江北飞来江南的雁，刚刚歇翼江边柳树下，雪尚未全融化。但柳树后边已有一枝刚绽两朵白花的梅，树上双雀在跳跃歌唱，对岸则一片灰蒙蒙的寒雾，了无春意。这幅画把"梅柳渡江春"的情景画活了，作者用雁来表现"渡"是神来之笔，具有极为神妙的美感，因而获得考官的极大赞赏，当场中选榜首而一举成名。杨铨在香港见了此画，兴奋之情无以言表，他用高价把它买下后，视作秘宝，轻易不肯示人，极为珍贵保藏。杨铨先生就是这样积极搜罗流散在海外及港澳一带的历代名画。诸如晚唐花鸟画代表画家滕昌祐的另一幅杰作《雪岸双鹅图》，唐代画牛名家戴嵩的《柳阴归牧》《渡水中图》，以及北宋崔白的《雪鹰》等，都是在这样的情况下，被杨铨从外国人或古董商那儿抢买回来的。

杨铨除了积极抢收名人字画之外，对历代珍贵的工艺美术品也绝不放过收购的机会。其中有一套由16块桃木板雕刻而成的贯休十六罗汉像挂屏，每一屏长为125.5厘米，阔53.5厘米，上刻"迦诺迦伐蹉尊者""第一宾度罗跋罗堕尊者""第三宾头庐颇罗堕誓尊者"等。这套木雕挂屏是清代乾隆帝弘历敕赐予圣恩寺的。它精美绝伦，艺术价值极高；在圣恩寺时就有多人拓印过；也有人摹刻在桂林的隐山六洞某寺内。抗战初起时，这套挂屏被人携到香港求售，杨铨立即用高价把它买下。为了不被日本人发现，杨铨还用铁箱包装并埋在货仓地下收藏起来。

杨铨先生还把将要从香港流出海外的极为珍贵的700多件洪宪瓷抢购回来。1912年，窃国大盗袁世凯篡夺了辛亥革命的胜利果实，做起了皇帝美梦。当时他为了自己的享乐，委派郭葆昌为御窑总办，往江西景德镇窑场督办烧造一批彩瓷，准备在他登基之日摆放在宫廷的各个殿堂里。这位御窑总办到了景德镇后，立即物色余少卿做技术设计负责人，又在故宫挑选了 1000 多件康、雍、乾各朝精品（如古月轩等）作为样本，拟定了 60 多个堂款（什么"慎德堂""居仁堂"等）。当时景德镇窑业已比较衰落，这一烧制任务困难很大，于是他们找到了当时在景德镇设窑的吴蔼生、范永顺、谭家毛等人商量，由余少卿出面邀请当时彩绘画瓷的最著名画师"珠山八大家"——王琦、王大凡、邓碧珊、徐仲南、田鹤仙、汪野亭、程意亭、刘雨岑做技师，以及陈庄、张玉藩、邓希旺等当时景德镇最有名的彩绘技师来进行彩绘工作。所以这批洪宪瓷的彩绘花纹技术相当高，十分精美，代表了近代瓷的高度发展水平，为不可多得的精品。原计划烧制 4 万多件，但由于当时精瓷胎、好釉料相当缺乏，所以从 1912 年至 1914 年，他们才完成了 6000 件。1916 年，袁世凯在当了 83 天皇帝后倒台，但这批东西未来得及送入宫，还有一批则未烧好。为了能卖出好价钱，余少卿等人便决定把那批未烧成的瓷器通通落上"雍正、乾隆、嘉庆、道光"等底款，以便将来抛出时更为抢手。当时郭葆昌到景德镇追余少卿要货，余少卿却早已将这批瓷器装箱运往香港。杨铨获知这一消息，立即把它成批收购回来。

杨铨抢买《吴道子墨宝》中的《白描地狱变相图》一事，更为感人。吴道子是唐代杰出的大画家，向有"画圣"之誉。这幅画的原件为清宫之物，藏于圆明园内，庚子年八国联军攻占北京时，被德国侵略军劫去。1940 年，德国一家出版公司把它影印成册。该公司印刷厂厂长以第一本送给当时驻德国的大使程天放。程天放后来把它送回国，放在北平图书馆收藏。该厂长自己则带了一本到伦敦，作为推销的样品。可是不久，欧战爆发，联军轰炸柏林，这家印刷厂恰巧中弹，原件及印好的画册全部付之一炬，只剩下德国厂长手中的一册。这个厂长把它视为孤本，在伦敦《泰晤士报》上刊登广告求售，要价 300 英镑。杨铨看到这段广告，高兴得跳了起来，马上电汇了 300 英镑，把它买了回来。

杨铨在大量抢买文物的时候，自己的生活却发生了困难，特别是在抗战期间生活更为拮据。但是，他为了祖国的历史文物不再遭受帝国主义及不法古董商的破坏、摧残，宁愿自己忍饥挨饿，衣着破旧，过着十分清贫的生活。他把生活的最大乐趣放在收集和研究文物的事业上，所以在他的生活日历里，除了工作，就是收集文物、研究文物。他有一件明代铜佛像，如真人那么高大，为了维持一家大小的生活及抢买其他更加珍贵的文物只好割爱把它卖掉。他在广州西关陶陶居旁边怡庆里 12 号所盖的楼房，在抗战沦陷时，存放在那里的古物全部被人偷去，屋也只好抵押给澳门人还债。就是这样，他一家大小十数口在生活的煎熬中顶了过来。他一生的收入、积蓄，都化作这几千件文物。直到退休，他才在香港新界粉岭建了一栋楼房，此前他居住的房屋、堆放文物的仓库差不多都是租赁的。可以说，他除了大批文物之外，的确是家无恒产。

当他能成为亿万富翁的时候

这数千件文物收购回来，并不是放在仓库里就可万事大吉。整理、研究、保藏，有大量工作要做。要对各类藏品进行编号、归类、拍照、清洁，并要防虫、防潮、防盗、防火等，防止其自然损坏及人为损坏。有位行家参观了杨铨捐献的文物展览后，不禁无限感慨地说："要是让我去替杨老先生把这些文物保藏管理那么一天也是相当吃力的，更不用说保管、收藏那么多年！"这里凝聚了杨先生多少心血！不知洒下了杨先生多少汗水！是的，杨铨先生面对这样的繁复工作和诸多的困难，却仍然孜孜不倦，乐此不疲，并经常动员自己的侄儿参加文物仓库的打扫、清洁及防霉、防蛀等工作。他的儿女后来回忆说："我们小的时候，父亲经常哄我们，要我们帮他打扫文物库里的积尘、污垢以及翻拍照片等，完后就买票让我们去看戏。"对文物的研究和鉴定，则得益于挚友任真汉等人的帮助。

杨铨先生本来文化水平不高，最初对文物也只具"横通"的感性认识而已，对自己所收藏的文物到底真假如何，好劣如何区别，哪些需要特殊收藏，哪些需要重点保管，哪些劣品、赝品需及时淘汰？对这些问题他起初也心中无数，又不敢随便请人鉴定。为了提高自己对古文物鉴赏水平，他邀请精于此道的著名画家任真汉到自己家中，一住三年，为自己系统讲解鉴定文物的知识。杨先生还经常邀请当时在港澳一带的著名鉴赏家郑德坤、陈君葆、郭沫若等人来看他收藏的文物。郭沫若对他收藏的文物十分看重，特别看重"虎符"，杨便送给了他。郭十分高兴，回去后，便以"虎符"为题，写了篇小说。杨铨先生在虚心向别人学习的同时，自己亦天天认真读书学习。他家里收藏有数千册珍贵的图书资料，他结合藏品实物，深入钻研，进步很快，从一个文物爱好者逐渐成为鉴藏家。他的 6000 多件文物，每件都记录有年代鉴定、作者真伪考证、艺术历史价值、尺寸规格大小，以及文物损坏完残程度的描述、印款题跋的记载等，且大部分文物拍有照片。杨铨先生为此付出了极大的劳动和心血。

20 世纪 40 年代，有一位国民党政府要员曾亲自登门拜访杨铨。他对杨先生的藏品垂涎不已，当即许以利禄，"动员"杨铨把这批珍宝"充公"，但杨铨毫不惧怕由此引起的后果，一口回绝。

50 年代初期，杨铨收藏的文物曾多次在香港等地展出，有的专家在参观了杨铨的文物藏品后，不禁惊愕地说，这些文物要是拿到国际市场上去拍卖，杨先生准会立刻成为家资亿万元的超级富翁。英国一个著名的博物馆，愿出 3000 万英镑，请他出让部分陶瓷藏品；一些古董商、收藏家也闻风而至，纷纷出高价请他转让文物，而杨先生却丝毫不为金钱厚利所动，一一谢绝。后杨铨被吸收为英国皇家陶瓷学会会员，在海内外享有很高的声誉。

"我的宝贝有了最好的归宿"

上文曾提到，20世纪40年代后期，郭沫若同志居留香港期间与杨铨先生有所交往。杨先生对郭老渊博的学识极为钦佩，而郭老对杨先生的藏品也十分赞赏。有一次，杨先生曾十分感慨地对郭老说："假若有一天，国内出现一个开明和进步的政府，我愿意把毕生收集的各种文物和艺术品，全部捐献给国家。"但是，新中国成立前国民党政府的所作所为，令他十分失望，他的良好愿望无法实现。

1949年10月1日，神州大地一声春雷，杨铨盼望的日子终于来到了。1957年，杨铨先生的挚友任真汉应邀到北京参加"五一"节观礼，并到各地参观游览。返港后，任先生以自己的耳闻目睹，告诉杨先生：大陆人民政府颁布了各项文物保护政策，地上地下文物都得到妥善保管，文物博物馆事业得到飞速发展，还公开展出让人参观、研究。这一喜讯，像春风吹开了杨先生心头的冰霜，消除了他多年的疑虑。过去他曾困扰过，自己收藏了大批文物，如何妥善保管好，使它千秋万代永远传下去，留给炎黄子孙学习欣赏？随着年岁的增大，这个问题越来越迫切地摆在眼前。他曾考虑过自己的几个子女，觉得他们都不懂文物，无法承担文物收藏、保护的重任。香港不少达官、绅士生前也曾收藏了大批文物，死后子孙却难继父业，大部文物都散失无遗。例如香港一位大绅士死后，其子孙就无法保存其珍藏古物，成批成批地贱卖给人家；曾任国民党外交部长的一位官员，生前也收藏了不少文物，死后也是被其后人大批贱卖了；民国初年曾任总理的一位官员，生前收藏了许多石湾公仔和器皿，而且十分漂亮、精美，他在香港去世后，其文物也被后人当烂缸瓦贱价出售。耳闻目睹这一桩桩、一件件令人扼腕之事，杨老先生感慨万千。他也曾考虑过建造一所美术博物馆来保存这些藏品，但觉得若建得太小，则陈列场地不足；建规模大的，又非能力所及，而且管理、研究都要有人，这些问题都不易解决。挚友任真汉内地参观后的深切感受，使杨先生的思想豁然开朗，他开始考虑如何把珍藏的文物全部捐献给国家，放到国家博物馆里保藏。1958 年，杨先生委托任真汉把首批 200 多幅珍贵的字画送到广州美术馆展览，结果，展出效果良好，受到党和人民政府的热情接待和热烈欢迎，轰动了文物界和美术界。画展结束正要装箱运返香港的时候，杨老先生却发来亲笔信，表示要把这批文物捐献给人民政府。杨先生的这一爱国义举，受到当时广东省省长陈郁、广州市市长朱光及各界人士的高度赞扬。

此后，杨先生曾先后多次应邀回内地参观，每次回来，他都得到省市领导的接见和表扬。他趁便考察了上海、杭州、苏州、南昌、南京、北京、天津、汉口、吉林等各地的文物及博物馆设置情况。他在各地博物馆文物保管仓库饱览了无数奇珍异宝之后，欣喜若狂，由衷感到共产党领导的伟大，党的文物保护政策的正确。他终于得出了一个结论："我的宝贝，有了最好的归宿！"

1959 年新中国成立十周年大庆，杨铨先生作为香港知名人士特邀代表，由任真汉先生陪同，赴北京参加国庆观礼。抵京后，郭沫若在家里接见了他。两人久别重逢，感到格外亲切。郭老赞扬他无私捐献文物的爱国行动，亲笔签名赠他《百花齐放》诗集一册，并欢迎他以后能经常回来看看。接着，夏衍副部长代表文化部设宴招待杨铨，向他颁发了"热爱祖国"的奖状，并邀请他参加在人民大会堂举行的国宴。当他打开请柬，见到上面签有毛泽东、刘少奇、周恩来、宋庆龄等国家领导人的名字时，感动得顿时说不出话来，觉得再没有什么珍宝比这封请柬更珍贵了。他激动地步入金碧辉煌的 5000 人宴会大厅，在丰盛的筵席入座。敬爱的周总理举着酒杯走到他的身旁，杨先生做梦也没有想到党和国家的领导人会亲自向他祝酒，赶忙站起，热泪盈眶地跟总理碰杯，然后仰头一饮而尽。国宴结束后，他回到宾馆里仍兴奋得辗转难眠，连夜执笔将他所感受到的一切写信告诉在港的儿女、亲友。他写道："真想不到我这点微薄的贡献得到国家这样厚待和奖励。我获得这个奖状和国宴的招待，及接受的象牙嵌金的国徽礼物，比千万富翁和我所有的文物都珍贵得多。我带回香港后将永远珍藏，以此教育后代。"

高风亮节　千古流芳

为了尽早把宝贝全部奉献给祖国，杨先生返回香港后，从 1959 年底始至 1964 年，日夜投入了紧张的文物整理工作。他亲自甄别鉴定、整理分类、入档上册……对不少重点文物都配上自己精辟的鉴定意见，说明来源，标明品种名称、出品年代、产地、作者，配上黑白或彩色照片，还以高薪聘请几名能工巧匠，在他家里住了几年，根据器物的造型尺寸，制作精美牢固的包装。为了测试搬运途中是否安全，他亲自把比文物更易破碎的物品装入盒内，从楼上抛掷地下，证明安全可靠才放心运出。雇工及用料费用，全部由杨先生自己支付，他要把最珍贵的文物郑重地献给国家。文物分批运出后，他不顾自己年事已高，疾病缠身，亲自挂着拐杖，频频来往于港穗之间，同工作人员一起开箱整理，还买回各种修补文物材料，亲自传授文物修补技术，介绍不同品类文物的收藏保管经验。笔者当时在广东民间工艺馆负责保管文物工作，参与了这一工作的全过程，亲身感受了杨先生对祖国、对祖国历史文物无限热爱的赤子之诚，深深为之感动。

1964 年底，他珍藏数十年的文物不遗一件地全部捐献回来了！与此同时，他每次回内地，总要到当地文物商店去参观，这不仅是他数十年搜集文物的习惯，而且体现了他对祖国文物、博物事业的鼎力支持和关心：每次参观时，当发现有好的文物、古董时，他总是马上慷慨解囊，买回送给文物博物馆收藏。广东民间工艺馆就有数十件文物是他回内地时，在文物商店或其他地方见到购回捐赠的；他到新会县的会城博物馆参观时，见到那里收藏瓷器较少，便特地跑到街上商店浏览，见到一只明代龙泉窑大盘摆在那里出售，便立即掏钱买回送给博物馆收藏；1959年他到桂林市参观发现市博物馆收藏古代广西画家的画不多，藏品也不够丰富，于是便将自己珍藏古代广西画家的画，以及蓝瑛、叶欣、高其佩、上官周、王时敏、吴伟业、李鲜、谢兰生等明清名画 100 多幅和康、雍、乾等清代青花瓷器 200 多件赠送给该馆收藏。

"文革"动乱期间，党和政府对杨铨先生捐献的文物进行妥善的保管，把它们妥为疏散，秘密隐藏起来。当时杨先生在香港风闻其捐献的文物遭到破坏，海外一些不怀好意的人还说他捐献文物回国是失策，一些亲友也对他不理解，这些曾使他思想十分矛盾，忧郁满怀，不幸于1967 年病逝于香港。他为了大批国家珍贵义物不致四散流失，足足耗费了整整一生的心血。所庆幸的是，杨铨先生捐献的文物在那场浩劫中得以全部完整无损地保存了下来。杨铨先生在九泉有知，当可瞑目矣。

杨铨先生去世后，他捐献的文物在广东民间工艺馆展出，观众人山人海，争相欣赏。陈列大厅就像一个奇幻的艺术世界：在 3000 多件陶瓷器物中，有从新石器时代的彩陶到明清时代历代官窑、民窑的代表作品。甘肃彩陶双耳罐形体丰满优美，纹样质朴流畅；汉代铅绿釉狩猎纹陶壶不仅有着翡翠般美丽色泽，而且釉层清澈透明，光彩照人；特别是那 300 余件极富岭南地方特色的明清石湾陶瓷，釉色或红如血，或蓝如宝石，或紫若茄花……在青瓷器物中有不少是各地窑口的典型作品：被誉为"夺得千峰翠色来"的浙江越窑；纹饰浑朴厚重、刀法流畅有力的宋代陕西省耀州窑；釉色莹厚滋润的河南临汝窑；首创褐绿彩斑等釉下彩绘装饰的唐代湖南铜官窑；以黑釉的油滴结晶和兔毫纹而誉满中外的宋代福建建窑盘；宋代浙江天目山烧制的"曜度天日"茶碗；南宋浙江龙泉窑的粉青釉琼形瓶，瓷质光润如脂，色泽照人，釉青如碧玉……

在铜镜陈列厅里，有战国四山镜、锦地蟠螭镜、天蚕纹镜，秦代相思镜、大乐富贵镜，西汉昭明镜，东汉双龙双凤镜等竞相争辉，特别是三国人物反纹神兽镜铸有确凿纪年铭文，堪称罕见奇珍。此外，在竹木雕刻、古墨、古玉器、书画等陈列厅中，还有不少国内外藏品中的孤品、珍品。如明代最负盛名的嘉定"三朱"（朱松邻、朱小松、朱三松子孙三代）的竹刻精品、清初著名竹雕家周颢（字芷岩）的吞江醉石图香筒、封锡禄的"东山报捷图笔筒"。明末尚勋的留青山水人物笔筒、香泉道人的诗文山水花卉屏（留青）、吴之璠的二乔香筒等，刻工极为精巧、玲珑生动；古墨中有程君房、方于鲁、吴天章等制墨名家的佳品；古玉器中有战国时代朱砂浸白玉雕鱼佩，汉代玉雕谷纹璧、白玉雕龙巩和金黄色玉雕谷纹琏等精品。

在藏书画中则有 900 余件唐宋元明清名家杰作。如唐代阎立德的《文成公主降蕃图》、晚唐滕昌祐的《花鸟画》、五代董源的《万木奇峰图》，以及原藏广州光孝寺的五代画僧贯休《罗汉图》，明代浙派三大家之一蓝瑛的《设色山水大轴》，叶欣的《青绿山水轴》，清初"四王"之一王时敏的《设色山水轴》，大画家华岩的《花鸟山水册》、《葡萄鹰鼠轴》，"扬州八怪"之二金农的《梅花团面》，张穆的《七十龙媒卷》，以及以秀润见长的黎二樵的《古寺奇峰》轴卷，别具一格、享誉岭南的苏六朋的《指画人物》等书画屏条、中堂、手卷、册页等，都具有较高的艺术价值。

参观者面对琳琅满目的国宝，不禁深为杨铨先生苦心搜集国宝，无私捐献国宝的爱国精神所感动，正如北京一位老者感慨地说："杨铨先生生活在'金钱万能'的香港，却能如此无私地、大规模地捐献自己一生收藏的珍品，这是多么难能可贵的爱国精神呵！"

杨铨先生奉献给祖国的不仅是那极其珍贵的国宝，而且还有他那一颗滚烫的热爱祖国的赤诚之心！为了表彰他所立下的功勋，国家文化部、广州市人民政府先后给他颁发了奖状，郭沫若副委员长生前亦曾热情题词赞扬他："以 40 年间的搜集，捐献国家，像这种爱国主义的无私精神，十分可贵，值得我们颂扬和学习。"前广州市市长朱光也题词褒扬："珍藏文物，献诸祖国，化私为公，宜扬盛德。"

杨铨先生虽然离开我们已经 20 余年了，但是人民是永远不会忘记他的，他所捐献的 6200 多件文物，以及他那热爱祖国、保护祖国历史文化遗产的爱国主义精神，将永留青史！

奇人奇功

——王世襄追索收回大批文物的坎坷历程

窦忠如

2009 年 11 月 28 日，一代文物鉴藏大家王世襄先生在北京不幸辞世。笔者在这里就王世襄在抗日战争胜利后组织或参与中国自鸦片战争以来第一次大规模追索收回大批流失散佚珍贵文物的那段坎坷往事，向读者做一次较为精细确凿的梳理。

1945 年 10 月 6 日，中国营造学社助理研究员王世襄，在梁思成与马衡两位先生的举荐下出任国民政府教育部清理战时文物损失委员会（简称"清损会"）驻平津区办公处助理代表一职，并遵照"清损会"指示陪同美国纽约大都会博物馆东方部副主任翟荫离开重庆，先后到成都、西安和上海三地进行了各为期一周的文物调查工作，之后便于 10 月 27 日抵达北平。一路上，王世襄遵照"清损会"副主任委员、故宫博物院院长马衡在其临行前的嘱托，始终与翟荫形影不离，密切注视着他的一切行动，以防其借调查中国文物损失之机行盗窃搜购中国文物之实。

　　到达北平后，王世襄将翟荫安排住进了六国饭店，便立即前往设在东厂胡同的教育部特派员兼"清损会"平津区代表沈兼士先生的办公处报到。随后，王世襄又来到中国营造学社创始人朱启钤府第汇报关于中国营造学社在四川李庄开展工作的具体情况，王世襄就此结识朱启钤，为他随后成功地追查清理几批文物埋下伏笔。"清损会"平津区将如何开展工作等事宜，沈兼士向王世襄做出了明确安排：办公地点到故宫博物院找总务处处长张庭济帮助解决；"清损会"平津区许多具体事宜都交由王世襄负责办理。

　　王世襄遵照沈兼士先生的这一安排，找到了张庭济，并由他协调将北海团城上的两间房子提供给"清损会"驻平津区办公处办公使用，另借调故宫博物院工作人员贾玉田到团城协助"清损会"驻平津区办公处收发文件通告等相关事务。一切准备停当，王世襄又以"清损会"驻平津区办公处的名义，在《华北日报》上刊登了清理这一地区战时损失文物的通告，明示平津区有关战时损失文物的机构和个人可以按照通告要求将函件寄到团城来，以便"清损会"驻平津区办公处负责追缴索偿。通告一出，平津一带在抗战时期有文物损失的单位和个人纷纷将有关材料寄到了团城，只是所报内容多属一般性旧物或根本不属文物范畴之列。对此，王世襄明白如果照此追查所获，实与国民政府教育部成立"清损会"的宗旨有违，所以他决定将工作重点放在清查日本人与德国人所盗藏搜购文物等方面。为了获得相关方面的信息，王世襄不仅广泛走访北平城内的古玩商人及店铺，还特意在中山公园董事会设宴招待诸多知名古玩商人，希望他们打消顾虑积极提供线索，并表示凡是提供有价值线索者将予以一定的物质奖励。果然，王世襄的这一方法很快就有了明显效果，使他于 1945 年 11 月至 1946 年 9 月为国家先后追查、清理、收回了六批数千件珍贵文物，其中不乏"国之重宝"。

调查接收杨宁史青铜器

1945 年 11 月，王世襄得到古玩商陈耀先、陈鉴堂与张彬青等人提供的信息说，在沦陷期间河南等地出土的诸多重要青铜器大多被德国商人杨宁史搜购。王世襄得知杨宁史这位德国商人是禅臣洋行的经理，该洋行及其住宅位于北平东城区干面胡同中间路北，并在天津也设有洋行分号及住宅。1945 年 11 月上旬的一天，王世襄来到禅臣洋行进行调查，他一进门便见到一位外籍女秘书正在打印文件，而文件内容竟然是一份青铜器目录，王世襄随即将那份目录拿到手，并声称正是为此而来。那位女秘书见状，告诉王世襄说这份目录是罗越先生交给她打印的，如果王世襄想要这份目录须向他本人索要。王世襄一听心中暗喜，因为女秘书所提到的那位德国人罗越早在他当年南下求职时便认识，而且就住在自家东隔壁的芳嘉园 1 号。于是，王世襄拿着这份目录找到了罗越，罗越承认这份目录是他编写的，但是器物则为杨宁史所有，而当时杨宁史并不在北平而寓居天津。又因日本投降后，国民政府限制日本人与德国人在中国境内自由行动，所以王世襄要想追查收回这批青铜器，必须让罗越与杨宁史两人当面对质后，才能得知这批青铜器的下落。为此，王世襄决定带着罗越前往天津。

11 月 14 日，王世襄带领罗越来到天津后，立即会同敌伪产业处理局天津办公处人员顺利地找到了德商杨宁史。面对王世襄的追查及罗越的当场对质，杨宁史只得承认他确实拥有这些青铜器，但是所有器物全被封存在他天津的那栋住宅内，而那栋住宅当时已被国民党九十四军所占用，并告知王世襄，如果要接收这批文物只能与九十四军直接接洽，他本人则无能为力。对此，王世襄明白他要想顺利地接收这批青铜器文物，没有相关手续是无法进行的。于是，王世襄于 11 月 20 日返回北平后，来到沈兼士办公处开具了一份公函，公函中不仅说明杨宁史那批青铜器的重要文物价值，而且在言辞中请求九十四军允许王世襄进入杨宁史住宅察看，并希望予以协助清点接收等有关事宜。11 月 26 日，当王世襄再次来到天津，会同敌伪产业处理局天津办公处人员来到九十四军驻地送交那份公函时，不料却遭到了九十四军办事处人员的冷遇："放在这里，你回北平吧，等收到我们的回信再来。"对此，不甘心就此无功而返的王世襄于第二天再次来到九十四军催问，得到的同样是一句爱搭不理的托词："你还是回北平等着吧。"王世襄只好返回北平向沈兼士汇报情况，而沈兼士对此也表示无可奈何。几天后，沈兼士突然通知王世襄说：教育部长朱家骅此时正在天津，你拿着我的介绍信去找他，请他就近过问一下清查接收杨宁史青铜器一事，也许会有些效果。就这样，王世襄来到天津，当日傍晚见到了朱家骅。朱家骅交代其秘书办理。不日，当王世襄手持由朱家骅签名的公函又一次来到九十四军交涉时，九十四军虽有人出面接待了王世襄，但是说："什么教育部不教育部的，管不着我们九十四军。"第二天，王世襄将其与九十四军交涉一事面告朱家骅秘书后，那位秘书无奈地说："那就等等再说吧。"

关于调查接收德商杨宁史青铜器一事就此搁置，直到 1945 年 12 月 28 日才出现转机，并一举解决了接收杨宁史青铜器与收购郭觯斋所藏大量瓷器两件清理文物大事。原来，就在王世襄为接收杨宁史青铜器一筹莫展遂向朱启钤请教今后将如何开展清理战时损失文物一事时，朱启钤则笑着说："你今天来得正好，下午宋子文来看望我，你赶快把洽办杨铜、郭瓷的经过及当前存在的问题简要地写个节略，等他来时我当面交给他。"果然，午饭后国民政府行政院院长兼财政部长宋子文来到了朱启钤的宅第，王世襄旁听了朱启钤与宋子文交谈的全过程，当谈到了收购郭觯斋瓷器与接收杨宁史青铜器两件事时，朱启钤将王世襄所写的节略交给了宋子文，并指着王世襄说："他是专门派来清理战后文物的，我说得不清楚的地方，他可以补充。"宋子文接过节略看了一下，随即向朱启钤表示他马上办理这两件事。

宋子文自朱启钤家离开后不久便前往南京而途经天津暂留时，专门找到德商杨宁史与其谈及接收其所藏青铜器之事，不仅表示在名义上算是由其呈献，而且答应在故宫博物院为其开辟专门陈列室，并准许德国人罗越与康斯顿前往故宫博物院参阅这些器物直至他们将有关图录编写完成。1946 年 1 月 18 日，沈兼士与故宫博物院分别接到行政院院长临时驻平办公处及敌伪产业处理局北平办公处的通知，准备前往北平台基厂外商运输公司百利洋行装运杨宁史所藏的那批青铜器。至此，王世襄才明白原先杨宁史所说其所藏青铜器封存在天津住宅内其实是一个谎言，其目的是想增加王世襄查没这批青铜文物的困难，以便其伺机偷运出境。1 月 22 日，由国民政府行政院院长临时驻平办公处派车运输，王世襄等人亲自前往台基厂装运杨宁史所藏青铜器，随后直接运送到故宫博物院御花园绛雪轩进行清点交接。清点交接完毕，由杨宁史所藏 127件古青铜器和 136 件古兵器随即被送到古物馆延禧宫库房存放。这批在学术研究上具有重要价值的青铜器，不仅全部是生坑所出之器物，而且类别全、涵盖广、时代序列完整、器型和花纹图案都十分精美，其珍贵程度超过民国年间其他各家所收藏品，比如最为著名的战国宴乐渔猎纹青铜壶、商饕餮纹大钺及诸多鼎、卣、爵杯、玉柄戌等器物，都曾在南京举办的抗战胜利后第一届文物展览会上引起极大的轰动。

收购郭葆昌所藏数百件瓷器

紧接接收杨宁史青铜器之后的，便是收购民国年间最著名瓷器收藏家郭觯斋所藏的 422 件瓷器，其中包括：后周柴窑瓶 1 件、唐昌南窑宫碗 1 件、唐邢窑 3 件、宋景德镇窑 10 件、宋钧窑 9 件、宋东窑 8 件、宋汝窑 4 件、宋官窑 3 件、南宋官窑 4 件、宋龙泉窑 8 件、宋哥窑 6 件、宋定窑 11 件、宋建安窑 3 件、宋建阳窑 5 件、宋河南窑 1 件、宋磁州窑 1 件、南宋吉州窑 9 件、南宋广窑 5 件、金宿州窑 3 件、元临川窑 2 件、元枢府窑 5 件、元景德镇窑 1 件、元钧窑天青窑 2 件、元龙泉窑 2 件、明钧窑 3 件、明景德镇窑 11 件、明处州窑 1 件、明德化窑 5 件、明洪武窑 2 件、明永乐窑 9 件、明宣德窑 27 件、明厂官窑 8 件、明成化窑 29 件、明弘治窑 2 件、明正德窑 9 件、明嘉靖窑 5 件、明隆庆窑 1 件、明万历窑 2 件，以及清康熙、雍正、乾隆年间的大量瓷器。由此可见，郭觯斋所藏瓷器可以说是时间跨度大、种类器型多，几乎涵盖了中国陶瓷史上各个阶段的代表器物。

作为民国年间最著名的陶瓷收藏家，郭觯斋于 1940 年因胃癌而病逝，其所藏瓷器随后由其子女郭昭俊等人所有。1945 年 10 月，王世襄离开重庆前马衡曾特意叮嘱他说："郭瓷是一批重要文物，其中宋瓷有的很精，清官窑古铜彩牺耳尊连故宫都没有。你到北平后要注意这一批瓷器，向郭家的人恳切地谈一谈，最好不要让它散掉，将来完整地归公家收藏才好。"所以，王世襄回到北平后便专程找到郭昭俊与其协商，郭昭俊表示他也不愿意看到其父所藏的这批瓷器散落四方，如果政府部门能够收购是求之不得的好事。确实，由于郭家所藏这批瓷器不属于敌伪资产，除了收购外别无他法，而当时要想申请到这样一大笔专款，实在是一件容易遭到非议的事情。为此，王世襄先后向马衡与沈兼士进行了汇报，但他们也想不出具体办法，直到王世襄那次拜望朱启钤时此事才出现了转机。

前面谈到宋子文看望朱启钤时，朱启钤向宋子文提及此事，当晚，朱启钤便将张重威与郭昭俊两人找来具体商谈收购觯斋藏瓷一事。不久，宋子文便批示由财政部拨款 10 万美金收购了郭觯斋所藏这批瓷器，并为郭昭俊在中央银行安排了工作，随后由郭昭俊与张重威两人亲自到故宫博物院面告张庭济，商定日期前往八面槽锡拉胡同 14 号郭府清点接收。于是，自 1946 年 2 月 20 日至 23 日由故宫博物院、行政院院长临时驻平办公处及王世襄与周士庄代表的"清损会"驻平津区办公处三方共同前往郭府，对照《觯斋瓷乘》中所载瓷器的照片及注明尺寸等，逐箱逐件进行一一清点后再装回原箱，最后加贴上故宫博物院封条，直接运往故宫博物院存入了古物馆延禧宫库房。与接收杨宁史铜器一样，王世襄于同年 10 月与故宫博物院古物馆人员在景阳宫后院的御书房，为郭葆昌所藏瓷器也开辟了专门陈列室。关于这批瓷器的文物学术价值，有专家指出即便与故宫博物院原有藏瓷相比较，也称得上是极为难得的瓷器珍品。

追查收回美军少尉德士嘉定非法接收日本人所藏宋元瓷器

1946 年 3 月 15 日，王世襄得到北平成古斋古玩铺商人孙成章的报告，说天津古玩商人李文治知道日本人原田广治和税田义人藏有一批精美的宋元瓷器，应该予以追查收缴。于是，王世襄遂宴请孙成章在北京墨蝶斋吃饭，并在饭桌上商定于 3 月 21 日一同前往天津办理此事。当王世襄找到天津古玩商人李文治，并向敌伪产业处理局驻津办事处及天津市警察局说明来意后，这两处也均派人与王世襄等共同找到了原田广治、税田义人这两名日本人。不料，原田广治和税田义人两人却说他们因为知晓不能携带中国文物出境，已经将那批瓷器转让给了美军少尉德士嘉定。非常巧合的是，这位美军少尉德士嘉定就居住在原田这两名日本人的楼上，于是王世襄等人当即带领原田这两名日本人与其当场对质，美军少尉德士嘉定见状无法抵赖，遂承认他确实接收有这批瓷器，但已经采取军邮方式寄往了美国。对此，王世襄并没有放弃追查，而是在严厉指出其行为违反了中国有关法令规定之后，令其与原田等人开具出这批瓷器的品名、件数，以及邮寄的地点、收件人姓名、日期和收执号等内容，然后拿着这些证据前往驻津美军军邮处进行核对。在核对无误后，王世襄返回北平向行政院院长临时驻平办公处、敌伪产业处理局办公处和南京国民政府教育部"清损会"分别作了汇报。随即，王世襄又找到沈兼士以教育部特派员办公处的名义向美军驻平司令迈尔斯中将发函，通知其美军少尉德士嘉定的违法行为及所获证据，要求其追查处理此案。此案直到新中国成立后才从原任国家文物局处长王振铎处得知了其中的具体情形。原来，这批文物于 1947 年由美国驻华大使馆送交给了国民政府外交部。据有关资料记述，这批由美军少尉德士嘉定非法接收日本人的瓷器共有 25 件，其中包括：宋定窑碗、宋黑定窑碗、宋梅瓶、元钧窑香炉、宋香炉、明宣德碗、三代铜器、三代小爵、三代香炉、明初青花梅瓶各 1 件及松画 2 幅；税田义人赠送美军的古物 25 件，其中包括清康熙青花壶 1 件、清乾隆粉彩皿 6 枚、清康熙青花小壶 1 件、明青花小壶 4 件、清雍正青花小杯 5 件、宋磁州窑花瓶 1 件、宋龙泉窑皿 1 件、宋龙泉窑碗 2 件、元钧窑碗 1 件和明青花皿 1 件。

抢救朱启钤存素堂旧藏丝绣

1946 年 5 月的一天傍晚，王世襄忽然接到朱启钤的电话，原来朱启钤获悉长春已经被人民解放军包围，他担心原先由他收藏的一批古代丝绣在炮火中遭到损毁，遂找到王世襄商量如何进行抢救。众所周知，朱启钤在发掘、弘扬中国传统文化方面有着多方面特殊而卓越的贡献，其中就包括《存素堂丝绣录》一书中所涉及的丝绣文物。据《朱启钤的文物账册》中记载，朱启钤所藏缂丝刺绣珍品多达 200 余件，时代自宋至清各个朝代都有，其中最为珍贵的是辛亥革命后收购清恭亲王府斥卖之旧藏，至于清内府旧藏及明朝项子京与清朝安岐、梁清标、盛昱等人所藏，也都大多被朱启钤所购藏。比如，收录于《存素堂丝绣录》中的珍品有：宋缂丝绣线合璧册（朱克柔缂丝牡丹、朱克柔缂丝山茶、缂丝宋徽宗御笔花卉）、宋缂丝崔白《三秋图》轴、宋缂丝《八仙介寿图》轴、宋缂丝《迎阳介寿图》、宋缂丝《海屋添筹》卷、宋缂丝吴熙《蟠桃花卉》轴、宋缂丝《蟠桃春燕图》轴、宋缂丝《天官》轴、宋缂丝《紫鸾鹊谱》轴等。

20 世纪初，当日本商业巨头大仓喜八郎准备以银洋 100 万元购买他的这批丝绣时，朱启钤婉言谢绝。后来，朱启钤经时任东北边防司令张学良的介绍，在不得出售给外国人（当时主要是指日本人）的前提下，以 20 万元的价格卖给了东北边业银行。"九一八"事变后，这批珍贵丝绣随边业银行一同陷入日本正金银行之手，朱启钤遂通过曾任吉林省财政厅长后任伪满洲国中央银行总裁其盟弟荣厚（字叔章）的职务之便，设法将这批丝绣定为伪满洲国的"国宝"，从而达到长期保存在东北边业银行保险库中，不致被日本人劫夺而去。所以，当朱启钤得知保存有这批丝绣的长春城已经被人民解放军包围，并随时都有被战火毁坏的消息后，内心十分焦急。如今，朱启钤之所以急招王世襄来见他，是因为他得知宋美龄已经来到北平，并即将飞赴东北战场，所以朱启钤希望这一次通过宋美龄抢救出这批珍贵的丝绣文物。朱启钤对王世襄说："现长春被围困，危在旦夕，如遭轰炸或发生巷战，丝绣极可能被毁，所以最好是抢运出来，放到一个安全的地方才好。现在宋美龄已到北平，将去东北，你赶快用'清损会'平津区办公处及你个人的名义，写一个呈文，就说长春危急，这批丝绣十分重要，建议将它空运到安全地点。写好呈文交给我，一切就不用你管了。"当王世襄接到教育部"清损会"

秘书郭志嵩从南京寄来国民政府教育部次长杭立武的一封申斥信时，才得知那批丝绣已经空运到北京并存放进了中央银行的保险库中。原来，当朱启钤将那份呈文及亲笔信面交宋美龄后，宋美龄随后在东北观赏了那批丝绣文物，并经其干预将那批丝绣文物安全地抢运出了战火纷飞之地。到了 1947 年 3 月，当王世襄从日本押运一批善本书回到故宫博物院工作时，他又得知那批丝绣已经拨交给了故宫博物院。

接收末代皇帝溥仪遗留天津张园保险柜中大批珍贵文物

1946 年 7 月 10 日前后，王世襄应沈兼士之召前往教育部特派员办公处，受命前往天津张园接收溥仪存放在保险柜中的一批重要文物。原来，日前驻平美军上校葛利告知沈兼士说，驻津美军在末代皇帝溥仪曾经的寓所张园内发现了两具保险柜，发现时一具保险柜已经被打开，内里空无一物，另一具用铁锁锁住，还不知其中有何物品。葛利上校之所以通报国民政府教育部特派员办公处，是希望"清损会"能派人与美军一同前往天津打开这具保险柜，如有物品以便当场接收。随后，王世襄便按照沈兼士之交代，立即告知敌伪产业处理局办公处，接着又赶到东交民巷与美军上校葛利协商前往天津的日期。经过协商，双方前往天津的时间定于 7 月 16 日。到达天津后，王世襄与美军代表克利夫斯首先来到了敌伪产业处理局驻津办公处请其派人参加，再到美军驻津办事处协商也派人共同参加，随后三方便一同赶往张园。

王世襄等人到达张园，为了打开保险柜柜门，先是找来专门修配铁柜钥匙的匠人，可是那匠人费了九牛二虎之力也没能将保险柜打开，最后只好用氧气喷火器将柜门烧开，在其中发现了 21 个手提式小型保险匣。当时，由于已经是夜间 10 点多钟不便清点，而第二天才有火车返回北京，所以三方决定先将那 21 个保险匣用封条封存，并用汽车押运到美军办事处的一间库房，库房门窗一律用铁锁锁上，同时美军加派士兵负责看守执勤。一切安排停当，王世襄又连夜打电话向马衡和沈兼士作了汇报，商定第二天押运这批物品乘坐特快返回北平，并请派车前往车站接运。第二天，王世襄等三方人员在验看封条完好无损之后，便在美军派遣多名士兵的保护下共同押运这批物品返回到北京。王世襄等人到京时，敌伪产业处理局办公处、故宫博物院和沈兼士及美军葛利上校都派人派车在车站迎接，随即直接将这批物品押运故宫博物院御花园绛雪轩进行清点。开始清点时，不仅有王世襄等押运人员及十多名负责打开保险匣的工作人员，还有沈兼士、马衡与葛利等人在现场。由于这批物品多达 1000 多件，大多属于细软一类，不仅件头小、数量多，而且其价值堪称连城，故每清点一件便登记在册，以便将来整理时核实无误。因此，当这批物品彻底清点完毕送入延禧宫库房时，已经过了午夜时分。

7 月 21 日，王世襄陪同马衡院长拜访美军上校葛利，对他表示感谢。再后来，王世襄在回忆文章中称："这批物品中，现在还能记得的珍品有古玉数百件之多。近年编入《故宫博物院藏工艺品选》的商代鹰攫人头玉佩无上精品，即是其中之一。解放后故宫发现乾隆时为古玉特制的分屉匣，屉中依每件玉形挖槽制囊，玉形都可与槽形对上。当时溥仪出走，弃匣取玉，遂致玉、匣分离。宋元人手卷有四件，都高不及尺，它们是：宋马和之《赤壁赋图卷》、元邓文原《章草卷》、元赵孟頫设色《秋郊饮马图卷》及《老子像道德经书卷》。此外有古月轩珐琅烟壶、痕都斯坦嵌宝石玉碗、嵌珠宝珐琅怀表等。至于黄杨绿翡翠扳指等更是价值连城，使同批物品中的金银器显得黯然无色。有的物品为故宫后来开辟的珍宝馆增添了光彩。"比如，550 件玉器、35 件瓷器、72件珠宝饰物、82 件翡翠、39 件朝珠手串、24 件金器、5 件书画、18 件景泰蓝珐琅、64 件洋表、44 件烟壶、2 件铜镜、70 件图章、7 件旧笔、58 件文玩什物及 15 件杂项，确实为故宫博物院大为增色。

接受海关移交德孚洋行文物

1946 年 9 月 10 日，王世襄接到敌伪产业处理局北平办事处的通知，说是海关扣留了德商德孚洋行的十几箱物品，现已运到东城区本司胡同，希望故宫博物院派人予以接收。三天后，王世襄、周士庄与海关一名叫陶器（或契）的工作人员及故宫博物院有关人员前往本司胡同将那十几箱物品运往故宫博物院的御花园。遗憾的是其中并非都属文物范畴，大多属于近代工艺品，比如晚清服装、木佛、年画、皮影戏人、剪纸、日用铜器及锡器等。所以，这批物品清点后并没有存入延禧宫库房，而是存进了御花园堆秀山东面的一栋小楼内。直到 1979 年，当故宫博物院派人向王世襄了解这批物品来源时，王世襄才得知这批物品依然存放在故宫博物院内。

敦煌国宝历春秋

侯国柱①口述　景超文整理

　　1984 年 10 月 5 日，在西宁宾馆召开的"侯国柱先生捐献文物颁奖大会"上，青海省文化厅负责人向 200 多名与会同志介绍了侯国柱先生捐赠给国家的一部经卷的详细情况。他说："经专家鉴定，确认藏卷为佛典戒律，卷首残缺二三百字（据说该经上卷今存于日本），全长 17 米左右，用纸 34 张，每张相接粘连而成长卷……全卷共 933 行。写本纸质较细，有韧性，经过染黄，略有水渍，按纸质、行字看，皆合隋唐规则。写本字体工整，圆润，楷书，有六朝隶体余意，实为隋或唐初真品。"这样的藏卷，"不仅国内没有，国外亦罕见，当视为国宝"。可是，如此珍贵的历史文物又是怎样辗转到手，保存至今的呢？侯国柱先生有他一段曲折难忘的经历……

----

① 侯国柱，现任青海省乐都县政协副主席。

一

我初次听到敦煌经卷是国宝，还是抗战初期的事。当时，国民党根据抗日的需要，将陕、甘、新、宁、青划为第八战区，朱绍良任长官，司令部设在兰州五泉山。我在第八战区调查室（是军统直属机关）搞情报工作。有一天，我国著名国画大师张大千先生游览敦煌后回赴四川途中，在兰州短暂停留。我经过青年画家郭世清（乐都人，是我的小学同学）的介绍，认识了张大千先生。大千先生在我们共进午餐的饭桌上很有兴致地说着我国历史上最名贵的书画和历史文物，谈到我国的王羲之、齐白石等著名书画大师。最后，谈到敦煌壁画和经卷。他说，敦煌莫高窟藏经洞是一个姓王的道人偶然发现的，洞内经卷大多被英、法、美、俄等国人窃去，我国现在留存不多，是国宝。这样，敦煌经卷在我心里留下了新鲜而深刻的印象。

在第八战区搞调查和情报工作，对于走私、贩私，当在查获之列。有一次，我们调查室的程一鸣主任（曾留学苏联，新中国成立前夕到澳门，后起义回国，在广东省政协工作）在国民党纪念周上告诉大家，根据河西的情报，有个中央委员从敦煌搜集了一些经卷，随身携带，检查站对此要严加搜查。后来，检查站上的人根据程的指示，将那位国民党中央委员连同车辆一起进行了一番检查，结果一无所获。难道情报不准？那委员见我们没有查出什么，便故作恼羞成怒，破口大骂我们军统人员不长眼睛，说："我是中央委员，不是汉奸，也不是共产党。"检查人员看不惯他那盛气凌人的姿态，不论大小什物重新检查，终于找到了宝物。原来，那委员将敦煌经卷一片片分开后巧妙地夹在旧《辞源》里面，既经查出，那委员顿时威风扫地，垂头丧气，无话可说。他窃带的经卷被我们没收了。程一鸣主任就此说道；"我们的工作做得很好，得到了情报，查获了国宝。敦煌经卷是国宝，不允许任何人随便带走。"

这是我第二次听说敦煌经卷是国宝。虽然，我没有见过它，但它在我脑海里的印象进一步加深了。

二

1942 年秋，戴笠来兰州。他将我调至西藏工作。当时的西藏局势不稳，爱国人士同酝酿独立的亲英派展开了激烈的斗争。我接受戴笠的调遣，化装成商人，从兰州起程，经青海西宁到达西藏拉萨搞情报工作。

1949 年 7 月 8 日，西藏上层亲英分子发动了震惊一时的"驱汉事件"。当时，我在日喀则做护送十世班禅进藏的准备工作。拉萨的藏政府一再刁难，不欢迎班禅进藏。日喀则有班禅的寺院——扎什伦布，也有很多班禅的旧官员，我到那里后想做些疏通工作，使那里的官员和僧侣欢迎班禅入藏。由于各种原因，此事未能如愿。西藏地方政府发动"驱汉事件"时，我已收到拉萨方面的急电，要我把所有秘密材料和电台全都销毁，在一星期之内离开西藏。当我做好撤离准备工作后，日喀则的藏政府召见了我。

扎什伦布的秘书厅富丽堂皇。厅中上首坐着一银须老者钟伊千毛（秘书长），他两边围坐着西藏地方政府的大小官员。那老者告诉我，还有什么要办的事情，赶快办。接着，他们的公使念了一通文件。有一名官员还问大家："他能听懂藏话？""能听懂。"我心中暗想，这官员也太没有见识，我不懂藏语还能到西藏搞情报？公使念罢文件后，唯恐我不相信，再叫我亲眼过目文件。我说："文件无须再看，不过，我有这样一个看法，西藏仍然是中国的版图，我是中国人，有权利住在西藏，更何况我既不是强盗土匪，也没有损害藏民的利益，你们有啥权力来驱逐我们呢？"那老者说："这是我们西藏地方政府的命令，必须无条件服从。这事已和国民党蒙藏委员会驻西藏办事处联系妥了。"我说:"办事处管不了我。""难道你不是中国人?""我是中国人。可是办事处没有权,外地生意人到西藏遭毒手被刺杀,办事处一次也没有做主。只要我不做损害藏民利益的事,有权在西藏居住。"那老者对我的争辩很不感兴趣,颇有厌倦意味地说:"这事已定,就这样办吧。"我的争辩也不过是发泄我心中的不满,自知即使争辩下去,也于事无补。突然,那老者对我发动袭击。他冷不防问我:"听说你有部电台?"我成竹在胸,说:"有。""能否让我们看看?""可以看。"我支使手下人去拿来的竟是那些贵族官员家里都有的无线电收音机。他们把它相继传看了一番,然后用怪异眼光盯着我。显然,这架收音机不是被他们通称为无线电的发报机。"你的无线电呢?"那满脸麻子的电讯局局长诡谲地瞪着眼问我。"这不是吗?你们弄错了,把收音机称作无线电,把发报机也称作无线电。我这是无线电收音机,如果你们哪个想要,便宜卖给。"他们当中没有哪个说要。于是,他们认定我是纯粹的商人,便问起生意上的往来纠葛。当他们知道我还有没收进来的很多账时,说要帮我收回。我说:"这不需要,我交往的人都是很富有的体面人。他们知道我要走,会自觉拿钱来的。只有一笔账,我是要收的,那是青海塔尔寺的佐该尕哇佛爷在西藏折本寺当了格西(博士学位),举行庆贺典礼没有费用,派管家来我处借钱,我给了他一万两藏银。这笔账我可以从藏大路回去时顺路收回的。"他们说:"不能从藏大路回,必须绕印度回去。"他们还说,佐该尕哇佛爷也要回去。我说:"佐该尕哇佛爷是安多(意即青海藏民)。"他们说:"安多也要回去。"我一听心里冒火,你们驱逐的不仅仅是汉人,所有外地人都在被驱逐之列。我质问他们:"达赖也是青海的安多,难道你们也要把他赶回青海?"官员们无言以对,面面相觑。那个老者则以很冷静的口气说:"他是我们请来的。"我和他们又争辩了几句，渐渐看出情形不妙，于是换了一种口气说："我走是肯定的，不过我还有个请求，请你们接受我带不走的一些财物，希望给兑换一些印度的卢比。"他们当时答应满足我的要求，但后来却成为一张空头支票。我只好利用七八天的时间处理财物，卖的卖，送的送，清理完毕。然后，在12名藏兵的"护卫"下，开始了漫长的印度之行。

三

到了印度，我们下榻于加尔各答的一家旅馆里，那旅馆是一对中国夫妇经营的。男人名叫王春生，原籍湖北，女的原籍在西藏。因为我的妻子也是西藏人，故彼此之间关系密切。有一天，国民党驻印度大使罗家伦来了，他说："如果你们愿意去台湾，有一艘'海天'号轮船，可以免费直接把你们送到台湾。如果要回大陆，则自行安排。"这就是国民党政府赐予我们流落在外人员的最惠待遇。

当时，我非常想回家，正当我打点东西准备回大陆时，当地华侨中传说着一条这样的消息：有个从香港来的中国人，身带敦煌经卷，准备将经卷卖给英国人。我一听到这消息，心中甚是惊奇，敦煌经卷怎么流落到国外？我求宝心切，急忙叫王春生去找那个带经卷的中国人。没过多久，王春生将那人找到了。他叫王仁，但不肯告诉乡梓何处。我请王春生从中斡旋，叫王仁把经卷卖给我。经王春生的努力，王仁终于答应以5000元美金卖给我。事情讲妥了，但没有立即付钱，因为我不能甄别那经卷的真伪。我问王仁："你把经卷拿给我看看怎样？"他说："行。"于是，我带上经卷到噶伦堡去找著名华侨马寿山先生（原籍云南）。此人曾游过英、法，阅历丰富，知识渊博，在印华侨中颇有名望。1955年周总理访印时，他曾拜见了周总理。我因以前在噶伦堡时与之有交往，故知其底细。我在噶伦堡找到马寿山先生后，直说了来意，并把经卷拿给他看。他看后，肯定地说："这是真的敦煌经卷。在伦敦大英博物馆里陈列着好多这样的经卷，我是亲眼见过的。他们把这经卷称为东方明珠。"接着，他用一种好奇的口气问我："你是怎么得到它的？"我把在加尔各答的巧遇详细说了一遍，他听后问我："这经卷是真的，侯先生你到底要不要？""我准备要。""你如果不要，请别撒手，把它卖给我，价钱可以在5000元上多添一点。"我说："我买定了。"然后，辞别马寿山先生，回到了加尔各答，给王仁付了钱。为酬谢王春生的鼎力相助，我把西藏江孜产的两条毛毯和一架美式收音机送给了他。

经卷到了手，我嘱咐王春生对此事保密，以免惹是非。后来在王春生的帮助下，我特制一皮箱，装入敦煌经卷。这样，我携带着经卷从加尔各答乘美国的"霸王"号飞机经缅甸仰光进入祖国的云南。

四

一到昆明，就发现中国人民的生活之困苦。我们刚下飞机，便把飞机上供给的午餐（两支香蕉，一听牛肉罐头，三根香烟和火柴）扔掉。这一扔不要紧，却蜂拥来一大群面黄肌瘦破衣烂衫的孩子，他们争抢那些食品。这样的场面在缅甸的仰光没看到，却在中华大地上目睹。我鼻子酸酸的，心里很不是滋味。

在昆明住了五六天，再不想深入大陆腹地。一则是由于昆明气候温和，空气清新湿润，再则，内地情况不明，顾虑重重，如果我们这类人处境不妙，住在边境便于逃亡国外。但我的重重顾虑却被同伙们乐观的劝说和我想"亲自看看"的心理消除了。于是，又乘飞机前往陪都重庆。

一到重庆，便开始联系西南区的军统。与军统联系上后，他们便安排我们前往渣滓洞（渣滓洞有招待所）。渣滓洞是关押"政治犯"的地方，也是特务的世界。我们到那里时，散布在全国各地的形形色色的大小特务纷至沓来，大都像叫化子，身无分文，蓬头垢面，衣衫破烂，狼狈不堪。"中美合作所"旧址依旧，只是人去楼空而已。

住在渣滓洞招待所，整日无事可干，消磨在象棋、扑克游戏之中。清闲日子真不好过，加之前程未卜，生死难以预料，惶惑、迷茫、烦躁、苦闷、绝望集于一身。这时，被军统扣收的香港报纸上出现"蒋介石不是东西""程潜将军起义了"的标题文章。很显然，共产党的进军势如破竹，国民党的局势愈加危急了，形势急转直下。

忽一日，毛人凤飞到重庆。他召见了我和赵冠南（曾在西藏搞情报工作，文书，贵德人）。毛听了我在西藏的工作汇报后说："辛苦了。"又问："我们的同志都撤离西藏了？""都撤了。""怎么不留下两个？""外地人都被驱逐，本地人靠不住。""怎么？那么多西藏人就没有一个靠得住的人？""找一个西藏人也没有作用，因为取不上联系。""电台呢？""毁了，文件也毁了。"然后，他略一沉思，说："现在你到西康去工作。"可是，我几个月的薪水和活动经费（约3000银圆）都没有领，我要求补发。他很不痛快地说："这个，你去找西南特区的徐元祖嘛。不过，西南区也可能没有钱。"听他的口气，补发薪水毫无指望。戴笠死后，毛人凤负责军统的全盘工作，有人说他"创业不足，守业有余"，我看这人连点守业的本事都没有。幸好我从西藏带了点钱，否则，女人、孩子一家三口将无法度日。他写好了手令，任命我为西康情报站副站长（上校级），接着送我出来。我一见那手令，心里就起火，把我派到西康当替死鬼，我侯某对党国没有立下功劳也有苦劳，心里越想越气，所以我决心不到西康去赴任。

接着我找房子，准备在重庆长住下来。几天后，用2两黄金租到一所住宅。

一天，赵冠南告诉我："马继援在重庆复兴大楼。"我俩急忙跑到复兴大楼去见他，想了解青海的情况。马的住房外没一兵一卒站岗，里面全是 20 多岁的小伙子（是马继援手下的少壮派骨干）。马听了我的自我介绍后问："你们是毛先生领导的？"我说："是的。军长，你是不是回青海，若要回青海请把我们几个也带回去。"马劝我说："还是不要回去的好，共产党来了对你们这样的人查得紧。"另外几个人也纷纷插口道："这次我们跑出来，只拣了一条命，啥都丢光了。""回不去了。青海、宁夏和河西的电话都不通了。"我看了马继援那萎靡不振的样子，相信了他的话，便起身告辞。回青海无望，定居重庆的心更定了。

由于人民解放军一天天逼近重庆，我们从西藏撤出来的一伙人，作鸟兽散，各奔前程，自顾性命去了。赵冠南也走了。留在重庆的只有我一人，忐忑不安地等待着解放。

五

1949 年 12 月 1 日，重庆解放。人民政府的布告也贴出来了。其间，我因和班禅办事处的人相熟，故经常到那里去，言谈中发现情况不大好，打定主意，早去登记自首，然后坦白交代。登记时，人民政府给我交代了有关政策。

中国人民解放军解决了西南各省问题后，解放西藏迫在眉睫。一天，班禅办事处处长孙格巴顿到我的住处告诉我："西南军政委员会要我找一个人，用藏语在电台上报道一下解放军将要解放西藏的消息，我想你能胜任这个工作。"我说："这个工作可以做，可是，首先宣布解放西藏，西藏人会跑光的，将来还用得着那些人。我看还是不宣布解放，领兵进藏为好。"他把我的话转告给西南军政委员会后，该会的文治平、齐宪孟找到我，要我写有关西藏的材料。刚从西藏出来，有关西藏的政治、经济、军事，达赖和班禅的势力，亲英和爱国力量的对比等情况甚为清楚，我把这些材料全部写上并交给了西南军政委员会。他们看了我写的材料，甚感兴趣，说我的材料很宝贵，并动员我参加革命工作。我曾是为蒋介石卖命的军统特务，对参加工作顾虑重重。如果执意要我参加工作，那还得把老婆送回青海，方可随军进藏。因为，我老婆是西藏人，不会汉语，即使拿着金子也找不到饭吃。我请求他们说，参加革命工作得有一个学习的机会，需要懂得一些新思想和新原则，否则工作中难免出差错。

过了几天，西南军政委员会把我叫去。我在那里见到很多人，有民族事务委员会的，有公安部二处的。他们要我继续写材料。于是我又写了西藏的材料，并根据公安处的意见，详细地写了自己的历史。他们看过材料和写的历史后，说我交代还算诚实，给我一个学习的机会，要我准备一下，过几天到西南革大去学习。他们还给我许多书，其中有马克思、列宁的著作，有毛泽东的《论人民民主专政》和《什么人应负战争责任》等文章。

我原来的住房很不理想，一到夏天闷热难熬，必须给家眷找好房子。很不幸，命运有意捉弄我。在一所门上写着"出典"字样的楼里，和两个正被公安人员逮捕的军统分子不期相遇，公安人员指控我是找他二人接头联系的，我便同他俩一起被抓进刑警大队。其实，我根本不认识他们。20 多天后，问题查清楚了，但没有释放我，因为我有历史问题，便把我送到公安局，到西南革大学习，遂成泡影。

在管训大队期间，除了学习外，还有少量的劳动。这时，镇反运动已开始，我们整天又在恐慌不安、提心吊胆中交代罪行，直到 1951 年冬才得以回家。

这期间，我妻子因为我不能回家，急得疯疯癫癫，最后竟郁闷而死。我的全部财产，大多被政府保管得很好，只有一部分金子不见了。据查，是××乘我妻子疯癫之际拿走的。其余的东西，如几尊佛像、敦煌经卷和一幅慈禧太后的画及其他珍宝均完好无损。

在后来的肃反、四清运动中，我均受到过审查，"文革"十年，我亦毫无例外地被"口诛笔伐"，而且被抄了家。所幸国宝敦煌经卷虽几经沧桑，随我辗转四川、青海，却被完整保存下来（我曾将经卷两次转移，一次藏弟弟家中，一次藏邻居贫农唐家）。

六

1976年粉碎了"四人帮"。

1979年三中全会后，党的正确政策温暖了我的心。我那沉重的"四类分子"的帽子也摘了。1980年，欲去重庆落实政策，到兰州因病发未遂。在西北民族学院才旦夏让老师（曾授我藏文）处住了几天。在回来的火车上，我看到《兰州报》上这样一篇文章，题目叫"吃先人的饭，砸后人的锅"，文章说甘肃某大队集体盗卖历史文物活动十分猖獗。"如果长此以往，具有五千年历史的文明古国，文明存在哪里？古老，拿啥证明？这不是端起祖先的饭碗砸了后人的锅吗？"并呼吁有关方面对此予以重视。我看过这篇文章后，心里甚感惬意畅快。心想：政策好了，我也该乘个时机，把敦煌经卷贡献给国家。

1982年我去重庆，落实了政策。

1983年我回青海，开始做上交经卷的准备工作。在《乐都县志》编写组的谢尔杰和青海省委党校谢佐的协助下，与中共中央宣传部、文化部和国家文物局取得了联系，在做了一段时间的具体工作后，终于迎来了我此生中最幸福的日子——1984年10月5日。

这天，青海省文化厅在西宁宾馆举行了"侯国柱先生捐献文物颁奖大会"。会上我正式将珍藏多年的敦煌经卷献给了国家。为表彰我将稀世珍宝敦煌经卷献给国家的爱国行动，青海省人民政府向我颁发了奖状和奖金。

如果说这天是我此生最幸福的日子，那么把珍贵的经卷捐献给国家，是我此生所做的最光彩的事！

周恩来与流失海外珍贵古籍的回购

———
李致忠

　　周恩来总理历来非常重视古籍保护工作，在他的关心过问下，流失在香港的一些珍贵古籍于 1955 年和 1965 年分两批购回内地，入藏于国家图书馆。

　　20 世纪 30—60 年代，中国有位名重一时的藏书家陈清华。陈清华（1894—1978），字澄中，祖籍湖南邵阳，1894 年 8 月 5 日出生于江苏扬州。1915 年上海复旦大学本科毕业后，获资助赴美国伯克利大学攻读经济学硕士学位，1919 年学成归国，先后供职于多家银行。30 年代，陈清华开始涉足中国古籍善本的收藏，并以万金购得宋版《荀子》。嗣后，陈清华北上拜见著名藏书家、版本目录学家傅增湘先生于京华。傅先生笑问："君非以万金得熙宁《荀子》者乎？是可以'荀'名其斋矣。"自此，陈氏藏书室便以"荀斋""郇斋"为名。陈氏财力雄厚，又慧眼识珠，入藏宋元本珍贵古籍、金石善拓、明清抄校稿本等，与日俱增。一时江南无出其右者，与北方天津周叔弢自庄严堪藏书双轨并驾，故时有"南陈北周"之称。1949 年，陈清华夫妇移居香港，其珍贵古籍亦随之插架香江之滨。

两年后，即 1951 年，陈氏生活陷于困窘，于是欲出让部分珍贵藏书。消息不胫而走，美国人、日本人知晓后都想收购，使这批珍贵善本流失海外的风险凸显。时任中华人民共和国文化部文物事业管理局局长的郑振铎闻讯后，一面紧急向上级报告上述情况，争取财政支持，获得政务院总理周恩来首肯；一面通过香港《大公报》社长费彝民和文物鉴定名家徐森玉之子——香港名记者徐伯郊等，与陈清华先生洽商，并会同当时北京图书馆版本目录学家赵万里先生最后敲定收购事宜，终于在 1955 年购回第一批陈氏藏书 104 种。其中就有被誉为"无上神品"的南宋贾似道门人廖莹中世彩堂校刻的《昌黎先生集》《河东先生集》，北宋刻递修本《汉书》，南宋乾道七年（1171 年）建安蔡梦弼东塾校刻的二家注本《史记》，元宪宗六年（1256 年）碣石赵衍在今北京校刻的唐李贺《歌诗编》，元乃马真后元年（1242 年）孔元措编刻的《孔氏祖庭广记》等传世孤罕、名闻遐迩的善本古籍。

1963 年，陈清华为筹措资金移居美国，郇斋再次转让部分珍贵藏书的消息又传到了北京。郑振铎已于 1958 年在苏联飞机失事中因公殉职，继他之后出任文物事业管理局局长的王冶秋，也是新中国文物事业的奠基人，对文物古籍亦具真知灼见，深悉郇斋藏书的品位和质量，因而对其流向十分关注。他循老局长郑振铎旧章，一方面将情况及时报告国务院总理周恩来，争取经费，获得支持；另一方面请版本目录学专家赵万里会同行政管理人员南下广州，与陈清华代表接洽收购事宜。赵万里在1955 年洽购郇斋第一批藏书时，已知陈氏在大陆尚有大量清刻本和抄校本，因而提出全部收购的建议。但由于种种原因，全部收购之议未成，仅以 25 万元人民币购回珍贵古籍善本 18 种、碑帖善拓 7 种，共 25 种102 册。以书名斋的宋版《荀子》，宋拓柳公权书丹的《神策军碑》，宋拓始刻于五代后蜀广政元年（938 年）的《蜀石经》，宋蜀刻唐人文集，开本宏朗、版心小巧的元大德九年（1305 年）湖南茶陵东山书院陈仁子校刻的《梦溪笔谈》等精品，均是这次购回的。

1965 年 11 月 3 日，这批珍本善拓运抵北京。不久，在北京图书馆（今国家图书馆）3 号楼会议室，为这批书举办了一次小型陈列展，邀请杨秀峰、徐平宇、吴仲超、郑裘珍、谢国桢、王冶秋、唐弢、丁秀等社会名贤前来鉴赏，终极目的是要请周总理莅临，躬亲过目赏鉴。然而周总理日理万机，因事未到，康生却以行家姿态前来一一翻阅。事隔不久的一个星期六下午，总理办公室电告王冶秋局长，谓总理要看宋拓《蜀石经》。当天晚上，由王冶秋、丁瑜二人携书进中南海北门，经紫光阁、游泳池到西华厅，由王冶秋交给了值班秘书。又过不久的一天晚上，赵万里等又奉命将这批书送至中南海紫光阁，陈列在几案上，请总理鉴赏这批瑰宝。鉴赏过程中，大家边看边议论。当看到书上有溥仪题识时，总理问，此书是不是从宫里流出来的？赵万里先生作了圆满回答。

事隔 40 年，2004 年 3 月，嘉德国际拍卖公司的拓晓堂如约来到了美国加州旧金山，与郇斋后人陈国琅先生相见，面谈他从父亲陈清华手里继承的部分藏书回拍问题，结果洽谈成功。拓晓堂曾经是国家图书馆善本特藏部工作人员，后虽供职于嘉德拍卖公司，但对国家图书馆的古籍收藏建设始终一往情深。故这批书从大洋彼岸运回北京以后，拓晓堂便与公司协商，力主不应拍卖而应整体转让国家图书馆。国家图书馆亦闻风而动，先请部分专家对这批书进行初步鉴定，确认价值，紧接着便向财政部提出专项报告，最终以国家文物局所掌管的回购流失海外珍贵文物专项管理资金采购之，入藏于国家图书馆。

这批书一共 24 种，其中宋嘉定六年（1213 年）淮东仓司刻本《施顾注东坡先生诗》残卷，宋景定二年（1261年）安吉州归安陆道源刻本《妙法莲华经》，宋宝祐明月堂刻本《大慧禅师年谱》，宋刻巾箱本《山堂考索》《古文苑》，元刻本《杨仲弘诗集》《范德机诗集》《说苑》，明活字印本《欧阳文忠公归田录》《曹子建集》等，都是一级古籍、版本上品。

值得一提的是，陈国琅先生不但整体转让藏书，还将其父当年的藏书印鉴悉数捐给了国家图书馆，并在致国家图书馆的亲笔信中称："中国国家图书馆将我保存先父陈清华在海外部分的善本书全部购藏，我深为欣慰……保护民族文化典籍，是父亲藏书的终身至高意愿。家境窘困之时，父亲无奈出让部分藏书，也是尽能以国家为先为重……如今陈清华在海外的部分藏书，能回归中国国家图书馆，我深信父亲在天之灵会很骄傲，认为这是'荀斋'藏书的最理想的妥善归宿。"

1955—2004年，半个世纪之内陈清华郇斋珍贵善本藏书151种分三批先后入藏国家图书馆。

周总理与"文革"中的文博事业

———
王　可

20 世纪 60 年代末，文博事业在"文革"当中受到极大的冲击。整个机构陷于瘫痪，文博系统干部下放"五七"干校。进入 70 年代，周恩来总理决策并采取了一系列措施，加快文博事业的恢复与重建工作，使得文博事业能够在逆境中崛起，迎来了一个新的发展时期。在周总理的直接领导下，父亲王冶秋为文博事业的重建与振兴辛勤耕耘。

成立"图博口"领导小组

1970 年年初，中共中央组织部负责人郭玉峰向文化部军代表和母亲高履芳传达周恩来、陈伯达、康生三位政治局常委对父亲王冶秋所写的一封信的批示。周总理批示道：王冶秋同志信中说，本月 16 日已经走了。如未走，可以见他，并留他下来。之后，文化部留守处派专人去湖北咸宁，将已经在那里安顿下来的父亲接回北京。在那封信中父亲写道："我本想有一个五至十人的文物保护（或加上博物馆）的小组，就可以把目前处于无人管的文博事业抓起来，在全国几个重点地区抢救一些珍贵历史文化遗产及图书、碑帖等。我则还可以做一点出主意工作，也算为党为人民做一些有益的工作。"他特别强调"但此事必须脱离旧文化部，另在国务院设这个小组，才能有力量"。周总理对此感到十分欣慰。在政府机构几近瘫痪、举步维艰之际，一些被打倒的部门负责人能够主动站出来要求工作，正是总理所希望的。同时，周总理采纳了父亲的建议并开始考虑、部署文博事业的重建工作。

1970 年 4 月末的一天，周总理秘书侯英来到黄化门 39 号，通知父亲出席"五一"节晚上天安门的庆祝大会，并说在毛主席到来之前，总理将要与他谈几分钟的话。"五一"节晚在天安门城楼上，父亲见到了敬爱的周总理。周总理说：准备成立"图博口"领导小组，先把图书馆、博物馆和文物系统的工作恢复起来；另外，许多外宾要求看故宫，还有外电造谣说，故宫三大殿都被红卫兵砸毁了，你要抓紧故宫的恢复开放工作。有些事可以找吴德同志商量解决，吴德既是北京市的负责人，又将兼任国务院文化组的组长。第二天，各大报都刊登了出席"五一"庆祝活动的负责人名单。那时，这个由总理亲自圈定的名单是个重要的政治风向标，父亲的名字列在"国务院各部门的军代表、负责同志、革命群众代表"名单的后面。总理就是通过这样一种方式，释放出"解放"干部的信息，以利于他们开展工作。

1970 年 5 月 10 日，周总理召集图博口负责人及文化部军代表开会，宣布成立图博口领导小组，由军代表郎捷同志任组长，主管"文革"事务，王冶秋同志任副组长，主管业务工作；图博口由国务院办公室代管，吴庆彤同志为联系人。总理说：康老（即康生）病了，文物工作我亲自来管。这是自"文革"开始以来苦撑危局、力挽狂澜的周总理又部署的一个新"局"。那时，政府各职能部门几近瘫痪，总理总是在寻找机会与适合人选来逐步恢复。

故宫重新开放与筹办"文革"期间出土文物展

图博口成立伊始，父亲抓的第一件大事就是故宫的重新开放。"文革"开始后，红卫兵想要冲入故宫"破四旧"，周总理于 1966 年 8 月 18 日深夜召开紧急会议，决定立即关闭故宫并停止开放。按照总理在天安门城楼上布置的任务，父亲与吴德同志商定了故宫的整改方针，确定为：原状陈列，个别甄别，文字斟酌。故宫重新开放的筹备工作进展顺利，周总理亲自主持了《故宫简介》的编写和审定工作。1971 年 7 月 5 日，经周总理批准，故宫博物院正式向公众开放参观，观众如潮。7 月 10 日，故宫接待了秘密访华的美国国务卿基辛格一行。1972 年 2 月 25 日，美国总统尼克松在父亲和故宫博物院院长吴仲超陪同下参观故宫，国内外媒体都作为重要新闻进行了报道。

与此同时，在周总理的领导下，父亲还抓了另一件大事，就是筹办"文化大革命期间出土文物展览"。当时是以"国务院图博口领导小组"名义行文，邀请 11 个省市参展，行文的"名头"够大，可用的印鉴却是"故宫博物院"的公章。克服了重重困难，这个展览于 1971 年 7 月 1 日在故宫慈宁宫正式对外展出，新华社和《人民日报》都发了头条消息报道这个展览。那时，一些老一代的革命家朱德、陈毅、邓颖超、李富春、蔡畅、郭沫若等都十分喜爱这个展览，不止一次前来参观。有一天，朱德委员长兴致勃勃到慈宁宫看展，父亲说朱老总的书法与北宋诗人、书法家黄庭坚极为相似，遂请人从故宫画库中取来黄庭坚书"诸上座"字卷，朱老总伏案展卷欣赏，不断颔首叹服。然后他安排铺纸研墨，朱老总欣然提笔书字一幅，气氛始终自然祥和。还有一次，父亲向陈毅元帅介绍山东出土的陶鬶时说，此物三条腿，从力学上讲，三条腿的器物没有方向性，比四条腿的要稳当些，测量用的架子、照相用的架子都为三条腿就是这个缘故。陈毅元帅幽默地回答道："我同意你这个观点，你看我拄着拐杖比不拄拐杖就稳当得多喽！"在场的人都开心地笑了。这个展览广受好评，来参观的外宾更是叹为观止。

成立国家文物事业管理局

随后，周总理采取了一系列步骤，加快文博事业的全面恢复。

1971 年 7 月 22 日和 24 日，周总理相继批准了郭沫若的两个报告即：《关于〈考古学报〉〈文物〉〈考古〉三个杂志复刊的报告》和《关于到国外举办中国出土文物展览的报告》，该展览的领导小组由吴庆彤任组长，王冶秋任副组长，夏鼐、王仲殊为组员。

1971 年 8 月 17 日，国务院正式发出《关于选送出土文物到国外展览的通知》。父亲借代国务院起草该文件的机会，在文中特别加上一条，要求各地凡是文博业务干部，即使有问题也要归队重新工作。这不仅加快了文博干部的归队步伐，对其他部门的干部解放也产生了巨大影响。

1972 年 6 月 17 日到 1972 年 12 月 11 日，周总理对长沙马王堆汉墓出土文物保护、女尸解剖与新闻纪录片的拍摄，先后作了四次批示，对于三号墓的发掘也多次作口头指示。

1972 年 7 月 4 日，周总理听取吴庆彤和王冶秋汇报"中华人民共和国出土文物展览"筹备情况。

1973 年 1 月 16 日，国务院批准王冶秋《关于增加出土文物展览工作领导小组成员的报告》和《组织中华人民共和国出土文物展览工作委员会的报告》。

1973 年 2 月 4 日，总理批准王冶秋《关于重建文物出版社的报告》。

周总理这些影响深远的部署，使得文博事业的重建工作始终在高层次、高水平上推进，虽然这是"文革"那个特殊时期的特殊现象，却把新中国文博事业的发展提升到前所未有的高度，在国内外引起巨大反响。文物展览成为继"乒乓外交"之后促进国际交往的一种新形式；在国内，金缕玉衣、马踏飞燕等稀世珍宝的出土和展出，引发了空前的地下文物大发现，一场前所未有的"文物复兴"出现在中国大地。

1972年1月14日，长沙马王堆一号汉墓开始发掘，4月28日开棺，一具保存完好的、2000多年前的女尸呈现在世人面前，引起全球轰动。

1972年4月，山东临沂银雀山出土了《孙子兵法》和已经失传1000多年的《孙膑兵法》等先秦古籍，共计五千余枚竹简。这批汉简的出土，澄清了千年历史疑案，国内外学术界为之雀跃。

至此，临时机制的"图博口"已经不能适应文博事业的蓬勃发展需要了。总理又果断决定，成立国家文物事业管理局。1973年4月14日《国务院关于成立国家文物事业管理局和王冶秋等同志任职的通知》下发，父亲成为国家文物事业管理局首任局长。

1974年6月1日，周总理离开居住和工作了二十多年的中南海西花厅，到305医院住院接受手术治疗。也就在这个时候，"四人帮"的黑手伸向正在蓬勃发展的文博事业，欲派文化组的人接管国家文物事业管理局。在此危急关头，父亲到西城翠花湾请教王震，可否请总理出面讲话。王震说："此事勿劳总理费心，你给康生写个信就行。"接着，王震又谈到，现在总理处境困难，康生懂文物，文物方面的事可以找康生，由康生出来讲话，免得事事把总理推到前面。父亲进而想到总理正进行手术治疗，决不能再打扰了，于是，把王震对自己讲的话，告诉了一直从事文博事业政策研究工作的谢辰生。谢辰生便提笔给中央政治局常委、中央文革小组顾问康生写信，反映文化组的倒行逆施。康生于6月28日批示：因文物工作是全国性的，对外活动多，许多事情时间紧，任务急，层次不宜多，文物局应直属国务院，不要划归文化组。当时主持国务院工作的李先念、华国锋批示同意并照康生意见办。1975 年四届人大召开之后，在周总理参加的最后一次国务院会议上，总理正式宣布了文物局直属国务院。这样，"四人帮"夺取文物事业领导权的阴谋被粉碎了。1975 年 9 月 30 日，国务院发文，确定国家文物事业管理局为国务院直属局。

中国文物走向世界

1971 年基辛格秘密访问中国时，唯一安排的外出活动就是参观故宫和出土文物展览，这些精美的东方文物珍品，为美国客人揭开了"神秘中国"的面纱。此后，故宫博物院、大同云冈石窟、洛阳龙门石窟等地上文物遗址，还有中国历史博物馆、革命博物馆、鲁迅博物馆等展览馆，成为外国政要如美国总统尼克松、法国总统蓬皮杜、日本首相田中角荣、加拿大总理特鲁多等人访华的重要参观访问项目。这些参观访问部分地挽回了"文革"对我国国际形象造成的损害；同时，各行各业的广大干部群众也增强了恢复工作和生产的信心。

自从 1971 年 5 月，周总理批准同意到国外举办出土文物展览以后，经过一年多的筹备，到 1972 年 7 月，"中华人民共和国出土文物展览"的全部准备工作已经就绪。展品的年代，从 60 万年前蓝田猿人起到明万历止，计有实物 493 件，复制品 27 件，辅助展品 135 件，这些参展展品来自全国的 29 个省、市、自治区，具有很强的代表性。

1973 年 5 月 8 日"出土文物展览"第一次踏出国门，在法国巴黎珀蒂宫隆重开幕，引起巨大轰动。此后，中国文物展览风靡世界。到 1978 年，"出土文物展览"先后在 16 个国家和地区展出，参观总人数达到 657.5 万人次。人们赞誉这个展览起到了"文物传深情，友谊连四海"

的特殊作用。这个承载着中国古老文明的稀世珍宝展，无疑是一张新的外交"名片"，使国外许多人从"文革"中关于中国负面报道的梦魇中醒来，重新审视中国的发展。"出土文物展览"为实现周总理在 20 世纪 70 年代的外交突破，做出了历史性的贡献。

1973 年 9 月 15 日，当法国电视台播出总统蓬皮杜正在中国大同参观云冈石窟的消息后，法国和欧洲为之轰动。蓬皮杜实现了戴高乐总统生前未能访问中国的愿望，成为中法关系史上第一位访华的总统。这年春，当法国外长若贝尔在京讨论蓬皮杜访华的参观安排时，提出参观大同云冈石窟。这使外交部礼宾司感到棘手，因为那时大同地区是一个驻有十几万部队、禁止外国人入内的军事禁区。当周总理听到法方的要求时，随即找父亲王冶秋询问云冈石窟文物保护的情况。父亲汇报说，60 年代石窟保护列入国家计划，"文革"中由于工作人员李治国等人机智的保护，石窟未遭破坏，可以接待参观。之后，总理指示，要尊重法方的选择，并说法国人以懂艺术、爱艺术著称。始建于北魏时期的云冈石窟是我国早期石窟艺术的杰作，它吸收了受希腊文化影响的印度犍陀罗和秣菟罗艺术营养，以融会东西、贯穿南北的鲜明的民族特色在中国石窟艺术中独树一帜，是伟大的世界石窟艺术宝库。20 世纪初，法国人沙文曾两次来到这里考古，出版过专著。

从 1973 年 5 月起，大同市开始筹备接待法国总统的来访工作。首先将市委党校重新装修，改称大同宾馆，作为来宾住所。考虑到蓬皮杜总统身患骨癌，为方便其行走，将云冈的参观线路进行了路面硬化。饮食方面，省委负责人解振华在准备会上指示由大同矿务局准备西餐。李治国提出不同意见，他说：给洋人吃"洋饭"是"土饭"，但给洋人吃"土饭"却是"洋饭"，经过认真研究，采纳了李治国的意见。后来，在欢迎宴会上，不但外宾吃得津津有味，周总理也啃了两个玉米棒子，还喝了两碗小米粥。随行厨师看到总理吃得开心，十分高兴。为排除石窟的安全隐患，7 月底父亲带着罗哲文、蔡学昌等人到云冈石窟检查，对有可能出现险情的地方做化学加固处理，确保万无一失。

1973 年 9 月 15 日上午 10 时 50 分，来自 24 个国家的 180 多名记者蜂拥而至露天大佛前的广场。接着两辆红旗轿车到来，第一辆挂着法国国旗的车是蓬皮杜总统乘坐的，父亲上前与其握手并陪同参观，担任讲解；总理走下第二辆车，由李治国担任讲解。在参观过程中，蓬皮杜对窟中雕塑风格既有中国的楼阁式，也有希腊的庙柱式；既有中国的瓦垄拱，也有印度的金翅鸟装饰十分感兴趣，还请父亲介绍云冈、龙门和敦煌三大石窟的各自特点。到了休息室，总理转过头对坐在左边的蓬皮杜说："你对这个地方很感兴趣，我们也很感兴趣，我们一直对这里很重视。"接着回过头来向坐在桌子对面的父亲问道："云冈石窟维修需要几年？"父亲回答："按现在计划需要十年。"总理说："三年搞好！时间长了我们都见不到了，死是自然规律，我是活不过 21 世纪了，蓬皮杜总统，还有在座的齐宗华（翻译）、李治国等年轻人可以看到。"蓬皮杜说："这里太好了，你们还有河南的龙门石窟、甘肃的敦煌石窟，都保护得很好。"总理马上问："总统方便去吗？"蓬皮杜答道："只是太远了。"随后总理与蓬皮杜走出休息室，向等在门外院子里的记者们讲话，蓬皮杜说："云冈石窟是世界文化遗产，云冈石窟从开凿到现在已经 15 个世纪，使我放心的是你们进行了保护。"周总理对着法国记者们说："感谢你们的总统，是他把我带到这里来，如果总统不来，我是没有时间来的，这是中法两国人民友谊的象征。"接着对全体中外记者说："不管怎么样，云冈石窟艺术我们一定要想办法保存下来。刚才说有个十年规划，十年太长了，三年搞好，三年以后，请你们再来！"最后总理用法语同记者们告别。

那时重病在身的周总理，面对"四人帮"的猖狂攻击，仍然以大局为重，坚持操劳国事。周总理在云冈石窟的照片，面容瘦削而坚毅，给人留下强烈而深刻的印象。

圆明园鼠首、兔首终于"回家"

——两兽首心酸而富于戏剧性变化的历史命运

———

王开玺

自乾隆二十五年（1760年）海晏堂建成后，青铜鼠首、兔首与其他牛首、虎首等十二生肖兽首就守候于皇家园林圆明园内。整整100年后的1860年10月，英法侵略者闯入园中，大肆焚掠。圆明园海晏堂前的十二生肖铜兽首，从此被劫掠到了异国他乡。这十二生肖兽首的命运虽各不相同，但都辗转流离、命运多舛。圆明园的牛首、猴首、虎首、猪首、马首铜像，都惨遭被拍卖的命运。中国人民为拍得这五个兽首，共付出了一亿多人民币的代价。鼠首、兔首亦难逃被拍卖的命运。

鼠首、兔首铜像的曲折流转命运

圆明园的鼠首与兔首铜像，最初被一位奥地利传教士带回欧洲。大约在20世纪80年代初，法国的阿莱克斯·库格兄弟从这位奥地利传教士的后代手中购得，成交价不过几千美元。之后，又被法国古董收藏家爱立克斯购得。价钱我们目前还并不知晓,但是,他在 1987 年转卖给法国人伊夫·圣罗兰时的价格,大约是 50 万美元(爱立克斯并未透露具体价格,只是笼统地说"仅仅收了他几十万美金"。据笔者估计,其转卖价当在 30 万到 80 万之间,故取 50 万为约数)。

2008 年 10 月,佳士得公司宣布,将于 2009 年 2 月拍卖法国著名时装大师伊夫·圣罗兰及其伴侣皮埃尔·贝尔热收藏的青铜鼠首和兔首。佳士得公司的拍卖行为,引起许多中国人的强烈不满与反对。为此,2009 年 1 月 16 日,中国律师刘洋、牛宪锋等人在北京发起成立了"追索圆明园海外流失文物诉讼律师志愿团",试图直接向法国法院提出法律诉讼,以阻止佳士得拍卖行的拍卖行为,并要求将这两件文物归还中国。2 月 24 日,法国法院以律师志愿团所委托的欧洲保护中华艺术协会对于该案没有直接请求权为由,驳回诉讼请求。2009 年 2 月 25 日(法国巴黎时间),佳士得拍卖活动如期举行。中国人民采用法律手段追索流失海外文物的第一次尝试遭到失败。

中国竞拍者的"拍而不买"

在这次拍卖活动中,厦门商人、中华抢救流失海外文物专项基金收藏顾问蔡铭超,以 3149 万欧元的高价(两个兽首铜像的竞拍价加手续费,共折合人民币约 2.9 亿元)竞拍成功。然而,两个兽首似乎仍是流年不利,无法改变其继续漂流海外、任人宰割的命运。就在人们以为它们很快就能回到祖国时,蔡铭超突然表示,自己虽然竞拍成功,但绝不会付款。

对于这一违反竞拍规则的事件,国内、海外议论纷纷,毁誉不一。一些外国媒体,指责中国人这一"拍而不买""故意搅局"的做法违背了诚信的原则。部分中国人对此也表示不理解、不支持。他们认为,这

2009 年，佳士得拍卖兔首现场

是"匹夫之勇，丢了中国人的面子"，"选择参加竞拍，以不付款的作为导致拍品流拍，多少有点无赖的嫌疑"，"这种公然的要赖行为，只会破坏社会信任机制，损人不利己，在文明社会，永远难以为自己、为国家、为民族赢得尊严"。中国人完全没有必要"以无赖对付无耻"。

但是，更多的中国人则称赞这一行动是爱国的行为，认为"在抵制这一场损害中国人民利益和感情的不正当拍卖过程中"，"让世界看到来自中国民间的力量与智慧"，"体现出了合理利用规则的智慧"。

芝加哥大学文化政策中心的一名教授也认为"这是一个聪明的举动，在将来其他国家类似的有争议的文物拍卖中可能被使用"。欧洲保护中华艺术协会主席高美斯先生也对这一做法表示充分的理解，认为这"是不得已的办法，否则兽首将真正流失"，并且称赞"蔡铭超很有勇气"。

两件兽首成了"烫手山芋"

蔡铭超这一超乎寻常的"搅局"行为，特别是中国人民的一致声

弗朗索瓦·亨利·皮诺

讨，似乎起到了意想不到的效果。在这一事件中，持有这两件兽首的人，虽然占据着持有者的有利地位，但在道义方面却处于劣势，至少没有优势。中国人采用包括"拍而不买"等各种方式表示自己的强烈不满，使得他们多多少少有些颜面扫地。他们或是有些气馁，或许感到这两件兽首已不再"奇货可居"，已经有些"烫手山芋"的感觉。据法新社台北 2009 年 10 月 7 日电报道，皮埃尔·贝尔热说，圆明园铜鼠首、兔首流拍后，他曾想将这两件兽首捐赠给台北故宫博物院，"但他们（指台湾方面）不想引发与中国大陆的冲突"，遭到拒绝。而据"中央社"台北 10 月 7 日电报道，台北故宫博物院院长周功鑫则在回应质询时表示，她在与皮埃尔·贝尔热见面时，贝尔热说的是"不卖也不送"。

事实真相究竟如何？现今似乎仍是个谜。

终归祖国怀抱

此后，法国 PPR 集团董事长兼首席执行官弗朗索瓦·亨利·皮诺，以分别竞拍的方式，拍得了这两件文物。虽然人们并不知晓具体的成交价格，但肯定不是蔡铭超当时拍下的每个兽首 1400 万欧元的天价。

今年 4 月 26 日，弗朗索瓦·亨利·皮诺先生在接受中国国家文物局副局长宋新潮等人会见时表示，他将代表皮诺家族向中国政府捐赠流失海外的圆明园青铜鼠首和兔首。圆明园这两个兽首的命运突然发生如此戏剧性的变化，绝对是任何人都未曾预料到的。

皮诺家族捐赠圆明园鼠首和兔首的原因是什么？人们议论纷纷，莫衷一是。笔者需要特别指出的是：

第一，弗朗索瓦·亨利·皮诺，不仅是法国 PPR 集团董事长兼首席执行官，同时又是佳士得拍卖公司的大股东。

第二，2009 年 2 月，佳士得拍卖公司不顾中国人民的强烈反对，执意拍卖圆明园铜鼠首、兔首事件后，中国政府发表了《国家文物局关于佳士得公司拍卖圆明园铜像事的声明》，并向国家文物进出境审核管理处下发了《关于审核佳士得拍卖行申报进出境的文物相关事宜的通知》，加强了对佳士得拍卖行及其委托公司、个人在我国申报进出境文物的审核。任何人都能清楚地从中读懂我国政府的态度，都会明白佳士得公司此后在我国开展业务，都会受到特殊的"关照"。

第三，作为世界第三大奢侈品集团的法国 PPR 集团，不会对中国这样一个广大的市场没有兴趣。

圆明园青铜鼠首、兔首从拍卖到捐赠这一事件充分证明，面对世界各国强烈要求流失文物回归的舆论压力，无论是这两件兽首的原来持有者皮埃尔·贝尔热，还是包括佳士得拍卖行大股东弗朗索瓦·亨利·皮诺在内的其他法国人士的态度，都发生了重要而明显的变化。无论如何，如今圆明园青铜鼠首、兔首已经结束了其漂泊海外的命运，回到了它魂牵梦萦的故乡，日思夜想的祖国，国人也可以感到欣慰了。

国家图书馆的四大镇馆之宝

金 人

2009 年 9 月，国家图书馆将迎来百年华诞。100 年前，1909 年清政府建立的京师图书馆是国家图书馆的前身。其后，经历了北洋政府、袁世凯复辟、民国政府、日伪占领等几个历史时期，直到 1949 年才获得新生，更名北京图书馆。1987 年国家图书馆一期工程 14 万平方米新馆馆舍落成，1998 年更名国家图书馆，2008 年国家图书馆二期工程完工，并正式接待读者，使国家图书馆馆舍面积增至 25 万平方米，位居世界第三。国家图书馆馆藏宏富，高达 2000 余万册，古今中外书籍，无所不包，尤以四大镇馆之宝、四大专藏享誉中外，为人们所称道，它们入藏国家图书馆都有一段艰难曲折的传奇经历，堪称岁月沧桑、时代变迁的历史见证。

《永乐大典》

早在明太祖朱元璋在位时，即有类书修纂之议。洪武二十一年

（1388 年），新科进士解缙倡议修纂一部新的类书，深合"圣意"，但因故未能果行。洪武三十一年（1398 年），朱元璋去世，嫡长孙朱允炆继位，不久，因削藩引发燕王朱棣以"清君侧"为名起兵"靖难"，夺得其侄帝位，改元"永乐"，是为明成祖。为标榜正统，笼络人心，消弭朝野私议，朱棣想利用纂修类书的方式，炫耀文治，遂下令命解缙等人编纂一部大型类书，不厌浩繁，要把天下古今各类典籍混融其中。解缙等 140 余人奉命后，仅一年时间，即告编竣上呈，被赐名《文献大成》。之后经朱棣检阅，因未兼收百家诸子之学，不合"圣意"，内容尚多阙略未备，遂命重修，敕命太子少师姚广孝等人负责，召集朝臣文士、四方宿学硕彦 2100 余人，分任其事，于文渊阁开馆修书，历时三年，于永乐五年（1407 年）告竣。朱棣阅览后，甚为满意，并亲撰序言，称这部亘古未有的巨帙"上自古初，迄于当世，旁搜博采，汇聚群分，著为奥典""序百王之传，总历代之典"，赐名《永乐大典》。次年开始抄清。全书 22877 卷，目录 60 卷，分装 11095 册，总计 37000 万字。书中辑录了上自先秦，下迄明初的各种书籍七八千种，包罗了经、史、子、集、百家、天文、地志、阴阳、医、卜、僧、道、戏剧、小说、技艺诸项内容，在当时可以说是"包括宇宙之广大，统会古今之异同"。

《永乐大典》作为明初以前珍品秘籍集大成的旷世大典，比法国狄德罗主编的百科全书和著名的《大英百科全书》要早 300 余年，不仅在中国古代文化遗产中声名显赫，在世界文化史上也享有崇高地位。

《永乐大典》修成后，初贮南京文渊阁东阁，永乐十九年（1421年）迁都北京后，移贮紫禁城大内之文楼（文渊阁）。原有刊行此书之念，因工费浩繁而未果。嘉靖年间于正本之外，抄录一部副本，历时五六年，至隆庆元年（1567 年）完成，贮于皇史宬。然而，《永乐大典》修纂后的 600 多年来命运多舛，屡经兵燹劫掠之灾，正、副两部均未能完整保存下来。正本神秘离奇地不知所踪，或说深埋于嘉靖帝永陵，或说被李自成焚毁，或说不知所终，成为不解之谜，历史悬案。副本也因收藏不善，官员挟带偷盗和屡遭兵火浩劫而几近损毁殆尽，至今星散世界各地的《永乐大典》仅存 800 余卷，400 册左右，其中 223 册藏于国内，国家图书馆馆藏 221 册。2009 年 3 月，又一册《永乐大典》惊现于世，经专家先后四次鉴定，确系真品，吉光片羽，弥足珍贵。这是继 1983 年山东掖县偶然发现一册《永乐大典》时隔 26 年后又一册《永乐大典》回归公藏，入库国家图书馆。

2002 年，国家图书馆组织十余名能工巧匠，对馆藏《永乐大典》进行全面修复，"整旧如旧"，最大限度地保持了《永乐大典》的原貌，历经九个月修复完毕后，2003 年 7 月九件原件首次公开展览，令观众大饱眼福。

《四库全书》

《四库全书》是清代乾隆年间编纂的我国古代规模最大的丛书，从乾隆三十七年（1772 年）下诏征集遗书，至乾隆四十七年（1782 年），历时十年，第一部《四库全书》修成抄竣。这部古代最大的一部官修书，动用了巨大的人力物力，先后集中了 4000 余人参与这项中国文化史上空前浩大的工程，开馆纂修，鸿才硕学，荟萃一堂，躬与其事。全书 8 万卷，8 亿字，按古代传统图书分类，分经、史、子、集四部，收入先秦至清乾隆朝各类典籍 3503 种，36000 余册。可谓千册万帙，汇为一体。全书编成后，依经、史、子、集四部，每册封面分别用绿、红、蓝、灰四色绢，以包背装式样装潢，以便检阅。《四库全书》内容浩瀚，是历史上第一次对中国古代各种典籍进行全面整理与抄录，是中国传统文化的文献总汇，中华宝籍赖以不坠。这部皇皇巨著，举世无两，被称为"东方文化的金字塔",与举世闻名的万里长城、京杭大运河一样,成为中华民族引以为豪的珍贵文化遗产,为全世界所瞩目。

《四库全书》编纂定稿后,先后恭楷缮抄七部,均仿宁波范氏天一阁藏书楼规制,建阁庋藏,最先建成北京紫禁城文渊阁、辽宁沈阳故宫文溯阁、北京圆明园文源阁、承德避暑山庄文津阁,四阁均建于宫禁之中,史称内廷四阁或北四阁。后又在江南人文渊薮之地兴建了扬州文汇阁、镇江文宗阁、杭州文澜阁,对外开放,文人士子可入内看书,史称"江南三阁"。

乾隆以后,清王朝由盛转衰,内忧外患日亟,七阁全书饱经劫难,存毁不一。宣统元年(1909年),清学部奏请将保存最为完好的文津阁《四库全书》移拨筹建中的京师图书馆,被允准,但未执行。1914年,文津阁《四库全书》自承德运抵北京,被内务部存于故宫文华殿古物陈列所。北洋政府教育部委派教育部佥事鲁迅先生办理接收阁书事宜,经据理力争,1915年,阁书拨交新成立的京师图书馆(今国家图书馆前身)。1931年,北海西侧的国立北平图书馆新馆落成开馆,文津阁《四库全书》全部迁入。馆前街道无名,国立北平图书馆致函北平市公安局,拟将馆前街道定名为"文津街",经公安局复函照准。

随着馆舍的易址改名,文津阁《四库全书》曾先后五次搬迁。2008年,国家图书馆二期馆舍落成,文津阁《四库全书》被移入善本部阅览室精心设计改装成的一间251平方米的专用书库,得到妥善保存,原架、原函、原书,是保存得最完整的唯一一部《四库全书》。

2005年,经过三年多的努力,由商务图书馆、国家图书馆合作影印的文津阁本《四库全书》出版,使这部旷绝古今的文化鸿篇巨制,借助现代数字出版技术,化身百千,盛世再现。

敦煌遗书

1900 年，敦煌莫高窟藏经洞被意外发现，沉睡千年的大量珍贵文物重见天日，成为震惊中外文化学术界的一件大事，敦煌遗书与甲骨文、汉晋简牍、明清大内档案被称为 20 世纪史学界的四大发现。

敦煌地处甘肃省最西端，古代曾是连接东西方的丝绸之路上的繁华国际都会，东西文化在此交汇，中国文化、印度文化、伊朗文化、古代西方文化等世界四大文化和儒教、佛教、道教、摩尼教、祆教、景教等古代世界六种宗教在此汇合交融。随着 5 万余件敦煌遗书沉珠重光，再现人间，为研究中古时期的社会经济、文学思想、宗教哲学、军事政治、民俗风情、民族语言等方面提供了丰富的素材。这些遗书，除汉文外，还有古藏文、于阗文、突厥文、回鹘文、梵文、西夏文、粟特文、希伯来文等多种语言文字，丰富多彩，堪称文化宝库，由此世界上形成了一门新的学科——敦煌学，这是一门以地名命名的全新交叉性的学科，并发展成闻名遐迩的国际显学。

然而，敦煌遗书被发现后，招致了英、法、俄、日、美等国的探险者和文化间谍的劫掠，他们以哄骗盗买等手段，攫获了大批精品。当国内有识之士得知大批敦煌遗书流散域外之后，上奏朝廷，请求杜绝此类事件再次发生。清政府才电令敦煌地方当局封存藏经洞内剩余古物，严禁外运。1910 年，清政府下令甘肃学台将洞中残卷悉数运抵北京，移存京师图书馆。解运期间，又被监守自盗，遭各地大小官吏层层窃劫，移藏京师图书馆时，仅有卷数 8697 号。后又陆续收回一部分流散的卷子，至 1929 年，移交北平图书馆时，总卷数增至 9871 号。如今，从不同渠道入藏国家图书馆的敦煌遗书 16000 余号（件），约占世界敦煌遗书总量的 1/3，总长度占世界第一，为敦煌学研究提供了极大便利。百余年来，我国敦煌学研究取得了斐然可观的学术成果，有关敦煌学的搜集、整理、研究、刊布的专著和论文联翩而出。新中国成立后，国家为敦煌遗书的保存、利用多次拨出巨资，付出了巨大努力。1983 年中国敦煌吐鲁番学会成立以来，定期进行学术讲座与交流，襄进敦煌学研究，使我国敦煌学的面貌有了日新月异的改观。国家图书馆秉承"学术乃天下之公器"的传统，早在敦煌遗书入藏之初，即派专人负责，整理编目，并派员远涉重洋，赴英法德等国调查敦煌吐鲁番文献，使国家图书馆成为敦煌学研究的重镇之一。在妥善珍藏的基础上，长期整理、修复、编目，努力公开资料，提供资源共享，摄制缩微胶卷，从 2006 年开始，《国家图书馆藏敦煌遗书》开始正式出版，预计全套 150 册，这不仅是海内外的一件盛事，对海内外敦煌学研究也有非同寻常的贡献。

《赵城金藏》

佛教自汉代传入中土后，其经典经过历代翻译、流通，数量日增，先后被汇编、纂辑成卷帙浩繁的《大藏经》。大，比喻佛典包罗万象，智慧如海，穷天地之极致；藏，梵文意译，原指储物的箱笼，佛教用以概括佛典；经，梵文意译，含贯穿之意。《大藏经》，意即佛教经典总集，从宋代始刻《开宝藏》雕印第一部官刻木刻本《大藏经》起，其经版格式成为后世雕版《大藏经》遵循不变的范式。时光流逝，历经劫磨，《开宝藏》散佚，传世残本极其珍贵。今存于国家图书馆的《赵城金藏》就是《开宝藏》复刻本中的孤本，堪称稀世珍宝。

《赵城金藏》是金代民间集资刻成的一种版本。金熙宗皇统年间，山西潞州崔进之女崔法珍 13 岁时断臂出家，发愿雕造藏经。她在晋南和秦西地区进行劝募，佛教信众受其感动，纷纷捐资应募，往返奔波十余载，终于筹足善款，延请名师高手书匠，在当时的刻版中心解州天宁寺设"开雕大藏经版会"，从皇统九年（1149年）至大定十八年（1178年），历时20余年印成，由她亲自护送经版至燕京（今北京），受到金世宗褒奖，封其为"弘教大师"。

《赵城金藏》收有佛经1570部，6900余卷，6000余万字，分作682帙，精工细雕，制作精美。金、元易代之际，《赵城金藏》部分毁于兵火。入元后曾多次补刻，后入藏于赵城广胜寺，不轻易示人。由于《赵城金藏》为民间募资雕刻，不为人所重视，史书未予记载，一直深藏于较为僻远之地，世人难详其藏于何处。数百年来，乏人问津。直至1933年，佛教高僧范成法师受"上海影印宋版藏经会"之托，查访藏经旧本，为即将付梓印行的宋代《碛砂藏》补全残卷，他意外地在广胜寺弥勒殿12个大经柜中发现了《赵城金藏》尚存4957卷，包括许多元、明以前丧失的佛教经论原文，价值连城，消息传出后，轰动了国内外，也引起文化强盗的觊觎之心。1942年春，日本侵略军入侵山西后，驻军广胜寺附近，伺机劫取《赵城金藏》。广胜寺力空法师为保护《赵城金藏》，事先将经藏移入寺内飞虹塔封存。危急时刻，向赵城附近的八路军求援。经寺僧与八路军紧密配合，《赵城金藏》被分装40余箱安全转移，在这场劫宝与护宝的行动中，八名八路军战士英勇牺牲，经卷安全转移到抗日根据地。此后六七年间，《赵城金藏》六次转移，一度秘藏于棉上县废弃的煤窑中，致使部分经卷发霉受潮。1949年4月30日，《赵城金藏》终于被运抵北京，由华北人民政府转交北京图书馆收藏。1952年后，又陆续发现一些零散经册，洪洞县堤村乡好义村村民张筱衡将家藏152卷《赵城金藏》捐献给国家。1982年洪洞县冯玉璋、冯玉玺兄弟也将其父当年在八路军抢运经卷路上遗失的两卷经卷捡拾保管在家多年后捐献给北京图书馆。国家图书馆现存《赵城金藏》达 5100 余卷。历经十余年的艰难努力，1965 年，受损的《赵城金藏》被装裱一新，恢复了昔日古朴典雅的风貌。1984 年，《中华大藏经》（汉文部分）以《赵城金藏》为底本，整理出版，使这部国之瑰宝得以广泛流传。

国宝"青铜禁"历险记

李腾骧

　　著名相声演员姜昆和李文华曾在其相声小段中提到，在北京北海公园边的团城内有一个大玉海（形态似缸），堪称国宝。传说其在战乱的年代流落到民间，竟被老百姓用来腌咸菜……听后令人又可笑又悲哀，似乎难以置信。可是我舅舅宋慧泉家，就真实地发生过国宝"青铜禁"被用来盛煤球的事。

　　宋慧泉先生酷爱集邮，还有其他收藏癖好，如收藏青铜器、古玩玉器、字画、古籍、泉币等（且多为珍品）。他收藏的青铜器中颇为著名的，便是西周夔纹青铜禁（以下简称"青铜禁"）。青铜禁本是古人存放酒具的器物，当时国内仅发现唯一一件，距今有 3000 多年，长方形，高 23 厘米，长 126 厘米，宽 46 厘米，制造工艺精美、造型古朴、体积较大，实为稀世珍宝，是 1926 年（或是 1925 年）在陕西省宝鸡县斗鸡台戴家沟被盗挖的……宋先生怎么会有这么贵重的国宝青铜禁呢？这还要从其胞兄、抗日爱国将领宋哲元将军说起。

　　1927 年，宋哲元将军任陕西省政府主席兼第二十九军军长。当时的陕西百姓生活困苦，文化落后，盗匪横行。匪帮多者能达到数万之众，不仅祸害民众，甚至敢向正规军叫板，盘踞在凤翔县城的党玉琨（外号"党拐子"）等便是这大股群匪之一。某日，为平息匪患，宋将军调集主力部队将凤翔城团团包围。第二十九军将士用炸药炸开城垣攻入城中，消灭、俘获匪徒近 8000 人。在搜捕残匪过程中，士兵们发现"党拐子"司令部内有一处大铁门，虽经枪炮袭击，却依然直立不倒。打开一看，只见里面摆放着 100 多口大板箱，箱内存放有周朝的青铜器，春秋时的车、盖、碗筷及金马驹、如意石等历史文物和大量的金银财宝。这都是"党拐子"在十几年内打家劫舍、私挖古墓所得的珍贵文物。

不久，这些珍宝被送到西安举办了一个战利品展览会。展览会结束后，大部分展品即分发给有功的将领。青铜禁为宋哲元将军收藏，被运到天津其住所（现天津和平区新华路市文联附近，此房已拆毁）保存。及至宋哲元将军和宋母故去，宋慧泉先生与其二兄分遗产，"青铜禁"分到宋先生手中。

宋先生深知"青铜禁"的贵重。新中国成立前，他怕露富遭灾；又知虽然此物暂时属于自己，但出土文物是国家的财产，不敢将青铜禁摆在显眼处。于是它就被藏在宋先生的夫人王氏住处（天津和平区南京路，原房已拆毁），故意很随便地放在屋前公共走廊的一个破旧木箱内，再往青铜禁内放了不少的煤球。故每月煤店工人送煤，家人天天生火做饭，都和这件国宝打交道，即使打开木箱盖，也不会多看上一眼。而正因人们没把它当回事，新中国成立后的一天，宋先生的女儿竟然把国宝的附件敲下（因青铜禁为青铜铸成，小孩无力对整体进行肢解），送到废品收购站，按废铜卖了五元钱！后此物在送天津冶炼厂准备熔化时被驻厂文物专家发现，并寻找过出售人，可未能如愿。

"文革"期间，宋家自然受到冲击，红卫兵们连家中的生活用品都

——抄走，却唯独把这"不起眼"的国宝留了下来。后来，一位知晓底细的宋氏家属恐宝物遭不测，向本单位报告了此事，经联系将"青铜禁"送至天津市文物管理处。至此，国宝才算有了妥善的归处。

文管处将"青铜禁"本体与库房内保存的附件配套，送到中国历史博物馆请专家修复，用了约一年的时间才将其修复如初（现已成为天津市历史博物馆的镇馆之宝）。"文革"后期落实政策时，宋慧泉先生的女儿代表家属表示应把青铜禁捐献给国家，天津市人民政府为此颁发荣誉奖状及5000元保管费以资鼓励。遗憾的是奖状上用毛笔写的青铜禁的"禁"字多加了一个金字旁。

西周盛世的吉金

——盂鼎

————

冯　峰

　　盂鼎是铸造于西周早期的青铜重器，作器者盂，为周康王时期战功显赫的重臣。盂鼎器形厚重雄伟，上铸有学术价值重大的长篇铭文，因此自晚清出土以来，即备受关注，名满天下，其流传经历也充满了传奇色彩。

　　盂鼎的出土年代，一般认为是在清道光初年，出土地点，则有陕西岐山县礼村和眉县礼村两种说法，当以岐山说为胜。据鲍康《观古阁丛稿三编》载，盂鼎出土后，"初为宋氏所得，置秘室，不以示人。周雨蕉明府侦知之，遽豪夺去"。吴大澂《愙斋集古录》则说盂鼎"为岐山令周雨樵所得，旋归岐山宋氏"，占有人的次序与鲍说正相反。据武树善《陕西金石志》载，盂鼎"初藏岐山宋庶常金鉴家，著释文千余字，载于私集，后为岐山周令豪夺"，宋金鉴似即鲍康所言之"宋氏"。但这种说法是很难成立的。中国第一历史档案馆所藏清代官员履历中有"咸丰四年四月分月官郎中宋金鉴等十四员履历"，其中显示宋为"陕

盂鼎

西凤翔府岐山县进士，年三十岁"。据此可知，宋金鉴生于道光五年（1825 年），道光初年盂鼎出土时他甚至有可能尚未出生，因此不可能是盂鼎的最早收藏者。

　　盂鼎出土后最初归属何人已无法求证，但它曾为周赓盛所有则无疑问。周赓盛，字雨蕉（一作"雨樵"），江苏镇洋人，举人出身，道光十年（1830 年）署任岐山县令，十八年（1838 年）实任，二十二年（1842 年）离任，因此盂鼎为周所有当在其实任岐山县令期间，即道光十八年到道光二十二年间。周赓盛在岐山做官时名声很臭，以致"人心谲怨，道路以目"，强取豪夺乃其家常便饭，盂鼎落入其手一点也不令人感到意外。周县令得到盂鼎后，秘不示人，对外谎称已运回老家。后来，周调任陕西三原县县令，盂鼎可能又随其迁移，并逐渐失去了消息。据《清宣宗实录》载，道光二十九年（1849 年），周赓盛因不当行为被道光皇帝敕令"先行解任""按律惩办"，由此身败名裂，盂鼎可能在这件事后从其家内流出。此后盂鼎的收藏者按吴大澂之说为岐山宋氏，当符合事实。目前流行的一种说法是，宋金鉴曾被周赓盛夺去盂鼎，但他在中进士后又从北京购回之，再次拥有了这件重器。此说很传奇，但并不合情理，原因上文已经分析过。至于宋金鉴以何种方式获得盂鼎，是否真有北京购鼎一事，已无从考证。1863 年，宋金鉴去世，盂鼎继续由其子孙收藏，后来因故卖出。《陕西金石志》说宋获得盂鼎后，"著释文千余字，载于私集"，这项工作当完成于 1850 至 1863 年之间。

1872 年，时任陕甘总督左宗棠幕僚的袁保恒以 600 余金（一说 700金）购得了盂鼎。袁保恒（1826—1878），号筱坞，河南项城人，是晚清重臣袁甲三的儿子、袁世凯的堂叔。袁平时也搞些收藏，到陕西做官后与当地一些文物贩子有来往，盂鼎可能就是通过他们买到的，而卖主应该就是宋家。有意思的是，袁保恒与宋金鉴同为道光三十年的进士，彼此之间有机会认识，不知他能得到盂鼎是否与此有些关系。袁保恒购得盂鼎的事迅速为各界所知，并引起了京官潘祖荫的注意。潘祖荫（1830—1890），字伯寅，江苏吴县人，嗜爱金石，"有三代文字之好"，收藏青铜器颇丰，他在得知盂鼎消息后，很想拥有这件重器。潘祖荫与左宗棠关系不错，还曾对后者有过救命之恩。原来在 1859 年，时任湖南巡抚幕僚的左宗棠受湖南永州总兵樊燮构陷，险些掉了脑袋；次年，刚刚就任大理寺少卿的潘祖荫上密疏保左，最终左不仅未受处分，还因祸得福，受到朝廷重用。因此，当左宗棠得知潘祖荫收藏盂鼎的意向后，便积极促使袁保恒同意将盂鼎转让给潘。不料左宗棠的一番好意刚开始却碰了钉子，潘祖荫在看过盂鼎拓片后，竟"疑为不类"，认为是假货。左很无奈，他坚信鼎是真品，于是考虑将它送入关中书院收藏，费用由自己承担。

潘祖荫在仔细斟酌并与陈介祺通信后，最终确认盂鼎为真，便立即写信给左，"亟盼盂鼎之至"，这时已经到了 1874 年初。左宗棠于是托袁保恒办理这件事，打算用小车将盂鼎运送至京。但这一过程却出奇的

盂鼎铭文

长，半年多时间过去了还没有消息。潘祖荫十分焦急，再次催促左宗棠，左则以"秋霖大作，野潦纵横，虑或损坏，故尔迟迟"相答，并承诺等天气好些后即可启运。1875 年 1 月初，在潘祖荫的翘首企盼下，盂鼎终于被送到了京城潘府，成就了潘、左友谊的一段佳话。在盂鼎到达京城前夕，左宗棠与袁保恒关系急剧恶化，因此潘祖荫在给陈介祺的信中直呼"幸盂鼎已至"。潘祖荫如愿得到盂鼎，非常高兴，托人精刻了"南公鼎斋"和"伯寅宝藏第一"两方印，足见其重视程度。此后，盂鼎一直藏于潘家，由于潘祖荫不像之前的收藏者那样秘不示人，因此时常有友人前去赏鉴宝物。

1980 年，潘祖荫病死，几年后他的夫人也去世了。潘祖荫没有子女，家产由小他 40 岁的弟弟潘祖年继承。潘祖年雇船将包括盂鼎在内的潘氏藏品通过水路运回江苏老家。失去官位庇护的潘家为了保护盂鼎和大克鼎（潘祖荫晚年获得的另一重器，出土于陕西扶风），立下了"谨守护持，绝不示人"的家规。清代末年，酷好古物的端方在任两江总督时，企图夺取二鼎，终未得逞。潘祖年也没有子嗣，于是过继了一个孙子，并为其娶媳潘达于。不久祖、孙二人去世，潘达于成为一家之主。

抗日战争爆发后，为了护宝，潘家将盂鼎和大克鼎埋入地下，然后全家到上海避难。日寇攻占苏州后，专门到潘家劫掠文物，但没有找到两鼎。1951年，潘达于将千辛万苦保护下来的盂鼎和大克鼎无偿捐献给了国家，两鼎随后入藏上海博物馆。1959年国庆10周年之际，盂鼎调拨中国历史博物馆，现为中国国家博物馆"中国古代青铜器艺术展"展品。潘家护鼎和献鼎的感人事迹，多年来一直为人称颂。2004年，上海博物馆隆重地为潘达于庆寿，举办了"百岁寿星潘达于捐赠大盂鼎、大克鼎回顾特展"，作为中国国家博物馆藏品的盂鼎南下上海，与大克鼎团圆，与潘达于团聚，一时传为美谈。

盂鼎又叫"大盂鼎"，这是为了区别与盂鼎同时出土的另一件铜鼎，作器者也是盂，铭文字数比盂鼎还多（大约400字），但字体较小。后者为曾任岐山县令的安徽宣城人李文瀚所得，但很快失传了，只留下一个不清晰但却很重要的拓片。最初，两件鼎同被称为"盂鼎"，民国以后为了区分，就将字大的鼎叫作"大盂鼎"，字小的鼎叫作"小盂鼎"。有趣的是，根据清代人的记述，小盂鼎的体量反而要大于大盂鼎，因此当时在提到二鼎时，时而有人以"大盂鼎"之名来称呼小盂鼎。严格说来，将盂鼎称为"大盂鼎"不无可商，只是相沿成习，就一直叫了下来。

盂鼎在清代又被称为南公鼎，这是因为鼎是盂为其祖南公所作。南公是什么人物？据西周晚期南宫乎钟铭文载，南公是西周南宫氏的始祖，应该就是周文王时的重臣南宫括（或写作南宫适）。据《尚书》记载，周成王去世、周康王即位时的顾命大臣中有一个叫作南宫毛，很可能是盂的父辈。据小盂鼎铭文载，盂曾率军攻打鬼方，俘敌 13081 人，获馘（敌人耳朵）4812 个。盂也因为其显赫的出身和辉煌的战绩，成为西周早期的王室重臣。

盂鼎的长篇铭文，自晚清以来广为流传。有学者认为，盂鼎 291 字的铭文甚至要比毛公鼎将近 500 字的铭文还重要，这主要是因为盂鼎的时代较早，反映的内容因此更有价值。我们知道，周人有所谓"天命观"，即认为周灭商是出于"天命"，也就是说，是上天的旨意，这种观念在传世的古书中多次被提及，但盂鼎铭文中的相关内容却是目前所见的最早反映这种观念的实物资料。商朝之所以灭亡，据古书中周人的说法，是纵酒无度，我们都很熟悉的商纣王就有"以酒为池"的恶迹。盂鼎铭文关于商人纵酒亡国的内容，不但可印证古说，也是目前发现的唯一的实物证据，直观地再现了周人的原始话语。此外，周王嘉奖盂，赏赐他土地奴仆的记载，也是重要的史料。

总之，盂鼎对研究西周早期社会极具价值，而其问世的时代又很接近以孔子为代表的传统士子所向往的周初盛世，难怪陈介祺在给潘祖荫的信中激动地说："盂鼎……真三千年来之至宝，成康以后之人，恐即不得见，况秦汉乎，况宋以后乎！"

（中国国家博物馆供稿）

天下重器出西周

——虢季子白盘

冯 峰

虢季子白盘也称虢盘，它器形硕大，形制和铭文独特，是享誉世界的青铜重器，与毛公鼎和盂鼎齐名，清代金石学家鲍康赞其"一时罕有其匹"。

虢季子白盘最早的收藏者是徐燮钧。徐燮钧字傅兼，江苏常州府阳湖县人，道光六年（1826 年）进士，曾先后任陕西郿县和咸阳县县令。他得到虢盘，正是在其任郿县县令时。据清《咸阳县志》载，徐燮钧任咸阳县令是在道光十七年（1837 年），因此可推测他任郿县县令当在1826—1837 年间，这也是他获得虢盘的时间范围。虢盘的发现地点，据徐说是"宝鸡县虢川司地"，但川司只是一个"掌捕盗贼，诘奸宄"的衙门，并非行政区域，虢盘如何能出自这么一个官府机构？据说虢盘在被发现前"旧在驿中养马"，如果属实，或许它曾在虢川司内作为马槽使用，后被徐燮钧发现，故称虢盘出自虢川司。道光年间曾获虢盘拓片的刘喜海和张开福则均称虢盘出于郿县，这种说法年代较早，因此也不

可忽视，何况徐燮钧本来就是郿县县令。另有虢盘出自凤翔县一说（张
穆），同样无法证实。

后来，徐燮钧罢官，携虢盘回到老家常州府阳湖县。关于徐燮钧获
得虢盘的过程，他的弟弟徐星钺有一种说法，即盘首先是被其父"湘渔
公"发现，并以"百金相易"。实际上，"百金相易"一说很难令人信
服。虢盘既然在乡下发现，据说又曾作为马槽，说明当时尚无人"识
货"，怎么可能值"百金"？1859 年，时任苏州知府的著名金石学家的
吴云曾在徐燮钧府中观摩过虢盘，据他说，徐获得虢盘，"仅以废铜偿
之"，这似乎比较符合事实。1860 年 5 月，太平天国忠王李秀成等攻占
常州，徐燮钧大概在此时死难，虢盘可能被太平军从徐家掠走。1862
年，太平天国将领陈坤书由苏州移驻常州，随即受封为护王，并以阳湖
县衙为护王府，虢盘不知何时起被移入护王府。

1864 年 5 月，清军李鸿章部收复常州，擒杀陈坤书，参与攻城的清
军提督刘铭传（后任台湾巡抚）在护王府发现了虢盘。刘说，当虢盘被
发现时，"泥水胶沍"，可见它这几年没有受到太好的待遇。刘铭传慧眼
独具，意识到这是个宝贝，于是"拂拭而熏沐之"，据为己有，随后又

秘密将它运回了自己的老家安徽庐州府合肥县。关于刘铭传获得虢盘的经过，还有一种说法称，刘铭传攻陷常州后住在护王府，一天晚上听到外面传来金属碰击声，便出去巡视，于是发现了作为马槽的虢盘。此说虽有趣，但未必属实，可能是与虢盘首次发现时的情形混为一谈了。

刘铭传获得虢盘后，一直秘而不宣，以致很长时间内人们都不知道虢盘的去向。曾在徐府亲见虢盘的吴云在清军收复常州后一直惦记着虢盘的下落，曾经"遍访此盘，杳无踪迹"；后来他听说虢盘在刘铭传手中，便去询问他，刘"唯唯否否，或秘不肯宣也"。1871 年，刘铭传休假回乡，修建了一座"盘亭"以安置虢盘。次年，刘刊行《盘亭小录》，正式将其获盘的情况公布于众。1896 年，刘铭传病故，虢盘为其子孙继续保有。因刘家藏有虢盘已为世人所知，故刘铭传死后多有人觊觎虢盘。民国时期，刘镇华主政安徽，曾派人到刘家搜劫虢盘未遂。1938 年和 1940 年，李宗仁、李品仙也分别派人到刘家索取虢盘，但均无果而返。

1949 年新中国成立后，刘铭传后人、虢盘的收藏者刘肃曾自愿将虢盘捐献给国家，当地政府因为刘献宝有功，送给他大米 5000 斤，并设宴招待他。随后，虢盘在合肥公开展示，引起轰动，据说每日观众达 800 余人。1950 年 2 月，刘肃曾亲自护送虢盘进京。3 月 3 日，文化部在北海团城承光殿举办了虢盘的特展，当时的政务院副总理董必武、郭沫若、文化部部长茅盾、教育部部长马叙伦及著名学者唐兰、范文澜、马衡等人都前往参观。中央政府对刘家世代保护并捐献虢盘的事迹加以肯定，著名历史学家、考古学家郭沫若还赋诗一首：

虢盘献公家，归诸天下有。

独乐易众乐，宝传永不朽。

省却常操心，为之几折首。

卓卓刘君名，诵传妇孺口。

可贺孰逾此？寿君一杯酒。

　　经过在北京的几次公开展览后，虢盘入藏故宫博物院，1959 年调拨
到中国历史博物馆。现作为中国国家博物馆"古代中国"基本陈列的展
品公开展出。

　　虢盘的作器者虢季子白是虢氏的一个分支虢季氏的重要人物，从铭
文可知，他在"洛之阳"与玁狁作战，"斩首五百，执讯五十"，从而
受周王之赏，"赐乘马，是用佐王；赐用弓，彤矢其央；赐用钺，用征
蛮方"。可知其地位相当显赫，很可能是一代虢公。关中西部在今宝鸡
一带，据文献记载为西虢之地，因此虢盘出于此地合情合理。虢盘自发
现以来，即被多数学者认为是周宣王十二年（公元前 816 年）时铸造的
器物。主要理由是：玁狁是周王朝的主要敌人，古书多有记载，从汉代

人开始，《诗经》等文献所载周王朝征伐玁狁事即被认为发生在周宣王时期；虢盘纹饰具有西周晚期的典型特征；虢盘出土于关中西部，为西虢遗物，不可能晚到周平王东迁后，又是某王十二年时所作，而西周亡国君周幽王在位只有 11 年，所以只能定在宣王时。当然，尽管这种断代目前几乎已成定论，但随着新的研究发现，还有进一步探讨的余地。

虢盘究竟是做什么用的呢？周代的青铜盘基本都是圆盘，腹较浅，为水器。虢季子白盘呈长方体，形体庞大、深腹，尽管自名为盘，却显然不是那种用以盥洗之盘。有学者根据《周礼》和《礼记》等古书的记载，推测它是用以盛冰的大盘；也有学者认为，它可能是一个大澡盆。据古书记载，有的器物既可用以洗澡，又可作为盛冰器，虢盘或许也兼具这两种功用。

虢盘的铭文很有特点。布局结构齐整，文字字形规整、瘦劲，多方笔，形态优美。这种字体与东周时期的秦国文字特征接近，而与大多数西周时期的金文风格有别。虢盘的铭文，是一篇句式整齐的韵文，押韵字依次为方、阳、行、王、卿（飨）、光、王、央、方、疆，古音均属"阳部"，今天读来，也还是朗朗上口，优美典雅。

（中国国家博物馆供稿）

再寻失落的古代文书、档案

—————

冯子直

2002 年 2 月，我曾经撰写过一篇题为《寻找失落的古代文书、档案——兼议建立中国文书档案博物馆的必要性》的文章。这篇文章是根据我国考古工作者的研究成果，转介了从地下发掘出来的我国古代具有文物性质的文书、档案。从 2002 年以后的 13 年来，我又注意收集我国考古工作者和考古学家新发掘出土的我国古代文书、档案，故又写下本文，以作为研究我国古代文书、档案载体的演变历史和古代文书、档案管理制度的参考。

西周青铜器铭文档案

2003 年 1 月 19 日下午，陕西省眉县马家镇杨家村的五位农民在村砖厂取土时，发现了一处青铜窖藏，相继发掘出 27 件青铜器，分为七种，其中鼎 12 件、鬲 9 件、壶 2 件、盉 1 件、盘 1 件、匜 1 件、盂 1 件，每件青铜器上都有铭文，共计 4000 余字。铭文最长的一件青铜盘

西周逨盘

（逨盘）有372个字，最少的也有十几个字。通过铭文记载和专家释读，这些铜器除了盂的年代早至西周中期外，其他均为西周晚期周宣王时铸造的，其中12件鼎是在周宣王四十二年和四十三年铸造的（四十三年铸造的逨鼎多达十件）。这些青铜器上的铭文主要是记载一位单氏家族的历史，铜器的制造者是一个叫作"逨"的人（铜器的铭文还称他为"单五父""叔五父""单叔"）。逨和他的祖辈都是西周王朝的重臣。

在这些青铜器中，记录史实最多的就是那件"逨盘"，上面的铭文有372个字，记录了逨及其先祖相佐西周王朝历代周王平定天下、辅助朝政的事迹。"逨盘"铭文的内容大致如下：单氏家族第一代先人单公在辅佐文王、武王灭殷商后，对周朝所占有的土地进行国土治理；第二代公叔辅佐周成王管理国家；第三代新室仲帮助周康王处理朝廷事务；第四代惠仲父辅佐周昭王、周穆王讨伐楚国；第五代先人零伯辅佐周共王、周懿王；第六代先人懿仲辅佐周孝王、周夷王；第七代先人龚叔辅佐周厉王；第八代，即在世的逨辅佐当朝天子周宣王治理朝政，并出任管理山林的官员。

出土的 12 件鼎上的铭文主要是纪念周宣王对逨的多次赏赐。四十二年两件鼎的铭文记载了逨由于征伐戎族打了胜仗并缴获了许多车马，俘虏了很多敌兵，周宣王赏赐了逨美酒和土地，以及逨对周宣王赏赐的感激之情。四十三年十件鼎的铭文内容大致相同，里面讲了周宣王为了赏赐逨，给他换了一个职务，逨从过去主管山林变成负责祭祀和法律行政的官员。铭文还记录了周宣王赏赐逨车马、马具、礼服、头盔的事情。

其他鬲、壶上面的铭文简单到只有一句话，以表示这些青铜器是为纪念谁而制作的。比如有两件壶上的铭文是"单五父乍朕皇考壶其万年子子孙孙永宝用"，意思是逨为他的父亲做了此壶，以后的子子孙孙要好好保存。9 件鬲（古代炊具）上的铭文则是"单叔乍孟嬀鬲其万年子子孙孙永宝用"，表示这些鬲是逨为其夫人而做的，希望后世珍藏。

在这批青铜器出土之前，还从未发现过一次追溯 12 个周王的史料，除了最后一个王——周幽王以外，这些铭文所记录的历史阶段，几乎贯通了整个西周，跨度 200 年左右。"逨盘"铭文证明了《史记》中所记录的西周历史及其他一些历史资料是可信的。"逨盘"和"逨鼎"铭文记录了逨为官受赏的诸多事件，从中反映出西周时代的征战、官制、礼制状况，对于后人更加细致和准确地了解西周历史、制度，有非常珍贵的价值。

2006 年 10 月 15 日～11 月 18 日，陕西省扶风县又先后发现两处西周时期的青铜器窖藏，共出土青铜器 27 件（组），其中青铜礼器有 5 件编钟、2 件大口尊、2 件簋、1 件鼎、3 件斗；青铜兵器有 12 件铜矛，此外还有一组包含 103 个小件的车马器，一个汉白玉杖头，时代多为西周晚期。其中一对形制一样、纹饰也一样的大口平底尊，尊内有很多铭文，共有 228 个字，而且两件尊内部的铭文相同，是对铭，每件分别有 14 行 114 个字。在两件簋和一个编钟上也有铭文，共有 27 个字。文物考古专家解读后发现，此对铭与两件簋上的铭文，共同记载了西周晚期一个叫"琱生"的贵族向国家司法人员召伯虎行贿的内幕：2800多年前，琱生因大量开发私田和超额收养奴仆，多次被人检举告发。正月的一天，司法机关再次到其庄园调查，朝廷指派召伯虎负责督办此案，于是琱生便采取贿赂召伯虎的办法，让其网开一面。西周厉王五年（公元前873年）九月，琱生向召伯虎的母亲送了一件青铜壶，通过她向召伯虎说情，希望大事化小、小事化了。为保证事情能够办成，琱生还给召伯虎的父亲送了一个大玉璋。在答应其请求后，召伯虎得到了一件朝觐用的礼器珪。据簋铭文中记载：到了第二年四月甲子的一天，琱生的官司有了转机。召伯虎对琱生说："这场官司终于平息了，这都是因为我父母出面说了话。"召伯虎将判决的副本递给琱生，琱生再次送给召伯虎一块玉作为报答。至此，一场奴隶主权贵与国家较量的官司，以琱生的胜利而结束。

秦汉三国时期的简牍档案

2002年4月~11月，湖南的考古工作者在今湖南省湘西土家族苗族自治州龙山县里耶镇的一座战国——秦汉古城的一号水井中，陆续出土了秦简牍36000余枚（绝大多数为木质、少量为竹质），十余万字，属秦时县一级政府的官署档案。简牍纪年完整，从秦王政二十五年（公元前222年）至秦二世胡亥二年（公元前208年），内容包括政令、各级政府之间的往来公文、司法文书、吏员簿、军备、邮驿制度、通邮记录、物资登记和运转、里程书、乘法口诀表等，范围涉及秦的内史、南郡、巴郡、洞庭郡、苍梧郡以及迁陵、酉阳等行政区域，内容涵盖地方政治、经济、文化、社会、民俗等方面，为研究我国湘西乃至更广泛地区的政治、经济、军事、文化、社会制度提供了难得的文献资料。有专

成都老官山汉墓出土西汉简牍，确认为扁鹊失传医书

家认为，里耶秦简牍极有可能是秦末战乱时，档案文书来不及销毁而随意弃置在井中的。古井中所出的简牍，其数量远远超过 20 世纪以来出土秦简的总和（此前出土秦简共七批，总共数不超过 4000 枚）。

2003 年 11 月 6 日～11 月 30 日，考古工作者在湖南省长沙市走马楼东街侧（距 1996 年发现大批三国吴简处直线距离仅 95 米），清理编号为 J8 的圆形竖井中，出土竹简 1 万余枚。据考定，这批竹简的年代可以定为西汉武帝早期，约公元前 125 年～前 120 年。简文所记只有纪年而无年号的情况，与文件记载相符。经初步考证，这批西汉简牍为当时长沙国定王刘发之子刘庸（公元前 128 年～公元前 101 年）在位时期的行政文书，大部分属于司法文书，涉及当时汉代的诉讼制度、法制改革、上计制度、交通邮驿制度和长沙国的历史、法律、职官、郡县、疆域等诸多方面。这是继湖北张家山汉代司法简书出土之后的又一次重大发现。这批竹简皆为当时的实用文书，绝大多数为官署文书。官署文书多为通行文种，包括下行、平行、上行等，内容大多涉及司法方面。下行文书包括皇室诏文，涉及皇后事宜等，多数则是长沙国及临湘县各机构下发给下属的指令性文书；平行文书多见各县、都官之间的往来文书；上行文书主要是长沙国及临湘等县及其下属门下、诸曹、诸乡上报各种情况的文书。

走马楼汉简司法文书所见法制史料，亦可印证西汉文景时期法制改革的史实，其中有多枚简是对传舍的调查实录，可看出当时的传舍依据不同的接待对象，设有不同规格的房屋及器具物品。此类文书对传舍的完损情况皆一一作了记录，可补充湖北江陵张家山汉简二年律令《传舍律》《行书律》及甘肃敦煌悬泉置汉简所见传置资料所缺，是研究汉代交通邮驿制度的珍贵史料。

2004 年，湖南省长沙市东牌楼古井丁 7 出土简牍 206 枚，包括公文、书信、杂文等，年代约在汉灵帝（公元 168 年～公元 189 年）时，包含建宁、熹平、光和、中平等纪年。此批简牍数量虽不大，但提供了较丰富的历史信息。同时，此批简牍所反映的文字面貌，对研究中国汉字书体演变极有参考价值。

2010 年 6 月间，湖南省长沙市五一大道与走马楼巷交界处东南角修建地铁过程中，在五一广场站的地下管道发现了近万枚简牍，其中既有竹简，也有木牍。简牍所载纪年文字为"永元十四年""永元十五年"等，由此确认这批简牍为东汉和帝时期（公元 89 年～公元 105 年）长沙地方政府的官方档案文书。该批简牍的发现，是继 1996 年长沙走马楼发现十多万枚三国时期孙吴长沙郡简牍之后又一次重大发现，也是我国南方地区出土东汉简牍数量最多的一次。这次出土的近万枚简牍，为研究东汉时期长沙地区的政治、经济、文化等提供了极其珍贵的实物资料。

2013 年，湖南省益阳市区兔子山遗址一古井内发现了 5000 枚简牍。据考证，该遗址为西汉晚期益阳县衙署所在地。这些简牍完整地记录了战国末年至西汉、三国东吴时期古益阳县衙的运转情况，是我国罕见的古代县衙署档案实物资料。在简牍中，有一件六棱形的觚（当时的一种书写工具）上发现有"张楚之岁"的字样，为专家们打开了探视"张楚"政权的一个新的窗口。"张楚之岁"指的是陈胜起义的那一年，即秦二世二年（公元前208年）。秦灭之后，有一个短暂的"楚国阶段"，称为"张楚"，是陈胜、吴广建立的政权名称，意为"张大楚国"。这个历史阶段的记录一直缺失，这次发现对于研究陈胜、吴广时期的历史，以及判断整个湖南一带何时结束秦的统治很重要。

此外，这批简牍还记录了西汉"元始二年"（公元2年）的经济犯罪案卷、西汉益阳县乡、里官佐的任免文件、三国东吴"嘉禾"年间（公元232年~公元238年）的钱粮出入账目等；司法文书则多是刑事案件审结记录，详细记录了文书产生的年、月、日，承办官吏职位、姓名，涉案人员，案件发生的时间、地点和经过、判决结果，记录者书佐姓名等。

2013年，在四川成都天回镇老官山汉墓，出土了920余支西汉简牍，为四川地区首次发现。据分析，其中包括疑似失传已久的扁鹊派医书。

西晋简牍档案

2004年2月，考古工作者在湖南省郴州市市中心东门口基建工地编号为"J10"的古井中，发现1000枚左右古代木简，从出土纪年简的年号判断，为西晋惠帝司马衷时期（约公元290年~公元306年前后）。湖南郴州当时为西晋的桂阳郡。此次发现的晋简，其数量超过20世纪以来出土的晋简总和，而且其内容则涉及政治、经济、祭祀礼仪、邮传制度、吏员设置、田亩赋税等，俨然是桂阳郡的一处政府档案库，填补了我国国内西晋简牍保存的空白，为晋史研究提供了证史、补史之缺的珍贵资料。西晋为我国纸、简并用时期，东晋以后再也见不到简牍文书出土，而几乎全采用纸张了。专家对简牍中的一些文书进行解读后有一些新的发现：如我国古代有一种"表"，即臣向君所上的"章奏"，但"表"是什么格式，此前人们却一无所知，这次出土的晋简中发现了"表"的实物，在一片木牍上写有"太安二年七月癸酉朔廿日壬辰桂阳太守臣君"的文字，这应是桂阳太守向西晋朝廷所上之"表"，时间为公元 303 年 7 月 20 日。又如，一枚祭祀祝文的标题简"右正月祠先农祝文"，是西晋桂阳郡"官祠先农"活动的真实写照，为我们提供了有关"祝文"的实物资料。"先农"者，即神农炎帝也，桂阳郡将此作为郡政府重要文书妥为保管，正是祀先农活动成为国家祀典的体现。再如，一枚简牍上写有"谨条社稷猪羊贾如牒"。据专家考证，古代或许是用"条牒"（公示）的形式诠释礼文的书，上引简文很像"条牒"，是公布祭祀社稷用猪、羊价目的木简。据《后汉书·祭祀志下》记载："郡县置社稷，太守、令、长侍祠，牲用羊豕。"上述简文与"牲用羊豕"的规定完全吻合。此类文书之所以作为郡府档案保存，说明地方官署是民间祭社的组织者、操纵者和主祭人。还有一个简牍上写有"祖君来降灵驾楚楚歆享洁祀福禄"。这是家庙中祭祀祖先之文，文中的"享"即享祖神，即向祖先的神位进馈献酒的习俗。"歆"为叹息声，警觉神灵以享祭献。古人认为，不洁之物不可以用于祭祀，因而必须于祭前一日，在有人监视的情况下，洗濯祭祀用具，并要使祭祀用的牺牲既鲜活又清洁，这便是"享洁"。"祀"则是"祈"的意思，最终祈盼祖先神明显灵，赐给子孙福禄安康。西晋时期，为保证政治统一，加强了对宗法礼制观念的整顿，宗庙祭祀活动的规范，即措施之一。

此外，2012 年 8 月，在西藏阿里地区札达县一座古格城堡遗址的废弃洞窟中，发现了几十页佛经残篇和几本文书残卷。第一部分简略记载了公元前 2 世纪吐蕃第一代国王聂赤赞普至公元 9 世纪末代赞普达磨的王统世系；第二部分较详细地记载了 10 世纪吐蕃王室后裔吉德尼玛衮前往阿里建立古格政权至 11 世纪下半叶古格王统的历史。

以上是我自 2002 年以来，紧跟考古工作者的足迹而了解到的一批已发掘出土的我国古代文书、档案。实际上，从我国历史上以及 20 世纪以来，我国考古工作者发掘出土的甲骨文、金文、帛书、简牍中，除了文书、档案以外，还有相当大的一部分是我国古代的帛书、简牍典籍。这些简牍典籍的发现，对我国古代学术思想史研究影响极大，并由此产生了一门新的学科——简牍学（或简帛文献学）。我专文转介发掘出土的古代简牍——文书、档案，是为了便于档案工作者、档案学家和更多的各界人士，了解研究古代文书、档案载体演变的历史和古代文书、档案的管理制度。为此我曾建议，由档案工作部门和考古工作单位等共同建立一个中国文书、档案博物馆，挑选古代至近现代以来各类载体的文书、档案，运用声、光、电技术予以展出，供广大人民群众了解我国文书、档案载体演变发展的历史，了解我国古代文书、档案的管理制度等情况，以便更好地建设和发展中华民族的文书、档案文化，传承我国优秀的历史传统文化。

大匠挥斤斧　昂扬出桥栏

——安济桥石栏板

———

梁　丰

　　安济桥又名赵州桥、大石桥，是隋代匠师李春等在赵州（今河北赵县）城南洨水之上设计建造的一座石拱桥。在中国国家博物馆的基本陈列《古代中国》中，隋唐五代部分展示有一块安济桥的石栏板，它长方形，长 212 厘米，高 84．5 厘米，两面雕龙。正面的双龙周身生鳞甲，身体相向钻穿栏板，前爪互推，头相背，角后扬。背面两龙无鳞甲，四爪撑地，身体相互绞缠，奋力背道而行。这块原用于桥面一侧的石栏板，不知何年何月，因桥年久失修坠落河中，直至 1953 年修复安济桥时才从桥下的淤泥中被发掘上来。

　　当时从河床挖出的大大小小桥石有千余块，但拼接较为完整、有雕刻和铭记的石头不多，包括栏板、狮子、仰天石、望柱、桥面石等，此外还有唐修桥记铭刻 1 块、明修桥记石碑 2 块及有题刻的残石 6 块等。其中，有雕刻的栏板 20 余块，它们分属于隋代原物、唐五代、五代宋初和金时期。隋代的各式雕龙栏板计 7 块，包括这件展品在内，均青白

安济桥

石质，龙的形态较之后代最为生动有力，正如唐人所赞"蟠绕挐踞，睢盱翕歘，若飞若动"。从桥望柱头上有安放柱头的榫眼看，安济桥在石栏杆望柱上还应该有狮子柱头。不过，遗憾的是，挖出的两个石狮子已非隋代原物，一个是唐、宋遗物，一个为金、元遗物。安济桥隋代的狮子柱头雕得一定也是栩栩如生、惟妙惟肖。唐人张鷟在《朝野佥载》中记述了这样一个故事："赵州石桥甚工，……上有勾栏，皆石也，勾栏并有石狮。龙朔年中，高丽谍者盗二狮子去，后复募匠修之，莫能相类者。"龙朔为唐高宗年号，也就是说，安济桥建成不过五六十年，上面的石狮子有些就被偷盗不翼而飞了，虽然后代工匠又有补修，但复制出的狮子已很难再现昔日的神采了。今天，安济桥犹横跨在那里，但栏板、狮子等已更是现代人的制造，无复可看，我们只能从这块栏板上飞扬遒劲的雕龙想见隋代安济桥上的石刻之美。

唐代有人形容这座拱桥的结构之美是"望之如初日出云，长虹饮涧"，然而这座貌似通透、轻灵的安济桥却是中国南北交通干线上的一座重要津梁，1400 年来，它经受过数百次洪水的冲击和多次强烈地震的考验。安济桥为何如此坚固能够千年不倒，吸引着近代和当代的工程学家们去探讨它的秘密。现在知道，安济桥有许多独到的设计。其全长 50.82 米，主拱净跨 37.37 米。为了减低桥梁坡度，便利交通，安济桥一反石拱桥半圆形拱的传统，被设计为坦拱，拱矢高度 7.23 米，矢高与拱跨相比，还不及 1:5，这一技术指标遥遥领先西方近千年。安济桥还是世界上最早的一座敞肩拱桥，在它两侧拱肩上各建两个敞肩小拱，这种结构可以减少主拱圈的变形，提高桥梁的承载力和稳定性，同时节省工料，减轻桥身自重，从而也减轻桥基的负担，增大排水，减弱洪水对桥身的冲击力。英国著名科学技术史专家李约瑟认为："李春显然建成了一个学派和风格，并延续了数世纪之久。""弓形拱是从中国传到欧洲去的发明之一。"

安济桥是中国古代文明的骄傲，至今享誉遐迩，而使该桥扬名天下，发现、介绍它的张嘉贞、梁思成和茅以升功不可没。

张嘉贞是武则天至玄宗朝的要臣。他年纪轻轻即经过科举当上平乡县尉，不久受牵连免官回家乡蒲州。侍御史张循宪为河东采访使时，发现嘉贞人才难得堪当大任，回朝后向则天皇帝极力推荐。武则天果然召见了张嘉贞，据史籍载，嘉贞举止得体，侃侃而谈，令则天大悦，擢拜监察御史。累迁中书舍人，历秦州都督、并州长史。唐玄宗即位后，张嘉贞的才干政绩仍深得赏识，曾官至宰相。玄宗在位的前期，大唐进入开元盛世，张嘉贞为此做出了贡献。不仅如此，他虽久历清要，却不蓄田园。做定州刺史时，有人劝他置田业，嘉贞曰："吾忝历官荣，曾任国相，未死之际，岂忧饥馁？若负谴责，虽富田庄，亦无用也。比见朝士广占良田，及身没后，皆为无赖子弟作酒色之资，甚无谓也。"闻者

安济桥石栏板正面

皆叹伏。

张嘉贞在平乡或定州做官时应该到过安济桥，在《全唐文》中保留下他为这座桥所做的《石桥铭序》。他赞叹已落成百年的前朝拱桥在工程技术上的匠心独具，对桥柱、栏板上的雕刻也倍加赞赏。尤其难得的是，他开篇记述："赵郡洨河石桥，隋匠李春之迹也。"在中国浩如烟海的史书中，记载的多是帝王将相的活动和文学鸿儒的雅事，能工巧匠一向少见。如果没有张嘉贞，后人就无法知道是隋代一位了不起的匠师李春设计建造了安济桥，人间也只会有"赵州桥鲁班爷修，玉石栏干是圣人留"的传说了。

梁思成是现代著名的建筑史学家、建筑师、城市规划师和教育家，一生致力于保护中国古代建筑和文化遗产。他在欧美游学期间，看到国外的古建筑受到妥善保护，许多学者在对它们进行专门的研究，而自己有着数千年文化传统的祖国，祖先留下的丰富的古建筑遗产却任凭风雨满目疮痍。只有少数外国学者对它们进行过一些考察，国内学者反而无力从事研究，甚至中国人学习自己的文化遗产都要依靠国外编著的书刊。梁思成面对这种令人痛心的状况下决心研究中国自己的建筑，写出中国自己的建筑史。他回国后参加了专门从事中国古建筑研究的学术机构中国营造学社，并把近代的科学方法应用到研究中国古建筑上，明确提出实物为理论之后盾，坚持研究古建筑首先必须进行实地的调查测绘。

1933 年，梁思成在河北省进行野外考察时，当地流传的童谣："沧州狮子应州塔，正定菩萨赵州桥"引起了他的注意。循着这首民谣的说法，梁思成果然在河北赵县重新发现了安济桥。他对安济桥进行了详细的科学考察，并撰文绘图发表在《中国营造学社汇刊》上。从此，这座久被遗忘的安济桥作为世界上现存最早的敞肩石拱桥，在中外桥梁史上赢得了举世瞩目的地位。

如果说让安济桥重见天日，享誉学界的是梁思成，那么使这座桥在中国家喻户晓的则是茅以升。茅以升是现代桥梁工程专家，他设计修建了中国第一座公路铁路两用的杭州钱塘江大桥和第一座跨越长江的武汉长江大桥。尤其令他难忘的是，呕心沥血设计建造的钱塘江大桥 1937 年建成通车还不到三个月，就因日寇攻占了上海，杭州危在旦夕，他不得不受命挥泪炸毁了它。作为优秀的爱国专家，他非常重视对国民进行科普教育，写过许多深入浅出的文章。《中国石拱桥》一文是他在 20 世纪 60 年代所作，后被选入初中语文课本，长期沿用。一代一代的孩子们，正是在对这篇优美散文一遍一遍的诵读中，知道了安济桥，知道了它骄人的技术成就和艺术之美，并牢牢地记在心中。

（中国国家博物馆供稿）

《富春山居图》的劫难与传奇

———
窦忠如

　　浙江省境内有一条波澜壮阔的钱塘江，素以其排山倒海之势的潮水景观而闻名于世，至于钱塘江自桐庐至萧山那段古称之为富春江者，却是因为一幅画作而名扬天下的，这就是位列元四家之首的黄公望之《富春山居图》。不过，这幅画作还由于历经劫难而充满了传奇色彩，以至于离奇而又真实得让人感到有些匪夷所思。

　　据清王原祁在《麓台题画稿》中记载说，《富春山居图》前后经营了 7 年之久，而黄公望自元至正七年（1347 年）动笔绘制这幅长卷至元至正十四年（1354 年）魂归道山正好是 7 年时间，也就是说《富春山居图》乃是这位"其侠似燕赵剑客，其达似晋宋酒徒"的一代艺术巨匠之绝笔画作！然而，黄公望却在《富春山居图》的自题中，如此这般轻松地写道："至正七年，仆归富春山居，无用师偕往，暇日于南楼援笔写成此卷。"我们无从得知仅仅 10 余年后当大明王朝取代元朝统治时致使这幅画作就此销声匿迹之旧事，更无法梳理清楚直到明成化年间（1465—1487）的 100 多年里这幅画作又重新面世之流传经过，唯一可以确证的是明代大画家沈周在 100 多年后成为这幅画作有文字记载的第二位收藏者。那么，沈周是何许人也，他与黄公望的《富春山居图》又有何传奇故事呢？

沈周仿作

沈周（1427—1509），字启南，号石田，自号白石翁，长洲（今江苏苏州）人。出身于名门望族兼书画收藏世家的沈周，早年就以诗文而博得声名。沈周晚年醉心于吴地风貌的描绘，从而为吴门画派的形成与发展奠定了坚实基础，比如其背摹黄公望的《富春山居图》就是其中一例。既然上面说到沈周是《富春山居图》这幅旷世画卷有文字记载的第二位收藏者，那么他为什么还要背摹一幅仿品呢？

原来，沈周重金购得浙派宗师黄公望的《富春山居图》之后，惊喜万分，百看不厌，不仅将其悬挂在墙壁上供自己欣赏临摹，而且还邀集同道好友共同赏析。在欣赏临摹《富春山居图》的同时，沈周发现这幅画作上除了黄公望当年为满足无用道士要求明确归属所题之外竟没有任何一位名家题跋，于是他在书写题跋并钤上自己的印章之后，便开始策划邀请当时一些书画名家在这幅画作上题跋遣兴。不料，当沈周将《富春山居图》送交一名家好友题跋期间，竟然被这位好友之子藏匿后转卖给了他人，这使一向为人宽厚的沈周在顿足悔恨的同时，也只能在心中表示自己的万分痛惜了。也许真是天佑知音，有一天沈周竟然在古玩市场上发现了自己丢失的《富春山居图》长卷，然而短暂的喜出望外之后，沈周又倍觉凄然而无奈，因为卖主所售之价实在是他无能为力的。与旧藏稀世画卷《富春山居图》失之交臂后，沈周的内心更感痛惜悔恨，而随着时间的流逝他也更加怀念这幅旷世之作，于是他为了慰藉自己寂寥而悔恨的心情，竟根据留存在脑海中的记忆背摹了一幅《富春山居图》，这就是今天作为国家一级文物珍藏在北京故宫博物院里的《仿黄公望〈富春山居图〉》。那么，这件堪称国宝文物的《仿黄公望〈富春山居图〉》又经历过怎样的曲折传奇呢？

据有关史料记载及考证《仿黄公望〈富春山居图〉》题跋可知，沈周在背摹完成《富春山居图》之后，将其赠送给了当时在苏州做官且嗜好书画收藏的好友樊舜举。得到《仿黄公望〈富春山居图〉》的樊舜举，不仅对这件仿品视若珍宝、爱不释手，而且开始留心《富春山居图》真迹之下落，并在一个偶然的机会非常幸运地在市场上发现了这幅画作的真迹，遂不惜以重金购藏入府。随后，樊舜举将自己喜获《富春山居图》真迹的喜讯告知好友沈周，并邀请他到府上共同欣赏真迹与仿品第一次交相辉映的传奇盛况。见到旧藏珍品《富春山居图》真迹与自己背摹仿品的沈周，真可以说是五味杂陈、百感交集，于是提笔在画作上题写了自己与黄公望《富春山居图》这旷世长卷的这段奇妙情缘，为后人考证这幅画作流传经历提供了一个极为重要的环节。

再后来，《仿黄公望〈富春山居图〉》为当时与沈周齐名的吴门画派另一开创者文徵明之子文彭所收藏，到了明万历二十四年（1596年）秋，也就是在文彭辞世20多年后，又被大书画家兼鉴藏家董其昌在惠山购藏，而此前即同年夏天董其昌以钦差大臣身份出巡江南时，已经委托其好友华中翰为他购藏到了《富春山居图》真迹，这是这幅旷世画作第二次也是最后一次藏于一人之手，这怎能不让董其昌惊喜万分呢？确实，这从其在《富春山居图》真迹与沈周仿品上所留题跋中不难知晓，也从其先后临摹过两幅《仿黄公望〈富春山居图〉》的这件事上可知这件仿品亦非一般画作所能比。诚如斯言，《仿黄公望〈富春山居图〉》虽与真迹有所不同，但确实是一件不可多得的绘画艺术珍品。在明末董其昌之后，《仿黄公望〈富春山居图〉》又先后由清初"四王"（王时

敏、王鉴、王翚、王原祁）之首的王时敏及华北大收藏家宋荦所藏，民
国年间则由北洋政府大员汪士元与曾经担任过民国大总统的徐世昌所珍
藏。到了"文革"期间，红卫兵在抄家过程中从徐氏后人手中抄得
《仿黄公望〈富春山居图〉》后，又由故宫博物院以 200 元人民币的价
格购藏，再后来遵照中央人民政府关于落实政策之规定，故宫博物院便
将此画作发还给了徐家。1996 年，《仿黄公望〈富春山居图〉》在北京
翰海拍卖会上出现，北京故宫博物院遂以 880 万元人民币的高价竞拍获
得，从此这件仿品画卷便成为这座世界著名艺术殿堂里的又一件镇馆
之宝。

焚画殉葬

既然《仿黄公望〈富春山居图〉》都被鉴定为国家一级文物，由此
可知《富春山居图》真迹是怎样的国宝级画卷了。而正因为如此，《富
春山居图》自明末董其昌收藏之后，便开始遭受到了一场差点葬身火海
的大劫难。

原来，明末清初时大书画家兼鉴藏家董其昌已经进入到晚年岁月，
他将《富春山居图》转让给了好友吴之矩。吴得到董其昌转让的《富
春山居图》后，便将这幅画卷当作自家性命一般爱惜。吴之矩辞世后，
其子吴洪裕（字问卿）不仅继承了父亲的藏品，而且还继承了父亲视
《富春山居图》如生命一般珍惜的秉性，因此他在弥留之际竟然做出了
一个惊世骇俗的决定，而就是他的这一决定竟差点让后人再也无缘与黄
公望的《富春山居图》相见了。

清顺治七年（1650 年）前后当吴洪裕病入膏肓时，他迟迟不愿撒
手西去，而是将浑浊迷离的目光紧紧盯着身边那只木匣。这时，虽然吴
洪裕老人已经不能言语，但是家人还是明白了他的心意，轻轻把木匣捧

到老人面前打开，原来里面珍藏的正是他视若生命的那两幅书画藏品。望着木匣里的黄公望《富春山居图》与智永法师《千字文》手卷，吴洪裕老人不由从眼角滚出了两行浑浊的泪水，半晌，他又从颤抖的嘴唇里蹦出了一个字："烧!"闻听此言，在场家人都不由瞪大眼睛，面面相觑之后终于明白，原来吴洪裕老人是要焚画殉葬啊。

于是，家人不得不遵照吴洪裕老人之命，首先将智永法师的《千字文》手卷投入火盆。不一会儿，这件由中国"书圣"王羲之的七世孙智永和尚亲笔所书的《千字文》手卷便被熊熊火焰吞没成灰烬了。接着，家人又拿起黄公望的《富春山居图》投入火盆，这时吴洪裕老人实在是感到疲倦至极，目睹旷世画卷在火盆中慢慢点燃，他也慢慢地将头转向一旁并紧紧闭上双眼，而就在这一瞬间吴洪裕的侄儿吴子文（字静庵）突然从人群中跳出来，伸手将已经被火点燃的《富春山居图》长卷从火盆取出，随即又将另一幅不知名的画作扔进了火盆，从而使《富春山居图》侥幸得以留存。关于这一神奇事件之经过，清代收藏家吴其贞在《书画记》"富春山居图条目"中记载说："曩为藏卷主人宜兴吴问卿病笃焚以殉，其从侄子文问卿目稍他顾，将别卷从火中易出，以烧焦前段四尺余矣。"也就是说，当吴子文以瞒天过海的方法将黄公望《富春山居图》从火中救出时，这幅旷世画卷卷首已有四尺多长的画面被烧焦了。确实，被火烧焦的黄公望《富春山居图》因为再也无法装裱成为一整幅画卷，装裱师便巧妙地将其装裱成了两幅画卷，前段虽然篇幅较小，只有纵 31.8 厘米、横 51.4 厘米这么一小截，但是经装裱师精心拼接之后，正好有一山一水一丘一壑之美景，且几乎看不出是经剪裁后拼接而成的，于是人们便把这一部分画卷称为《富春山居图》（剩山图卷）；后段篇幅较大，画面也较为完整，纵 33 厘米、横 636.9 厘米，装裱师为了掩盖火烧痕迹，便将原本位于画卷末尾的董其昌题跋切割下来放在卷首，这便是后来被称为《富春山居图》（无用师卷），从此黄公望的《富春山居图》被一裁为二，并开始了身首异处、各自流传的经历。

假作真时

清顺治九年（1652年），《富春山居图》（剩山图卷）被大收藏家吴其贞购藏，10多年后又被广陵王廷宾所获，这些都可以从其题跋中获证。再后来，《富春山居图》（剩山图卷）辗转于诸多收藏家之手，但是长期以来一直湮没无闻，直到民国二十七年（1938年）被近代画家吴湖帆所得，才重新闪耀出其应有之光芒。据说，吴湖帆得见《富春山居图》（剩山图卷）时，经其鉴别确定为黄公望之真迹，便不惜以自己所藏的商代铜彝与之交换，并自称其居室为"大痴富春山图一角人家"，以表达自己对这幅画卷之珍爱。闻知吴湖帆喜获黄公望《富春山居图》（剩山图卷）的消息后，当时供职于浙江省博物馆的沙孟海先生心情开始不平静起来，他认为像这样的国宝画卷实在不宜由个人收藏，于是他多次前往上海与吴湖帆协商，希望他能将《富春山居图》（剩山图卷）转由浙江省博物馆收藏。初得国宝画卷，大画家吴湖帆本无意转让，但是他经不住沙孟海先生的诚恳相劝，又兼好友钱镜塘与谢稚柳等书画名家从中斡旋，吴湖帆终于于1956年将《富春山居图》（剩山图卷）转让给了浙江省博物馆，从此这幅残卷便成为该馆的"镇馆之宝"。

清顺治九年（1652年），《富春山居图》（无用师卷）被丹阳张范我购藏后，又历经季寓庸、高士奇、王鸿绪、安岐诸人之手，终于在清乾隆十一年（1746年）流入清宫御府。不过，这幅黄公望真迹竟然被附庸风雅的乾隆皇帝鉴定为"下真迹一等"，也就是赝品的意思，从而在清宫中遭受了长达 200 多年的冷遇。原来，就在《富春山居图》（无用师卷）被呈送进宫的前一年，另有一幅署名黄公望的《富春山居图》被征入宫，乾隆皇帝见后欣喜异常、爱不释手，不仅将其珍藏身边经常取出欣赏，在长卷那大片的留白处赋诗题词钤盖玺印，并将其列入内府书画收藏的上品之列。而今，又一幅《富春山居图》（无用师卷）的出现，就不能不让乾隆皇帝大为惊诧了，因为这幅画卷几乎与先前进宫的那幅署名黄公望的《富春山居图》毫无差别，甚至在笔法等方面还有所超越。于是，乾隆皇帝不得不召集梁诗正与沈德潜等大臣共同鉴别，而这些大臣深知乾隆皇帝对自己鉴赏书画能力的自信，也明白乾隆皇帝其实早在心中认定这幅画作为赝品，所以他们在一番"仔细"鉴别后便一致赞同乾隆皇帝的观点，认为后进宫的这幅《富春山居图》（无用师卷）为赝品。有趣的是，乾隆皇帝等人虽然鉴定黄公望《富春山居图》（无用师卷）为赝品，但是仍旧将其收藏在内府里，并收录进后来编撰的《石渠宝笈·三编》之中。也正因为如此，署名黄公望的那幅《富春山居图》先后被乾隆皇帝题跋多达 53 次，几乎填满了这幅画卷的空白处，而被乾隆皇帝鉴定为赝品的《富春山居图》（无用师卷）则得以净身全璧，这岂不是不幸中之一大幸事？就这样，《富春山居图》（无用师卷）在清宫中幸运地度过 200 多年的冷遇之后，就连末代皇帝溥仪在大肆盗窃清宫书画珍宝时也得以幸免。

民国 22 年（1933 年），留存在故宫博物院里的黄公望《富春山居图》（无用师卷）及被乾隆皇帝认为是真迹的那幅《富春山居图》，因为日军入侵而被国民政府一并装箱南运。而就在这数万箱珍贵文物停放上海期间，文物鉴赏家徐邦达先生在库房里发现了这两幅《富春山居图》，并经过仔细考证后认定被乾隆皇帝多次题跋的所谓真迹其实是一件赝品，而被乾隆皇帝等人鉴定为赝品的却是黄公望之真迹，就此还原了《富春山居图》（无用师卷）蒙尘多年的真实面貌。再后来，这真伪两幅《富春山居图》画卷在新中国成立前被国民党运往中国台湾，藏于台北故宫博物院。

2010 年 3 月 14 日，温家宝总理在人民大会堂三楼金色大厅与采访十一届全国人大三次会议的中外记者见面。在回答一位台湾记者的提问时，提到了这幅旷世名作。温总理说："我去台湾的愿望依旧是那么强烈，因为我认为中华民族 5000 年的文化，具有强大的震撼力和凝聚力，不要因为 50 年的政治而丢掉 5000 年的文化。我讲一个故事你可以告诉台湾同胞。在元朝有一位画家叫黄公望，他画了一幅著名的《富春山居图》，79 岁才开始创作的，完成之后不久就去世了。几百年来，这幅画辗转流传，但现在我知道，一半放在杭州的博物馆，一半放在台北故宫博物院，我希望两幅画什么时候能合成一幅画。画是如此，人何以堪。"总理的这番话，引起了海峡两岸的共鸣。

2010 年 6 月 16 日，浙江省省长吕祖善与台北故宫博物院院长周功鑫共同接受媒体采访时透露，藏于浙江省博物馆的《富春山居图》（剩山图卷），有望于 2011 年 7 月与《富春山居图》（无用师卷）在台北合璧展出。在两岸经济文化交流日益频繁的今天，大陆民众也期待着《富春山居图》在大陆合展能早日实现。

（摘自《国宝传世之谜》，中国文史出版社 2011 年 1 月出版）

真真假假九龙杯

窦忠如

提及发生在民国17年（1928年）7月的震惊世界的清东陵盗宝案，人们一定不会毫无记忆。众所周知，流氓军阀孙殿英率部盗掘了两座著名皇家陵寝——乾隆皇帝的裕陵与慈禧太后的定东陵。然而，至于选定康熙皇帝景陵作为盗掘的第三个目标，以及在实施盗掘过程中因为泉水四处喷涌而不得不放弃这一段史实则鲜为人知。关于埋藏在景陵地宫中的传奇九龙玉杯的故事，也就没有为世人所关注。

康熙皇帝景陵被盗掘虽然因为半途而废而没有引起关注，但是对这座皇家陵寝内无数珍宝的觊觎却从未停止过。民国34年（1945年）秋天，当地一伙持枪匪徒在有组织地盗掘康熙皇帝景陵之前，其中就有一名坦言：一旦掘开地宫，他只要一件宝贝，那就是九龙玉杯。当这伙匪徒掘开康熙皇帝景陵地宫后，果然在诸多随葬珍宝中发现了这件宝物。随后，那名匪徒也如愿以偿地得到了九龙玉杯，只是最终结果却不是这名贪婪匪徒所能料想到的。关于这伙匪徒盗掘康熙皇帝景陵中九龙玉杯之后事，民国35年（1946年）时任国民政府河北省蓟县（今属天津）

公安局局长的云光曾有这样一段回忆：

传说盗掘景陵时，由于景陵地宫十分坚固，盗匪关老七（关增会）和田老七等人费了九牛二虎之力终于劈棺扬尸，盗走了许多无价珍宝，后来许多案犯均都抓获处死，而唯有田老七得以留命世间。那时田老七盗景陵之前就说，盗掘景陵他只要一件宝物，就是康熙年间因江洋大盗杨香武三次潜入皇宫而未得手的九龙玉杯。事也凑巧，景陵盗掘田老七果然获掠这件九龙玉杯。为追回这件珍宝，我们采取宽严结合的措施，言称只要交回九龙玉杯，可以宽大处理该犯。因为那时捕获的盗陵匪徒多被枪毙，舆论宣传也较严厉张扬，田老七自然耳闻甚多，权衡再三终于交回了那只九龙玉杯。记得那天有意安排在田老七家吃派饭，田老七外出归来，立即媚笑着对我说："局长，这就是杨香武三盗九龙杯的那件宝贝，我给您保存好好的呢。"田老七双手捧上九龙玉杯时又说："昨天，北京有人给这件宝物出了 260 万元的价码，我没卖。"跟随我的警卫员赵尉逗他说："260 万元你不卖，还想卖多少钱？"田老七憨憨地说："我的脑袋比钱还要紧哪！"是的，田老七主动交回了世间珍宝九龙玉杯，我们也依据政策对他宽大处理，没有杀了他。九龙玉杯确是稀世珍宝，全由白玉做成，长为 6 公分、宽为 4 公分、高为 3 公分，属长方形，四角各有两龙戏珠，把手也是一条龙，共有九条龙，故称为"九龙玉杯"。这件雕琢精细的九龙杯，如果内盛满玉酒，立即可见有九条翻腾之蛟龙，其实是因为白玉是半透明之状而显现，使九条龙活灵活现。可是，自九龙玉杯上交政府后，我多次到故宫寻找，可是一直未见九龙玉杯之踪影，也不知那宝物今在何处。

那么，九龙玉杯到底藏在何处呢？

珍宝失窃

就在世人到处追寻这件珍稀国宝时，25年后，上海衡山宾馆里却传出了一则令世人感到意外而震惊的消息：九龙杯在一次招待外宾的宴会上出现，随即却神秘失窃了。

人们不禁要追问：这失窃的九龙杯是否就是当年从康熙皇帝景陵中盗掘出的九龙杯呢？如果是，九龙杯如何流落到上海衡山宾馆的？如果不是，衡山宾馆失窃的九龙杯又是从何而来？它与当年匪徒从康熙皇帝景陵中盗掘的九龙杯有何关联？从康熙皇帝景陵中盗掘出的九龙杯又在何处？

要想揭开以上所列谜题，只有首先破获发生在上海衡山宾馆的这桩盗窃案了。

1971年3月25日下午，一个由27名罗马尼亚政府人员组成的工作小组飞抵中国上海，其任务是为即将来华的罗马尼亚总统、罗共中央总书记、国务委员会主席齐奥塞斯库访问上海期间的食宿、交通、安全、医疗、通信等方面的安排进行全面考察与协调。当晚7时，这27名外宾在上海衡山宾馆不仅吃到了他们"出生以来所吃到的世界上最美味的菜肴"，而且还试用了极其神奇而珍稀的九龙杯。当罗马尼亚外宾端起九龙杯时，他们发现杯中竟有一条口含金珠的金龙在不停地转动，禁不住纷纷发出不可思议的啧啧惊叹声。于是，有人好奇地把杯中美酒倒进碗里，然后举起九龙杯对着灯光仔细端详，可是并没有看到那条活灵活现的金龙，而当把美酒再倒回杯里时那条金龙又出现了，反复多次，屡试不爽……这使27名罗马尼亚外宾对这次招待晚宴感到非常新奇而满意。不料，一名服务人员在宴会结束后却发现九龙杯不见了，她随即将这一情况报告给了宾馆俱乐部的当晚总值班薛清钧。获知这一情况的薛清钧也不由大吃一惊，慌慌张张地跑向俱乐部宴会厅，并与闻讯先后赶来的宾馆俱乐部保卫科长刘金城及主持宾馆俱乐部日常事务的副主任黄业光三人，立即组织人员对宴会厅展开地毯式的搜查，同时也对宴会厅所有服务人员进行严格审查，可是都没有发现九龙杯的下落。

妙取九龙杯

第二天中午，周恩来总理陪同越南劳动党中央第一书记黎笋，以及由其率领的越南劳动党代表团一行多人来到衡山宾馆俱乐部宴会厅里就餐。其间，一向细心的周恩来总理从服务人员的异常拘谨中，感觉到衡山宾馆俱乐部一定出了什么事。宴会结束后，周恩来总理向一名服务人员了解情况，得知了九龙杯失窃之事。

随后，周恩来总理立刻找来衡山宾馆的黄业光与刘金城二人，详细询问九龙杯失窃的具体过程。听完二人汇报后，周恩来总理稍微沉思了片刻，问道："是不是把九龙杯拿出库房一直到发现丢失的整个过程都仔细查一查？比如，在宴会厅里会不会发生什么问题？"闻听此言，黄业光与刘金城二人恍然大悟，连连点头答道："对，对，我们在这上面疏忽了！"接着，周恩来总理又提醒说："不是拍了录像片吗？把片子调出来看看，说不定对查清问题会有帮助。"遵照周恩来总理的这一指示，黄业光与刘金城立即和上海电影制片厂及上海电视台取得联系，要求调看他们当天拍摄的有关录像片，随后果真从中发现了九龙杯失窃的具体经过。

原来，那天晚宴上坐在 B 桌的一位年轻外宾，从一开始就对九龙杯产生了强烈好奇和兴趣，他不时拿起九龙杯翻来覆去地仔细欣赏。接连喝下几杯美酒之后，他竟趁人不备将九龙杯迅速地装进了自己身边的手提包中。

　　锁定盗杯人后，保卫科长刘金城调查得知，这位把九龙杯放进自己手提包中的外宾，是罗马尼亚外交部一名 34 岁的文化秘书。中罗两国当时刚刚建立起良好的外交关系，黄业光与刘金城二人都明白，如果此事处理不当，必将产生不好的国际影响。另外，根据国际惯例，不能追究这名外宾的法律责任，这使二人对如何收回九龙杯感到很是棘手。

　　傍晚时分，周恩来总理一行从上海市郊嘉定县马陆公社参观返回衡山宾馆后，黄业光立即前往汇报调查结果。当周恩来总理得知已经找到盗窃者时，便站起来握住黄业光的手说："黄业光同志，辛苦了！"黄业光感动得热泪盈眶，一句话也说不出来。随后，周恩来总理又指示说："九龙杯是我们国家的宝贵财产，必须设法追回。不过，我们要有礼貌，不能伤了感情。"闻听周恩来总理这一番话，黄业光顿时感到责任重大而艰巨，可是对于如何收回九龙杯，他却一筹莫展："总理，这事儿……"

　　望着黄业光一脸的为难神情，周恩来总理想了想，问道："今天晚上罗马尼亚贵宾有什么活动安排？"黄业光回答说："没有安排。"周恩来总理面露喜色道："那好！今晚越南的同志要去观赏杂技节目，我们可邀请罗马尼亚的贵宾一起观看。九龙杯在那位外宾的眼里既然十分珍贵，他一定会放在他的手提包里寸步不离，我们正好借机行事，收回九龙杯。"随后，周恩来总理向黄业光布置收回九龙杯的具体方案。

　　当晚 8 时整，一场精心安排的杂技节目开始了，周恩来总理陪同黎笋等越南劳动党代表团领导人坐在第一排正中的位置上，第三与第四排坐着来自罗马尼亚的外宾们。随着精彩节目的不断上演，外宾们都表现出了浓厚的观赏兴致，特别是当穿着笔挺西装的魔术师颜金风度翩翩地走上台时，外宾们更是将目光都聚焦到他手中那只用紫红色绸布遮盖的盘子上。这时，只见魔术师颜金向观众深深鞠躬行礼后，轻轻用手揭开紫红色的绸布，观众们发现盘子里摆放着三只仿制九龙杯。魔术师颜金将三只九龙杯依次摆放在桌子上，随即从身上掏出一把道具手枪，在指头上熟练而快速旋转多圈后，微笑着对观众说道："只要枪声一响，我想让九龙杯飞到哪里就可以飞到哪里。"闻听此言，许多观众都面露疑色，善于揣摩观众心理的魔术师颜金，便高声说道："如果大家不信，请看……"说时迟那时快，只见魔术师颜金话音未落，便举起道具手枪向九龙杯"啪"的一声射去，三只九龙杯竟在众目睽睽之下凭空少了一只，而正当观众感到惊诧不已时，魔术师颜金则大步从台上走下来，并径直来到观众席位的第四排，向那位盗取九龙杯的罗马尼亚外宾指了指，满脸微笑地说："刚才被我一枪打飞的那只九龙杯，现在就在这位先生的手提包里。"于是，所有观众都把目光转向这名外宾。魔术师颜金面对这名外宾礼貌地说："请打开您的手提包让大家看看，我说的对不对？"此时，原本也很惊诧的这位罗马尼亚外宾似乎明白了这个魔术的真正用意，遂假装疑惑而又无奈地打开自己的手提包，从中摸索一会儿拿出了那只真品九龙杯。在周恩来总理的带领下，所有观众向魔术师颜金报以热烈而经久的掌声。

就这样，九龙杯经周恩来总理的巧妙安排，终于在被盗20多个小时后又失而复得了。

那么，这只九龙杯到底是不是当年匪徒从康熙皇帝景陵中盗掘出的那件稀世珍宝呢？

真假九龙杯

原来，当年匪徒从康熙皇帝景陵中盗出那件传奇的九龙杯后，人们对此曾经给予极大的关注。江西景德镇有一位陶瓷专家，对九龙杯奇妙的制作工艺感到极为惊羡，总希望自己能够用陶瓷烧造出九龙杯来。经过多年的不懈试验，这位陶瓷专家终于在1958年成功烧制出了与宋代汝窑所出御瓷极为相近的陶瓷精品。得知这一消息后，中共上海市委交际处立即派人赶往江西景德镇，向这位陶瓷专家定制了一套 36 只九龙杯。经过多日的研制与设计，他果真烧制出了堪与九龙玉杯相媲美的陶瓷九龙杯。陶瓷九龙杯通体雪白，倒入美酒后便会现出鳞光耀眼的九条金龙，每条金龙状态各异地出没在云山雾海之间。其中那条口含金珠的最大金龙，竟将半个躯体都伸入到杯中，在美酒浸润下使龙口中的金珠仿佛在滚动一般，令所有观者都啧啧称奇。

遗憾的是，这套陶瓷九龙杯交货后不久，那位陶瓷专家却在一次车祸中不幸辞世而去。因此，这套珍贵而奇特的九龙杯便成为世间绝品，其工艺与经济价值堪列中国陶瓷之珍品。既然上海衡山宾馆失窃又复归的九龙杯是陶瓷制品，那么当年匪徒从康熙皇帝景陵中盗掘出的那件珍稀国宝——九龙玉杯，如今又到底密藏在何处？

（摘自窦忠如著《国宝消亡之谜》，中国文史出版社 2011 年 1 月出版）

漫话洛阳古玩行

吴圭洁

洛阳古玩业的出现

洛阳是古时东周、东汉、隋、唐等九个朝代的京都，还是西周、西汉、北宋、金等朝代的行都或陪都，因而给后人留下了许多有价值的文物和古迹。如举世闻名的龙门石窟、我国修建最早的佛寺白马寺、周代的王城等古文化遗址和数不尽的历代陵墓。可以说，洛阳是一所名副其实的历史博物馆，也是祖国的一个地下文物宝库。

自东周建都洛阳到北宋年间，历代帝王将相、显官贵宦和学者名流的陵墓多葬在洛阳平原和北邙一带。据史书所载，帝王陵墓有周朝的灵王、景王、悼王、定王，东汉的明帝等，名公巨卿和学者名流墓有苏秦、苌宏、吕不韦、贾谊、关羽、石崇、狄仁杰、裴度、白居易、寇准、吕蒙正、"二程"以及邵康节等。当年有俗谚云"生在苏杭，死葬北邙"，足见人们视身葬此地为幸事。后来随着岁月的流逝，该处葬墓不断增多，致使有了"邙山无卧牛之地"一说。新中国成立前后，在洛阳出土的晋、魏、齐、隋、唐、宋墓志，据不完全统计，就有 4000 余方，没有墓志的殷、周、秦、汉墓葬及晋以后各代墓葬数目就更多了。在洛阳，几乎是一动地层就能发现古墓，并且往往是上层有晚期墓葬，下边还压着一个早期墓葬，或者是后期墓道凿穿了前期墓室，如此二层、三层重重叠叠的现象，屡见不鲜。这也是洛阳古玩业得以出现、生存、发展的重要缘故。

清朝末年，洛阳即有古董铺多家，其中以方氏开设的"会友斋"比较闻名，金银铜铁器、珠宝、玉器以及日用品均在其买卖范围。那时店家的经营方式多是"守株待兔"，只要能做上一次好买卖，就够吃上两年。据闻在光绪末年，洛阳东郊回族聚居的塔湾村清真寺东边，出土了一批周代铜器，有鼎、尊、爵等数十件，村人以破铜价按斤计算卖给方氏，价钱不过几两银子，可是他一转手就卖了 1000 多两银子，可以吃上十数年。

至清末民初，开始有北京古玩商人来洛阳收购货物，最初来的有康子英、赵梦松、焦雨亭、王汉章等人。他们住在城内县前街（今民主街）谢家老店内，所收购多数是陶器（洛阳俗称瓦器），有蓝胎陶器、白胎陶器、唐三彩等。

洛阳人发掘古物，最初并不是有目的地发掘。如民国初年，洛阳北乡郑家凹村（现属孟津县）乡人因需用烧柴，在沟底挖掘树根时，挖出唐三彩五六件，就进城卖给了北京古玩商人；隔了几天又挖出几件，再拿去换钱。就这样，挖出就卖，卖了再挖，村民们先后在同一坑中挖出有五六十件，几次共卖得百十元钱。还有的是因沟塌崖崩露现陶器，可那时的人迷信，认为其是不祥之物，不敢拿回家中，就放在村内庙堂。后来听说有北京人在城内收买这类物品，就有人将东西偷走，拿到城内去卖。不久，庙内东西盗卖一空。于是一些游手好闲、不务正业之辈由此作引，为贪图钱利，到处挖掘，北乡数十村庄也先后互相效法起来。初时挖掘的人少，技术也低劣。后来从事此业的人多起来，在工具和技术上不断有所提高，出土文物日渐增加，相应的从事收购转卖的商人也就多了。于是一种专门经营古文物的行业渐渐形成了，蕴藏在地下的丰富文物被大量挖掘出来，遭到了不应有的破坏。今日细想起来，实感痛心。

古玩行全盛时期

郑家凹村周围十几里内各村子（现均划归孟津县）初时所挖出的东西，以陶器为大宗，铜器（除镜子外）次之，金银等器则属少见。就陶器来说，以隋唐时代的黄釉陶、白胎陶、红胎陶、蓝胎陶和唐三彩为最多，汉魏陶器很少见。七八年后，挖掘地点延伸到马坡、李家村，出土的除陶器外，还有殷、周铜器。北窑村、塔湾不仅出殷、周铜器和玉器，偶尔还出些宋代瓷器。20 年代中期，洛阳四郊成立民团、红枪会等武装组织后，乡间枪支多起来，就更助长了挖掘之风。从此，人们就从夜间偷偷地挖掘，变为白昼公开挖掘了。那时，北乡和城郊东乡、塔湾、史家湾、杨凹、凹杨、张胡同、马坡、小李村、北窑，一直到东关泰山庙门各村庄，每日田地里人们来往如梭，老幼皆赴，盛于赶庙会，而且日夜不休。挖掘现场，触目皆是；摊贩林立，棚帐遍设；古玩收购商人，不绝于途。耕地被践踏，田禾被毁，洛阳古物大量被摧残破坏，以此时为最甚。古物市上的每日成交额，往往达数千元至数万元不等。这时，从北京来洛阳收购古物的商人有康子英、焦雨亭、王玉昆、杨忠礼、李筱亭、张允吉、程建侯、刘魁英、董儒等，开封赴洛的商人有穆培田、庞子绶、许聘卿等，开封商人孙次堂则索性在洛阳落了户。洛阳城内本地商人投身于古玩行业的，亦如雨后春笋般地出现。

早期的古玩商人到乡间买一次东西，往往要拿出数百或数千元。这些资金是每个商人都能拿得出来的吗？不是的。他们中的百分之八九十都是先在乡间把东西谈好，再回城内想法子凑钱。有的商人和银号素有来往，在洛阳借用银号的款子买货，俟到上海或北京将古物卖出后，再将款子在外地交还银号的办事处，并付以利息。当时洛阳的银号有荣太昌、义太、晋太、汇丰等。还有一种商人的款项是用月息"大三分"（当时一般借款利率是百分之一或百分之二，"大三分"指利率为百分之三）向放高利贷者借来的。放高利贷的人看到古玩商人用钱紧急时，甚至把利率提高到四分或五分。那时放高利贷最著名的叫于仲雅，但他后来看到做古玩生意比放高利贷更有利可图，就干脆也做起古玩生意来了。除借高利贷者以外，另有的古玩商人是找某些富户或商号搭股或与本行有钱者搭伙。总之，古玩商人去乡间买东西时，不管手中有钱没钱，见到有东西值得买就买，买到手后再设法弄钱。所以当时有人把早期古玩商人叫作"鹰眼兔子腿，穷身子富嘴"。"鹰眼"，是说买东西时要看得真，认得准，否则会买成假货或仿造的东西；所谓"兔子腿"，是说听到哪里出了东西，就得飞快地赶去，否则就叫别人捷足先得了；"穷身子"，是说早期古玩业的人多数都不是富有之家，买到东西后还得东拼西凑去弄钱；"富嘴"，是形容古玩商人嘴硬，虽然手中没钱，也不说穷，没有钱也敢买，该添钱时就添，毫不在乎。有时，有人在业务上出了意外，如本金亏损，或被官府将东西没收，或被罚款，同行的人也说："不算啥，将来卖东西时'硬硬嘴'就回来啦。"所谓"硬硬嘴"，乃是指卖东西时坚持不落价。古玩行当时还有一种规矩叫"开张"，是指古玩商人看过东西认为不好、不愿要时也得拣件小东西，出个相当好的价钱忍痛买下，不然卖方下次挖掘出好的东西时，就不再约会这商人去看货了。

约 1927 年冬，挖掘古物之风又移到东乡金村一带。在那里挖掘到一座战国后期的王侯大墓，挖出金银器几十件、玉器百十件、金银铜器几十件。因这一带刚开始发掘，城内古玩商人离这里又远，村人就将金银器拿到郑州卖给银楼；铜器、玉器直到次年正月始以两千多元价钱出手。此后两三年内，这地方发掘出了战国晚期的帝王和后妃大墓七八座，还有许多其他古墓。金村顿时成为洛阳古玩行业的重点收购地方，客商往来不断，一聚就是二三十人。这时村里的张资美、张锡卿、王道中三人，除将东西卖给北京、上海客人外，还勾来加拿大人怀履光，使他从我国套购去大量有历史研究价值和有高度艺术价值的玉器及金银铜器。张资美等人就此发了横财。当时金村街有个顺口溜："金村街，三富翁，资美、锡卿、王道中。"此外，金村还有三个强梁之人，即张澜堂、张实甫和马甲子，人称"金村街三家什"（洛阳人叫有权有势的强梁人为"家什"）。其中马甲子因霸占坑内出土的小件精美东西，和勾结张资美等人在卖出东西时从中"吃黑"（"吃黑"系在正价外单独再得些钱），也发了大财。他在吸食鸦片烟时，随手便拿出一张 5 元或 10 元钞票揩烟盘子，其腐败奢侈情形可以想见。

加拿大人怀履光是基督教圣公会河南教区第一任主教，曾在洛阳大中街设立圣公会教堂。1931 年前后，他从张资美等人手中套购去的古物有数十万元，这些东西除售到美、日两国外，另一部分运回加拿大，现藏于多伦多博物馆中。他本人还曾亲自到金村勘察，在汉魏故城遗址中又发现有古墓，并写了一本《洛阳古城古墓考》。日本人梅原末治也根据流入日本的金村出土古物，著了一部《洛阳金村古墓聚英》。自此以后，洛阳北乡和东北乡有形可见和湮没在地下不可见的古墓，多被盗掘，余洛阳西乡平原和西北乡山岭地带还不曾正式挖掘过。待有人在这些地方开始挖掘不久，洛阳即获解放，这些地方的古墓才得以保存下来。

挖掘古墓的人，惯于浮华生活，且多吸食毒品。他们为盗窃金银财物，也常在夜间偷掘新墓，一时令城内墓主去乡间修理坟墓者络绎不绝。当时唐寺门村与北窑村之间，有一史氏坟墓被盗尤惨，史之子孙不得已在墓地上立石碑一块，上刻"此坟已被掘九次，请勿再光顾"，以为即可制止，岂知仍归无效。我的先祖父母的坟墓也被盗过。

古董铺的类别

"古董铺"三个字，是旧社会的人们对古玩类生意的总称。实则内中分门别类，是不相混淆的，经营类别约为"红绿货""软片""硬片""绣花地毯""古钱图章""金石文玩"，等等。

"红绿货"，系指宝石、珍珠、翡翠、玛瑙、珊瑚以及松绿石、琥珀等物而言。

"软片"者，就是字画、古书、碑帖（有时古书字画与碑帖各自独立经营）。

"硬片"者，乃指宋、元、明、清各代瓷器。

"绣花地毯"，是指古代的刺绣品、缂丝、地毯、椅披、桌裙、袖头等。

"古钱图章"，指出土的古代货币和古代官私印鉴、名人图章。

"金石文玩"者，便指古代铜器、玉器、陶器、古今名砚，以及供陈设的一切艺术品，如竹制品、象牙雕刻，等等。

以上几类的经营店铺多是在大都市中，如北京的琉璃厂、廊房二条，上海的交通路和古玩茶楼等。其他外地省会地方，也有一种名为古董铺的，只是收售物品不分种类，甚至日用杂品也在经营之列，实际上是一个"破烂"铺子。而洛阳的古玩行业是以另一种姿态出现的。它的业务是专收新出土的文物、铜陶玉器，与一般所谓古董铺就有区别了。古玩行业中还有一种被称为吃"邪道"的。这班人常在山西等地寺院内，专以寻找盗窃年代久远、有艺术价值的泥塑或木石雕刻佛像人物以及壁画为业。其偷运方法是，小件的随身携带，大的伪装于箱内偷运。曾有一个叫董玉亭的人，在山西偷到一尊大石佛，装入棺木内，冒充死人运至洛阳出售。

古玩业的"伙"

由于资金等原因，洛阳的古玩行有不少是合伙经营。合伙的形式约可分为以下几种。

东伙关系　即掌柜与伙友的关系。掌柜当然是操纵大权的东家，伙友则系雇员，工资微薄，一年约二三十元之谱，年终奖励金亦微不足道，徒具美名而已。伙友大致是本号出师的学徒，照例升为伙友；或由别人推荐来的；再就是挖别人墙脚弄来的。挖墙脚者，就是看到某家某伙友能干，即用比他原工资稍高的代价诱引而来。如马坡村张凤梧的伙友高铜元，即以这种方式从"庆云斋"古玩店挖去的。

死伙　就是各人所出资金相等，权利平等，赔赚平均分担，无有东伙剥削关系。如果发生利害冲突，各方必须将手续算清，互无干连时，方可各自自由买卖。采取这种形式的，北乡井沟村有"三公司"，城内有"八公司"，以及东乡金村的张资美、张锡卿、王道中等人。其他两三人暂时结成死伙而时间不长的还有许多。

活伙　也叫"碰伙"。平时各做各的买卖，偶尔在买东西时碰到一起，临时在一宗买卖上结伙，卖过货物，利润算清后，即各不相干。结伙人数少则二三人，多则二三十人，人数多少与出土文物件数多少和能否保守秘密有关。二三十人的大伙，多系到的人多，在购买时相持不下，又不便由某人单独购买，只好来者都有份。如 1946 年，洛阳北乡南陈庄掘出有八匹唐三彩飞马和其他东西，城乡古玩商人闻讯即云集该村，都想买到手。由于谁也不能独自买去，后经各方婉商，由城内任绍棠认股一半，其他众古玩商人认一半，方才解决。这种活伙，聚散自由，又不影响各人其他业务，是以多为人们仿行。但其也有弊害，如因货物一时难于出手，资金积压，不免有人急于用钱，不能等待，解决办法就是经过大家协商，将东西归于一人或少数人。这又有两种情形：一种是将东西全部归于资金雄厚些的人，其他人只得回原资金或者稍微赔点儿，或多少赚点儿；另一种是某人认定此货可以高价出售，不忍放手，这时他除归还他人原资金外，还须再给相当补贴。

搭伙 这是一种特有的形式。如某甲买到一物，某乙见到后也表示愿算一份，或因二人交情深厚，某甲先说："你也算一份吧。"这种情况有对半儿出资金的，也有一方不拿一文的，东西卖出后双方平分利润。这种形式虽是合伙中的一种，但为数很少。

看土色与洛阳铲

提到"看土色"和"洛阳铲"，古玩行内的人都熟悉。

所谓"看土色"，就是看看土的颜色，用以判断它是老土还是活土。老土即是古代至今没有动过的土；活土是已被后人挖动的土，然后又填上，内中混有他土，年代已久，不能化合，成为一种颜色杂乱的"五花土"。有经验的人，一看土色，便能区别何者为老土，何者为活土。一般情况，在活土下面多有古墓，再经过四周的测探，把墓的大小、位置、形状等搞清楚后，视墓道形式不同，就能判断是何朝代的墓葬。

洛阳人起初不懂土色，也不知古物能够卖钱，只是有时由于水冲、沟塌、挖窑、掘土等，偶尔出些古物。后来有古玩商来收买，乡人始知古物能够卖钱，遂于农闲之时以钢锹铁铲在沟旁、塔边到处乱寻。开初，人们看到有墓道形迹者就挖，后来发展成看到有些相似的情况也挖，对何种土内有古物根本不知道，即令挖到古物，也不会联想到看土色上去。往后经过不断挖掘，经验不断丰富，才逐渐懂得看土色。

"洛阳铲"，现今已是建筑工地探测地下情况的主要工具。洛阳于民国初年开始发掘古物时，所用掘土的工具是普通的钢锹、铁铲。这些工具效率低，而且只能供发掘用，对于探地下情况、取土样就无用了。现今探查地下情况常用的"洛阳铲"，是在开始知道观看土色时才应运而生的。起初所用的铲，是卖水煎包子的人的搭棚工具，形状也和今日所用的"洛阳铲"不同，提土少，用起来笨拙，土样少了还容易和铲上的原土相混，也不能探入深处。后来经过多次改进，始有今日"洛阳铲"的出现。据说在 20 年代，洛阳北乡马坡村有一人名叫李鸭子，先将袼褙制成筒瓦形状，叫一精巧铁匠照样打成铲子，上装一根白蜡木杆子，可探三四米深，如需再深，即在杆头上穿一长绳。这样几经改进，便成为今日建筑工地上普遍使用的"洛阳铲"了。"洛阳铲"名称的来源，据说是一次在安阳发掘文物时，用的是源于洛阳的这种铲子，人们即命之为"洛阳铲"，嗣后各地也都顺着叫开了。

挖掘古墓"班子"

洛阳人起初挖掘古物，既不经常，也不敢公开挖掘。只是两三人一商议，白天窥察地点，晚上挖上一夜或半夜，若挖出东西先偷着放在某人家中，次日邀人看货；有时城内客人碰巧到村或本村就有人收买，卖出后将款按人数平均分配。这是最初的简单组织形式，利害均担。

及至后来，挖掘人多了，其中不免良莠不齐。稍为能干或有点儿势力的，找一些年轻力壮而软弱可欺者组成班子，本人也随班参加挖掘，且可指挥别人，掌握东西，找人卖货。他大权在手，得到的贷款也总比别人多分些。这是另一种组织形式。

再一种是本村地富老财或掌权的村长、保长等想发大财，也来组班。他们只拿出一点儿钱，购买些挖掘工具及蜡烛等，就驱使本村穷而可欺的人替其出力挖掘，挖出东西也毫不客气地拿到自己家中，卖货、论价全凭个人决断，卖多卖少任其言说，事后随便拿出些钱来分给挖掘人了事。

还有一种，是由少数人组成班子，与某个或某几个古玩商人接上关系，一切工具、用品、饮食、纸烟、毒品（有的掘墓人吸毒）等全由该古玩商人供应。但挖出东西后，该古玩商人有优先购买权，价钱也比别人买要便宜得多。假如这个（或这几个）古玩商人不要，方能卖给别的商人。如洛阳东北郊马坡村张凤梧供的"班子"，有一次挖出了两个三彩罐，因夜间灯光不亮，又兼罐子满身泥土，只按普通罐子价值给了100多元；及至次日将泥土洗过一看，彩色不但漂亮，而且还带蓝彩（唐三彩带蓝色的为最珍贵之物），嗣后竟卖到2000多元。

又有一种，是临时性的大班子。如发现有规模大的陵墓，非少数人力所能及者，就往往由当地恶霸几人出头组班，少则数十人，多则百十人，从事发掘。所用工具均由掘者自备，饮食、纸烟、蜡烛亦需自筹，可挖出东西却由恶霸们独揽，参加挖掘者所得极微。即令班子头目"开明"些的，也不免从中"吃黑"，贪污多占。倘若发掘多日，一无所得，挖掘者即算白白出力。如1926年腊月，西郊孙旗屯村在周山发掘传说中的周灵王陵和东乡金村的几次大发掘，多是采用这种形式。

古玩行的 "掮客" 与行佣

古玩商形成为行业后，也和其他商业一样，专有从事报信、撮合的人，上海称这种介绍人为 "掮客"，北京则叫 "拉纤"，是专门以此为职业的商业介绍人。北京最有名的拉纤有李竹君、张仲明，后来又有邢普明、罗九芝，末期又出来一个魏少坡。上海有名的掮客如金恒昌、金才宝及古玩茶楼内的 "八公司"。金才宝之子金重一后来做了古玩商人，致富数十万元，后在香港落户。

在北京、上海卖货有两种形式，一种是 "卖公盘"，一种是 "卖私盘"。"卖公盘" 是货物运到后，由掮客通知各古玩商，定期在某处公开买卖。人到齐后，卖主将古物取出一件，让大家看过，提出卖价，客人还价，谁出的多就归谁买去。这样一件一件地卖，卖完为止。这种卖法对卖主是有利的。人缘好些的卖主，一经熟人从中起哄，即可将价抬高，还不致被某买主垄断和压低价钱。一般初上行，带的东西多或不甚识货的卖主，多用 "卖公盘" 的方法出手。如洛阳吴文道到北京卖货，带的东西往往是十几大箱或数十大箱，所带陶器新老皆备，如不采用 "卖公盘" 的办法，很难有一人能一下把他的东西买完。开封客人到上海卖东西，也多采用 "卖公盘" 方式。然而，"卖公盘" 的多是不贵重的古物。上海有名望的大老板吴启周、叶叔仲、席少卿、程秉泉、马长生等，均不屑去 "卖公盘" 场合，怕失其身价。

所谓 "卖私盘" 者，方式简便，而且隐秘。即货到后货主先和某掮客商议卖与某人合适，然后由掮客专约某人来看东西。这种方式可替买卖双方保密，还可由掮客从中撮合，免成僵局。但对卖主来说，不利之处是往往被买主压价，或时间一长，大的买主都看过了，还无人买，就不好脱手了。所以，北京本地商人多不采用此种方式。洛阳出土文物大多珍贵，出外卖货多用此方式。

行佣，是买主给介绍人的佣金，以酬谢他的跑腿和说合之劳。其他行业也有佣金，但不普遍，独古玩一行，每次交易都有说合人，佣金是没有一次能够免掉的。古玩行的行佣是一成，即百分之十，每百元的交易必付给掮客 10 元酬谢。若一次成交数万元大额，掮客收入佣金就可达数千元。古玩行的掮客，多系原古玩业商人，因怕担受买卖亏本的风险，不再自己买卖，又因业此行已久，已是内行，经常为别人说合介绍，以专吃行佣为生。

古玩业中的"以伪乱真"

洛阳北乡南石山村（现属孟津县）高理财之父，系烧窑匠人，常赴晋南各县为人烧釉子活，供应各庙宇修建屋脊之陶兽，精巧绝伦，久负盛名。后年老力衰，退居家乡，做些小活维持生计。我小时即听到他曾做过一个"龙门全景"模型，异常逼真，轰动一时。看到唐三彩不断在北乡一代掘出，能卖好价钱，他就动手仿造，经不断改进，做出的仿制品居然看上去无懈可击，能冒充真品出售。此举引动了常跟他出外做活的人也动手大量仿制，高松茂、高松岭兄弟等就是当中的高手。他们不但仿制，而且还会修理补配破碎陶器，凡经其手，即完整如初，能鉴别真伪的老行家，一时稍不留意，也能被其骗过。高松茂的哥哥高松生，即曾把高松茂亲手烧的三彩罐子误认为真品收买。一日晚上，已另居他处的高松生回村，在路旁见到同村人手持一个唐三彩罐子从地里回家，经一番端详，即以 600 元买到手。次日他持罐往见高松茂，欲以炫耀。高松茂看了再看，最后称系己制。高松生大为不然，认定无人能仿制成如此佳品。高松茂由其室内佛龛中取出一块陶片，往罐口块陷处一对，处处紧严密合，这才使高松生舌翘，惊讶不已。嗣经高松茂说明系罐子出窑时一不小心碰掉了一小块，高松生方知受骗。还有人从他们那里买了一匹唐三彩马，因马身上泥土太多，欲放在水盆中冲洗冲洗，结果马不见了，用手向水中一摸，竟成一堆瓦片。这就说明了他们修理技巧之高超，可以整旧如新，蒙人眼目。

洛阳北乡小梁村的董月轩及东乡孔家寨的焦云贵仿制的金银器物，同样可以乱真，焦云贵在东街开银匠楼时，吴文道用 100 多元买到一个 1 尺 2 寸大的唐镜，一切均好，就是因无花纹，难售高价，即托焦为之加工，以 300 元代价做成一个金壳子。吴文道携之赴京，在火车上遇到上海客人叶叔仲亦往北京，吴当即将金壳子唐镜以 1.2 万元卖给叶。成交后，吴文道欢喜过度，车至长辛店他再也坐不住了，下车即狂笑不已，遂雇人力车前往北京。途中他仍坐不安稳，时而跳下车来打几个"彩脚"，蹦蹦跳跳，或独自大笑一阵，然后登车再走。赴京几十里路中，就这样弄了好几次，使车夫与路人莫名其妙。事后很久，一次吴文道在北京生意亏本，一说话就带哭腔，先父就安慰他说："你忘了在长辛店下车打（彩脚）的事了吧！"

除此之外，赵培荣雕刻仿造三代玉器，在洛阳古玩行是独一无二的能手，但他不以此为业，只兴致时偶一为之而已。李吉甫是修配铜器的能手，经常用各种破铜片，按照各种形状，拼凑出各类古物，卖与生手或粗心购货人，亦能取得重利。

洛阳古玩业同业公会

约至 20 年代末，洛阳古玩业日渐萧条。虽在东大街鼓楼东一带又出现了几家新开的古玩店，如赵培荣的"怡古山房"、沈云五的"云林阁"、尤达纶的"九如春"、王茂斋的"文华阁"等，但生意并不好。这时见各行业同业公会相继成立，几个接近古玩业的绅士如林笃士、王玉山等人为了假公济私，也发起成立古玩业同业公会，地点在西大街李瑞熙家中。经过事先指定，选出林笃士、于仲雅、高理财、王玉山、郭荣盛5人为常务委员（内中除林笃士系外行外，其余均"八公司"人），林笃士为主席。同业公会成立后，由于相互倾轧，争权夺利，林笃士下台，又改选潘艻九为主席，公会迁到北大街94号。后来潘任洛阳商务会长，又由林治堂接替同业公会主席，会址又迁到高平南街林治堂家内。此时公会已是有名无实了。

古玩业的衰落

洛阳古玩业，在民国初年曾兴盛一时，嗣后业务渐渐萧条，竟至呈垂死状态。大多店铺皆因捐税繁重，又无交易，为了躲避差款，纷纷歇业，也有很少数转入暗地活动。抗日战争时期，交通阻塞，货物无法外运，无形中业务完全停顿下来。抗战胜利后，虽曾出过两三次大宗货，但大多商人已洗手不干，或改营他业，对经营古玩不再有兴趣。到新中国成立后，除有极少数人暗地有些活动，其余人都正式洗手不干了。人民政府实行保护文物古迹的政策，严禁破坏、盗卖，私营古玩业从此宣告寿终正寝。

（河南省政协文史办供稿）

张大千自画像两次历险记

杨方德

前不久，我偶尔翻阅到一张成都出版的旧报纸，上面刊着一张照片：一位长髯老者，头有些秃，身着唐装微服，右手倒背于后，左手下垂握着的蒲扇从身后露出大半截来。

随眼一瞥，我不禁惊呼："这不是张大千的自画像吗？"再细看报纸，原来报上发布的消息是：有一批字画正待拍卖，其中张大千自画像的拍卖标底为人民币 10 万元……

我对这幅自画像太熟悉了！我认识持画的主人范汝愚先生，他不仅让我为自画像拍照，还给我讲起该画两次历险的事。

遥　寄

1966 年 3 月，张大千从南美三巴摩诘山中寄出一幅画和一封信，均是通过香港的李祖来先生转寄四川内江的。6 月，大千的四哥张文修及其女儿张心仁才收到。只见信中写道："四哥左右：去年得三哥来示，始知哥两足患病，不能行动，幸有仁侄侍奉，不然何以过活？老年手足天各一方，无有团聚机会，苦痛不可言……"接着，张文修父女俩展开那幅大千自画像，只见画上原题字为"独立苍茫自吟诗"，落款是"丙子春二月作于大风堂"，可见这是 1936 年老先生的自画像；而画面上还有新近的题款："心仁四侄留之……"由此不难看出：客居海外的大千居士，鉴于侄女心仁对四哥极尽孝道，故特选这幅画赠送。大千老人拳拳骨肉之情和对家乡的赤子之心，由此表露无遗。

巧　撕

张心仁得到八叔的自画像，真是万分惊喜，感慨至深，想那离别十多年的八叔，天海遥阻，虽不能亲睹颜面，可如今有他特意赠送的自画像在手，怎不是一件称心快事呢？

但张心仁的喜悦没过多久就转化成了忧虑。惊心动魄的"文革"开始了！红卫兵"破四旧"，到处打砸抢。心仁提心吊胆，唯恐红卫兵来抄查所谓"叛国画家"的老屋，她担心珍藏的八叔自画像被发现，更害怕由画像引来一场政治灾祸。她左思右想：那幅画必须毁掉，否则横遭株连后患无穷！但她又不忍心，心爱的八叔自画像怎能毁在自己手上？经过多少个日夜的冥思苦想，心仁终于想出了一个"高招"。她忍痛将画像横向撕为五块，然后将它们放在家中的角落里。这样一旦被红卫兵发现，她就可以说："我已经划清界限了，这不早就把画像撕了吗？"

精　补

1973 年，红卫兵运动已销声匿迹。张心仁稍稍放宽了心，才将画像交给了儿子范汝愚，请画家邱笑秋找人帮助修补。邱笑秋研习大千画多年，临摹几乎能以假乱真，被张氏家人代大千收为没进门的关门弟子。邱笑秋前往成都找到行家秦君寄，精心修补，终于将五块纸片还原成一幅完整的画。

1979 年，范汝愚赶到成都，出价 80 元，将那幅画作了裱糊。至此，一幅濒于毁灭的国画珍品，再度获得了新生。而张心仁已于一年前病逝。

拙 盗

1986 年的一天，范汝愚下班回家，只见房门洞开，家里被翻得乱七八糟。他万分震惊："失盗了！"他傻愣愣地站了好一阵，带着痛苦的心情急忙清点物品……那幅八公的画像不见了！

范汝愚伤心至极，痛哭流涕地自语道："看来，这贼娃子是专门来偷那幅画的哟！"时间慢慢过去，及至物品将清理完时，突然范汝愚又自鸣得意地笑了……后来范汝愚向我讲述这一过程时说：我猛然发现了大千自画像真迹，原来不过是一场虚惊！只怪那贼娃子太笨拙了，他居然将我作的一幅临摹画偷去了！

随父亲张大千莫高窟之行

张心智

父亲张大千一向好客，家里往来的朋友也是各行业的都有。其中有一位叫严敬斋，曾担任过国民党政府监察院驻甘（肃）宁（夏）青（海）监察使，他多次向父亲介绍甘肃敦煌莫高窟的石窟艺术。父亲对此极感兴趣。在查阅了一些有关敦煌石窟艺术的资料后，下决心要去敦煌看一看。

夜抵莫高窟，父亲对丰富灿烂的文化遗产赞叹不止流连忘返

1941 年春末，父亲带着姨母杨宛君和我共三人，由成都乘飞机先抵兰州，和从重庆赶来的孙宗慰先生同往敦煌。我们一行离开兰州，经过武威时，通过朋友介绍，认识了当时担任甘肃省参议会副议长的著名书画家范振绪老先生。范老先生和父亲结识后，相谈甚投，故决定和父亲一同去敦煌参观。经过几天的颠簸跋涉，我们一队人马到达敦煌城外一

座堡子里。

堡子的主人是一位大商人，叫刘鼎臣，为人耿直，广交朋友，到敦煌已经多年。听说他往返新疆经营药材皮毛发了财。在敦煌置了房地产业安家定居。他听说范老先生和父亲要来敦煌，一再向地方当局表示要接待。当我们一行到达他家后，刘先生大摆宴席盛情款待。范老先生和我父亲精神很好，特别是父亲性急。席间向章县长等人提出，次日要去鸣沙山、月牙泉参观游览。同时也表示要满足主人们的要求，待参观了月牙泉后，专门抽出三两天时间为他们写字、作画。

次日凌晨，我们一行人去了月牙泉。月牙泉在敦煌县城南约 15 华里鸣沙山下，是在沙丘围绕中的一弯天然湖泊，湖面呈月牙形，泉水从湖底涌出。离湖岸不远处，有一座小寺庙。大家在小庙休息片刻，随即沿月牙泉湖岸绕了一周。听当地朋友说，爬上鸣沙山高处，再往山下滑行，将会听到隆隆的声音，我们一行 20 多人除范老先生等少数几人没有上山外，大家都爬上了鸣沙山，然后又一齐往下滑，不到两分钟时间，果然听到四面发出轻轻的隆隆的响声，由远而近，越来越响。当我们滑到山的下半部时，隆隆的声音犹如重型轰炸机从四面而来，十分有趣。

晚饭后父亲便令我准备纸笔砚墨，当晚为求画者作画到深夜，不到三天时间，求画者的要求算是满足了。父亲紧接着向章县长等人提出要动身去莫高窟，便在次日午后 7 点左右，由章县长等人陪同骑马、坐轿车（系骡或马拉的双轮带篷的车），一行人浩浩荡荡离开住所向莫高窟进发。

莫高窟，在敦煌县城东南约 45 华里。出城十里左右即踏上了戈壁荒滩。或许是人马众多的原因，一路说笑，有人哼着秦腔，有人唱着青海花儿，一直没有间断。不知不觉到达了目的地莫高窟。这时已经是晚上 11 点多了，当晚住宿在下寺。父亲和范老先生稍事休息，便急切地带了电筒、蜡烛开始参观下寺附近的一个大石窟。这座石窟高大且深，又因为这是夜晚，石窟里更加黑暗，电筒和蜡烛的光亮在里面似乎起不了什么作用，稍远一点墙壁上的东西就看不出个所以然，但从微弱的光圈中，能看出石窟中间是一座依山而坐的大佛，高达数丈。在石窟甬道的左侧（北面）有一小窟（耳洞），父亲进入耳洞用电筒四面照看，在正面墙上见有彩绘侍女一身，面部丰满，眉目清秀，服饰线条柔和而有力，一手持杖亭亭立于菩提树下。父亲赞叹不已，反复观察，久久舍不得离去。由于骑马走了几十里路，又已深夜，加上朋友们劝说，父亲只好带着遗憾的心情回到下寺住所。他躺在炕上还对我说："听说这里有三四百个石窟，我们半天看一个，也要 200 来天。原来打算走马观花，往返 3 个月，现在看来要下马观花了，最少也要半年时间。哑弗（我的乳名），能陪爸爸在这里待下去吗？"我当时还有点留恋成都的生活，但对父亲不敢说半个"不"字，便有气无力地回答说："能。"父亲又说今晚看的那个甬道旁边的小耳洞，就是当年的藏经洞，可惜里面的写经被英国人斯坦因盗走了不少。还说政府并不是不知道，但因软弱、无能、腐败，外国人才明目张胆地公开抢劫，他们不仅不敢追问，哼都不敢哼一声。由于疲劳，后来父亲还对我说了些什么，就不知道了。

来到莫高窟的头三天，父亲一直陪伴范老先生参观石窟。因为范老先生将要返回武威，父亲更是形影不离。范老先生回武威后，父亲听说下寺经常来人，为了不影响工作，便搬到石窟南头的上寺住下。这里距离下寺大约两华里，比较安静。从搬到上寺后，父亲首先考虑的是对石窟进行记录。他沿着窟群用铅笔画了一幅石窟分布草图，按图纸给石窟临时编了号。后来父亲便每天带着我提着一盏煤油马灯，开始对石窟逐个详细观察，同时用铅笔做记录。在做记录的同时，父亲还把复杂的壁画内容以及各朝代的石窟形式、绘画特点都一一告诉了我。由于当时我仅十四五岁，对父亲所讲的领会不多，有时心不在焉，现在回想起来，真是一大损失，也是极大的遗憾！

莫高窟石窟坐西向东，由南至北，窟群排列基本整齐。有的地方有四层，也有的地方有三层或二层，以至一层。窟与窟之间原来有走廊或栈道相接连，由于自然和人为的破坏，加之年久失修，走廊或栈道已经不复存在。二层以上的石窟，后来一部分在窟内的左右墙壁开凿了一个门洞，和左右的石窟连接，故不少石窟的左右墙面上的壁画都遭到严重破坏。少数个别位置较高的石窟，攀登时必须搭梯子或从山上绕道方能进入。这给父亲记录带来极大的困难。做记录必须把石窟里所有的内容（包括塑像、壁画和题记）全部地记录下来，这不仅是繁重的脑力劳动，也是繁重的体力劳动。这一重大任务仅凭父亲和我二人，看来是很难进行下去（孙宗慰先生当时主要画石窟里的塑像）。由于石窟里面的壁画需要拷贝把画稿描下来，有很多地方需要先搭上扶梯，还要来回搬动。高处要用绳子把两架梯子绑接起来，或同时要用两架梯子并排而立，父亲上去做记录，我爬上另一梯子提着马灯给父亲照明，而下面没有人扶梯子自然十分危险。鉴于这一情况，父亲托城里的朋友介绍了两位油工师傅，一位姓窦，名字记不清了，另一位叫李复（解放后在敦煌文物研究所工作）。不久城里驻军马团长又派来四名士兵，父亲无法推辞，最后留下了两名。他们来到莫高窟后，帮助我们在石窟里搬抬梯子，父亲和我上到高处也不害怕了。请的油工师傅，都会画画，有时候父亲还请他们帮助弄壁画画稿拷贝，这就加快了父亲的记录速度，从此工作也比较顺利了。

转瞬间两三个月过去了，父亲的记录工作仅记了四五十个石窟，即便是进行到年底，也就是说半年的时间，最多也只能完成四分之一。没有记完就回成都，岂不半途而废？父亲为此反复考虑想到，来敦煌一切费用都由自己担负，长期在敦煌，从经济上说，只有出，没有入，不仅在敦煌要用钱，四川那边一大家人还要吃饭，怎么办？这些实际问题给父亲带来很大的压力，最后还是从事业着想，毅然下定决心在莫高窟待上两年。

对石窟的编号和建议

眼看寒冬即将来临，父亲虽然不停地对石窟进行记录，但距完成这项工作，还需要相当一段时间，更不要说临摹壁画了。这在人力、物力和财力上势必都要重新考虑，要有个充分的准备。父亲周密思考后，决定让姨母先回成都，让我母亲和叔伯哥哥张比德次年（1942 年）开春后携带绘画工具和材料以及四季衣物来敦煌，父亲另外又分别致函谢稚柳叔叔（著名的书画家、鉴定家，当时任监察院秘书）、学生刘力上（现任中央工艺美术学院教师）、肖建初（著名国画家，现任重庆四川美术学院副教授）同来敦煌参加壁画的临摹工作。

石窟里面有个特点，冬暖夏凉，父亲每天仍坚持记录，因起初临时编的号把大窟左右两边的耳洞也按另一个窟算，编成一个号，这就把一个大窟的整体分成三个窟，父亲认为不太合适。加之临时编号时下面一层有的小窟被沙子埋没，以后清理出来再补编号，这样就显得有些乱，如不重新编号，记录工作就难以进行。为此，父亲决定暂时停下来，给石窟重新正式编号。

编号前，父亲泡了一大盆石灰，经过滤以后，放一些盐和胶水，由油工窦、李二师傅和我以及马团长派来的两名士兵，提着石灰桶，抬着梯子，从南向北和父亲一起重新按顺序进行。

父亲对石窟的编号很认真，要求极严格，他分配我和窦、李师傅轮流爬上梯子用排笔刷石灰长方块，干后由父亲用毛笔书写号数，并向我们几个人提出：一、刷石灰方块不准影响壁画画面，梯子要轻靠，搬动要小心；二、方块要刷得整齐，大小规格虽不用尺量，但要差不多，刷石灰时不要流淌滴水，弄脏石窟墙面，特别是要注意不准脏了壁画；三、必须注意安全，防止事故发生。

编号工作进行没有几天，于右任先生（当时任监察院院长，著名书法家）和高一涵先生（当时任监察院甘宁青监察使，著名书法家）在甘肃省军政官员的陪同下视察河西走廊，来到敦煌。于右任先生和高一涵先生都和父亲有深交，故父亲没有把他们作为当时的高级官员看待，并未敬而远之。因而于先生来到莫高窟时，父亲一直陪同参观石窟并做详细介绍，回到住所还亲自下厨炒菜留于先生和高先生吃便饭。饭间，父亲对于右任先生半开玩笑而又认真地说："我张大千是一个小小百姓，只是为了追求艺术事业而四处奔波，你是政府要员，有责任出来为保护我们祖先创造的丰富灿烂的文化遗产说几句话啊。莫高窟是国宝，给斯坦因、伯希和之流的外国人明目张胆地偷、抢，把我们国家的国宝一偷就是几十骆驼运到英国等国家的博物馆收藏，我作为一个中国百姓，怎不感到羞辱?!"并向于右任先生提出莫高窟必须建立专门的管理研究机构的建议，希望于先生返回重庆后广泛宣传、呼吁，促使莫高窟的管理机构早日实现。于右任先生表示回到重庆即向政府有关方面提出成立"敦煌艺术研究所"的设想。他说重庆有关方面如果采纳他的设想，将请父亲重来敦煌工作。父亲听后笑着说："人家说和尚走八方，我是走十方，哪里待得住？再说我连书都教不好（指30年代曾应徐悲鸿老伯的邀请在南京中央大学任美术系教授），哪能负此重任呢？"饭后父亲又临时决定，让我随于右任先生便车同去青海西宁，到塔尔寺请藏族画师来年到敦煌参加临摹壁画工作。

1941 年底，父亲一人从敦煌经武威、永登、窑街到了西宁，住宿在当时的蒙藏委员会护送班禅活佛回藏的专使行署。专使赵守钰先生是父亲的好友，事先就安排好食宿，准备热热闹闹地接待一番。赵专使得知父亲青海之行目的是请藏族画师，他对父亲半开玩笑地说："你张大千有钱请几位喇嘛，但青海是'土皇帝'马步芳执政，和别的地方不一样，控制很严，你请人出青海不经过马步芳的同意是出不去的，也没有人敢跟你走，你不是不愿意跟当官的打交道吗？这次可要好好打交道了。"父亲在兰州、敦煌时，对马步芳早有所闻，看来这个交道不打不行了。他说："我是一个画画的，和马步芳素不相识，我怎么能去拜访求他？"赵守任先生了解父亲的为人。他笑着说："文人清高，臭架子还不小。这样吧，你是名人，你来了我当然要给你洗尘，也请马步芳来。"一两天后，赵先生就在专使行署办了几桌回民席，马步芳也准时到了。原来赵守任先生曾担任过军长，和马步芳的父亲是旧交，马步芳对赵先生以长辈相待，非常尊敬。父亲经赵介绍认识马步芳后，便说明了来意，向马提出邀请藏族画师的事。马步芳当即满口答应说："张老夫子（实际父亲当时只 43 岁，因留着一脸的大胡子）要请几个阿卡（指喇嘛画师）都可以，没有问题。"

父亲来到塔尔寺一个多月了，这时已是农历年底，春节将临。塔尔寺和山下不远的鲁萨尔镇呈现着一片节日的气氛。各兄弟民族身穿各自民族的服装从各地专程到塔尔寺朝拜。他们有的自带帐篷，在山坡上临时找块平地住下。父亲乘此机会带着本子去速写。有时候还"冒昧"地"闯进"蒙、藏、土等兄弟民族的帐篷里去做"客"。好客的各兄弟民族总以奶茶（用铜壶将牛奶、砖茶、食盐煮在一起）和糌粑（青稞炒面用奶茶加酥油放在碗里用手指搅拌，然后捏成小团而食）、油饼或大块手抓羊肉来接待我们。不几天父亲和他们熟悉了，交了朋友。以后父亲到他们的帐篷，总要带一些砖茶、白糖之类的东西送给他们，后来这些兄弟民族听说父亲是有名的"大画匠"，要求给他们作画留念，父亲尽管很忙，也要抽时间为他们作画，满足他们的要求。

父亲在这一段时间里，以兄弟民族生活为素材，作了许多速写。以后在国外画的《享堂峡》《醉舞图》《黑虎》等作品，大都是这次青海之行速写中积累的素材。同时还画了一批富有大西北特色，特别是富有藏族特色的作品。如《远眺三危》（在莫高窟远眺三危山）、《兴隆山小景》（甘肃榆中县兴隆山）和《藏族妇女》等，这对父亲来说还是初次尝试，父亲这两个来月，可说收获不小，但他认为收获最大的是新交了不少兄弟民族朋友，这些朋友对他在艺术创作上，从各方面给予了帮助。在这期间，父亲又托当地朋友在塔尔寺、鲁萨尔，购买了数以百斤计的藏蓝（石青）、藏绿（石绿）、朱砂等矿质颜料（这些颜料据说是从西藏运来的，每斤约 30 至 40 块银圆）。这些颜料足够我们在敦煌使用一两年。在这同时，聘请的藏族画师昂吉、三知、小乌才朗、格朗和杜杰林切等 6 人已从他们的家乡来到塔尔寺集中，等待和父亲一起出发去敦煌。

再访莫高窟，有了切实可行的计划，为大规模临摹壁画创造条件

父亲上次在莫高窟半年时间，和敦煌地方人士相处关系融洽，特别是后来渐渐和刘鼎臣、张雨亭（县商会会长）二位先生有了交往。这一次来敦煌，刘鼎臣先生早已经把父亲一行 10 人在莫高窟所需用的柴米油盐一一准备齐全。同时为解除父亲后顾之忧，使其集中精力工作，后来他每隔三四天即送一大车生活用品来。他怕父亲客气不接受，还对父亲半开玩笑地说："老夫子用不着客气，反正以后我要跟你算账的。"

这次我们到莫高窟来，加上在县城请的李复、窦占彪两位师傅和驻军马团长派的两名士兵，共 14 人，仍住在上寺。父亲为了尊重他们不同的生活习惯，14 个人就开了三个灶。为了给六位画师买酥油和青稞炒面，刘鼎臣先生骑马到很远的牧区才买到。

这次来敦煌，临摹壁画所带的各种用品比较齐全、充足。我们一住定后，第二天就开始有计划地分工进行临摹壁画的准备工作。我和李复、窦占彪加上勤务员孙好恭随父亲带着上次所勾的壁画稿到石窟里去核对，同时把要临摹的壁画按墙面尺寸量好后交给画师，以便加工画布。

临摹壁画分两组进行，我和李复、窦占彪、孙宗慰仍随父亲为一组，昂吉等三位画师为一组，留下三知等三人继续加工画布和石青等矿物颜料。父亲临摹壁画严肃认真，临摹每一幅壁画都要找同一时代、同样内容的壁画互相对照参考（因为被临摹壁画有的残缺，有的颜色起变化，需要对照参考）。他说，相互参考可以使我们临摹得更准确一些。特别是人物的面部、手脚以及人体其他露出部分，父亲都是反复观察壁画原作，然后才下笔勾线。我和李复等人的分工是每人着一种颜色，和现在的流水作业法相似。在石窟里临摹壁画，和在室内作画不大一样，特别是临摹大幅壁画的上面部分，一手提着煤油马灯，一手拿着画笔趴在梯子上，上下仔细观察壁画，看清一点，然后在画布上画一点，一天上下爬多少次梯子，就很难统计了，我当时胆子小，每当爬到最高处时（距地面 3 米左右或更高一些）。两条腿不由得就发抖，而父亲从来胆子很大，无论是攀登悬崖峭壁，或是独木高梯，都如履平地，毫不影响他的观察和动笔。我想这或许是他遍游名川大山久经锻炼所致吧。

当你进入石窟后，就会发现从石窟的顶部直到四面墙壁的底部，都是五彩缤纷的绘画，整个窟里面可以说没有一点空隙的地方，当我们临摹到壁画的底部时，还得铺着羊毛毡或油布趴在地上勾线、着色，不到一个小时脖子和手臂酸得抬不起来，只得站起来休息片刻再继续临摹，就在这样的条件下父亲带着我们一直坚持到离开莫高窟。

一个人要完成他一生事业中的一部分，并要取得一点成绩，哪怕是微不足道的一点小小成绩，必将付出相当艰巨而又艰苦的代价。然而只要下定决心向前迈进一步，就会取得迈进一步的成绩。父亲正是怀着这样的抱负来到莫高窟进行艺术的探索。到这里仅仅半个多月的时间，带领我们已经临摹壁画成品、半成品20多幅。

在临摹壁画的过程中，父亲时常对我们说：临摹不是照猫画虎就了事，而首先要把临摹的对象搞清楚。敦煌壁画大都以人物为主，在临摹时不仅要临摹出人物的形，更重要的是要表达出人物的情，不仅要形似，更要神似。他说："壁画中的佛像肃穆端庄，菩萨慈祥可亲，飞天秀丽活泼，天王、力士威武雄壮。"他又说："肃穆端庄不是呆板，秀丽活泼不是轻飘，威武雄壮不是凶恶，这些都是需要认真仔细观察研究的。"父亲说，壁画中人物的服饰，各朝代画的从表面看，似乎大同小异，如果仔细看，再多临摹几幅，就会发现有较大的差别，特别是供养人则更不一样，因为每一个朝代所画的供养人，大多是当时的人物，他们的服饰是当时的写实，所以各个朝代都有各朝代的特点。因此一定要把临摹对象的服饰以及其他特征搞清楚。比如佛像的袈裟，菩萨、飞天的裙带以及头上戴的发冠和发髻等，不搞清楚就交代不下去。壁画残缺的地方，要是照猫画虎不假思索地画上去，看起来就很不舒服，你就会发现所临摹人物的衣服，好像纽扣扣错了，或是裙子系松了，总之就像穿了一身不合身的衣裙很别扭。谈到用笔时，父亲说，中国画无论是山水、人物、花鸟，工笔或写意，都很注意笔法。他说勾线、皴擦、渲染都有个用笔的问题，勾线要用中锋，皴擦就要用侧锋，而渲染则中锋和侧锋都要用，谈到临摹的意义时，父亲说，对于初学画的人，临摹十分重要，临摹多了就掌握规律，有了心得，这样可借前人所长渗入自己所得，写出胸中的意境，创造自己的作用，那才算达到成功的境界，这样我们就有可能超过古人。但是不下苦功，是永远也达不到那个境界的。父亲接着说，有人认为画画靠天资，我并不否认。但我认为主要还是靠苦练，也就是说七分苦练，三分天资，至于功夫下得得当不得当，这里面就有个天资问题了。

临摹工作顺利地进行着，不知不觉三个多月过去了。这时已是盛夏，就在这时候我母亲和姨母以及谢稚柳叔叔、肖建初、刘力上、张比德先后分别从重庆、成都到达莫高窟。这无疑加强了临摹壁画的力量。由于人员增加，难免给刘鼎臣先生增添更多的麻烦，又逢瓜果上市季节，刘鼎臣先生几乎三天两头派大车送瓜果、蔬菜和肉类等食品到莫高窟来，使我们在莫高窟生活有了充分的保证。

转眼又一个冬季即将来临，石窟里面，虽说是冬暖夏凉，但绝大多数没有窟门，十冬腊月里，冷风长驱直入，冻得人难以招架。特别是一些较小的石窟，甬道很短，石窟距洞外很近，最冷的时候，往往滴水成冰，在这种情况下，临摹壁画十分困难。因为临摹一幅画，要在一堵墙壁的某一位置，连续工作较长时间。虽然身穿老羊皮大衣，仍然冻手冻脚，需要很吃劲地把颜色着在画布上，但不一会儿就冻住了，加之一手拿笔，一手端颜色碗，有时候还要爬梯子、上架板，极不方便，临摹效率很低，甚至很难进行。父亲对此并没有感到失望，因为父亲早在1941年对石窟进行编号的时候，对这里的冬天就已经有所了解。所以，在我们第二次来到莫高窟后，他便根据这里的气候条件，作出了比较切实可行的计划。即利用夏秋两季时间长，气候温和的特点，集中力量加速先临摹了《维摩变》《舍身饲虎》和几幅时代画面不同的《经变》以及佛经中的故事画等好几幅大、中型壁画。此外还赶制加工了大量的画布和在石窟里描下了许多释迦、阿兰、伽叶、菩萨、飞天和供养人等单幅画面的画稿，并在画稿上面标明了颜色。父亲考虑既然冬天不能在石窟里面现场临摹，即把工作转向室内进行，这样就可以临摹一部分单幅小型的壁画。我们临摹壁画的方法是先把用玻璃纸在壁画上描下来的画稿，附在用木架绷好的画布背面，迎着亮光勾在布上，然后按画稿上标明的颜色，普遍着一两层色，这样即可完成每幅画的60%～80%的工作量。

按照父亲的安排，这些中、小型单幅画，大家可以分头在住房里面上稿勾线和着色，所以进展很快，一个冬天我们就初步完成了100多幅画。

敦煌蔬菜品种比较少，冬天只有洋芋、白菜、萝卜，刘鼎臣先生对父亲生活的关照，可以说是无微不至了。每次送菜都要带几只宰好的整羊和十几盒苏联制的螃蟹和海鱼罐头。父亲那时在敦煌已经一年多，对西北的生活已习惯了。他经常请厨师何师傅做手抓羊肉，然后再用羊肉汤揪面片吃。何师傅为了让大家吃好，同时也为了显示一下他的烹调技术，还常把羊肉做成多种花样，父亲更是赞不绝口。父亲常对我和比德六哥开玩笑地说，我们在这里条件这么好，天天"打牙祭"（四川把吃肉叫"打牙祭"），要是画不好，就该挨板子喽！

石窟里面又"热闹"起来

由于人多，工作安排得比较有顺序，室内作画进展很快，但是父亲并不因取得这些收获而稍有松懈。他说，这部分画毕竟不是成品，还有大量工作要在石窟里面去做。并说：我们这次来敦煌临摹壁画，具备了三个有利条件：一是人多，力量集中；二是有青海请来的藏族画师协助工作；三是得到西北各方面的支持，特别是敦煌各界朋友的关照。父亲又说，我们算是一个民间小团体，自费来到这里工作，仔细想一想，真不容易啊，因此，不能错过机会，一定要利用这有利的条件和时间，多画、画好，否则就辜负了帮助我们的朋友，不如在家待着，到这里干什么？不是给自己过不去吗？

我们几个人和藏族画师昂吉等，分成三四个小组集中力量，突击着把一个冬天在室内所画的中、小幅壁画的半成品，又带到石窟里面去一幅一幅地照原作核对，补着颜色，从此我们的工作又转向石窟现场。我们着完颜色后，人物的面部、手、脚以及服饰等全部由父亲勾勒线条。因此，父亲出入石窟频繁，非常辛苦。

父亲作画，除画人物的五官时，由于精力集中，屏息不语外，一般情况下，总是喜欢和周围的人（主要是当地派来帮助搬梯子、抬桌凳的人）摆"龙门阵"（四川人把谈家常或讲故事，称摆"龙门阵"），天南海北无所不讲，有时候还把留声机（手摇唱机）带到石窟，等到去石窟外休息时，边晒太阳，边听唱片。他考虑到派来的士兵大多是天水、秦安一带的人，特意给他们放几张陕西易俗社秦腔著名演员王天明、李正敏唱的《蝴蝶杯》《柜中缘》和《五典坡》，让大家高兴高兴、轻松一下。当县城里的朋友来了，也是在石窟里面边看他临摹壁画，边摆"龙门阵"，直到"下班"吃饭才带着客人回到住处。在这一段时间里，沉静了一个冬天的石窟，又变得"热闹"起来。

别了，莫高窟

时间在这古老的石窟群中一天天地消逝，不知不觉又是一个多月过去了。父亲带领我们顺利地完成了冬天在室内所画的 100 多幅临摹壁画中的大部分。这样我们在莫高窟前后共临摹了大小近 300 幅壁画。这时已经是 1943 年 4 月中旬了，父亲还想临摹一些壁画，但是由于所准备的颜料、布匹、画绢等作画用品已经剩下不多，加之还计划去榆林窟临摹一部分壁画，尤其是那几位在青海聘请的藏族画师，父亲曾向马步芳表示至多不超过一年半的时间。鉴于以上原因，只得停止在莫高窟的工作，并为去榆林窟做准备。

1943 年 5 月初的一天，吃过早饭，大家把所带行李、炊具等整理好后，即由向导和驼把式（拉骆驼者）捆扎在驼背上，大家先是步行经过了莫高窟的下寺，走过了干涸的河滩，这时驼把势们才把这长长的一串骆驼，拉跪在地，让我们骑上。我们的骆驼队朝着三危山主峰方向走去，随着骆驼稳健而缓慢的脚步，在我们耳边响起了一串长久不息的、有节奏的驼铃声，这铃声打破了那漠漠荒沙旷野的沉寂，这铃声也把我们带入一个新的艺术幻境。当时，在我幼小的心灵中，仿佛觉得我们是一支古代的探险队，正在向另一座遥远的艺术宝窟勇敢而坚强地进发。当走在最前面那位向导的骆驼正要进入一道山沟时，忽然听到父亲要求驼队稍停，只见他回过头久久凝望着远处的莫高窟出神，仿佛依依惜别，不忍离去。我们也被这离情所感染，一个个回首遥望，只见远处熟悉的莫高窟山下，一片片白杨树林好像随风摇摆，向我们招手道声再见！那莫高窟山上的层层石洞，也好像无数个黝黑的眼睛在恋恋不舍地凝望着我们，我刚要向父亲说什么，却见父亲满怀深情地向远处挥了挥手，轻轻地说了声："别了，莫高窟！"

李济与旧中国的文博考古事业

———

刘作忠

　　1933 年 4 月，当时中国最大规模的现代博物馆——中央博物院（简称中博）开始在南京筹建，并专门成立了筹备处，隶属国民政府教育部，傅斯年任筹备处主任。下设自然、人文、工艺三馆，李济任人文馆主任。同年 7 月，傅斯年辞职，教育部改聘李济接任。

　　此后的 14 年中，李济除保留中央研究院史语所考古组主任一职外，还先后任中央研究院史语所副所长、社会科学研究所副所长、中央研究院评议员、史语所代所长等职。

　　李济连任中博筹备处主任 14 年，是任期最长也是最有建树的主任。他接任后，首先组建中博建筑委员会，聘张道藩、傅斯年、丁文江等任常务委员，著名建筑学家梁思成为专门委员。经勘定，商准南京市政府征收中山门内近城路北半山园旧旗地 100 亩为院址，随后又增加中央图书馆放弃征用的馆址土地 93 亩。

　　1934 年 7 月，李济主持中博建筑委员会举行第一次会议，拟定委员会《组织简章》。1935 年 4 月，第二次会议通过征选建筑图案章程，结果兴业建筑事务所建筑师徐敬直所拟方案当选，再由徐氏会同梁思成对原图进行修正。大殿屋顶为仿蓟县独乐寺山门的辽式建筑，内部结构多依《营造法式》（我国宋代朝廷颁行的一部关于建筑制度和法规的书），细部装修采唐宋遗存，内部设备则一切现代化。按计划，全部建筑分三期进行，第一期工程为全院行政办公用房和陈列馆一座，约占全部工程的58.5%。

1936年4月，中央博物院理事会成立，蔡元培、朱家骅、顾孟余、李济、傅斯年、翁文灏、王世杰、秉志、黎照寰、李书华、罗家伦、张道藩、胡适13人为理事，蔡元培为理事长。理事会负责审议博物院预算决算，监督藏品保管，为开展学术研究需要设立各种专门委员会及其他专门事项。11月12日，中央博物院举行奠基式。到1937年抗战爆发，除大殿屋面及库房外，已完成全部钢骨水泥结构，内外墙也完成了大部。

中博筹备处成立后，李济组织同人一边进行机构组建、各种规章制度的订立及建筑事宜，一边致力于藏品建设。从1933年10月起，国民政府先后将原属内政部的文物，新疆、甘肃新近出土的文物，原属中央研究院北平历史博物馆收藏的文物，一并划归中博筹备处。李济又组织专人从福建闽侯、广东东莞、安徽庐江等地收购了一批私藏文物。

根据1934年7月公布的《国立中央博物院筹备处暂行规则》，中博的宗旨是"提倡科学研究，辅助民众教育"，其任务是"为系统的调查、采集、保管、陈列，并说明一切自然科学、人文科学及现代工艺之材料与标本"。为实现这些目标，李济除个人亲自参加殷墟、城子崖等文化遗址考古发掘，所得文物备人文馆展览外，还十分注意与其他学术机构的合作。如1936年10月，接收中央研究院动植物研究所所赠大宗植物标本和实业部地质调查所历年收集的地质古物标本。

　　由于国民政府有关部门和全国学术文化界人士的大力支持，李济主持的中博筹备处从馆藏到馆舍建设，仅短短几年已具相当规模，且有序、快速地发展。

　　然而，日本帝国主义发动的侵略战争，给中华民族也给中国的文博和考古事业带来了空前灾难。除中博停建外，持续十年的殷墟发掘也被迫停止。

　　抗战爆发后，时任中央研究院总务干事的傅斯年因院务羁绊，将史语所日常事务委托李济。这样，李济指挥史语所和中博筹备处两个学术机构开始了艰难的流亡之路。

　　先说中博筹备处。李济与同人们选择藏品，分装多箱，一部分密存南京朝天宫故宫仓库和上海兴业银行。大部分珍品则于 1937 年 7 月离宁迁汉，旋入川，在重庆南岸沙坪坝建库储藏。1939 年 5 月，重庆惨遭日机轮番轰炸；6 月，中博文物分三批迁昆明，小部分存四川乐山。次年 6 月，太平洋战争爆发后，昆明上空时有日机轰炸。8 月，中博筹备处再迁四川南溪县李庄镇西的张家祠。此后至抗战胜利，未复播徙。

　　再说史语所。经过不分昼夜的努力，将多年搜集的文物全部原始记录装箱；能运走的尽量运走，实在运不走的大件物品（如带有器物压纹的"花土"块等），封箱留存南京。

　　史语所西出南京后，经武汉到达长沙。因日机轰炸不断，三个月后再度西迁。

　　自长沙西迁前，考古组的尹达、祁延霈、王湘、杨廷宾等几位青年学人决意投笔从戎。临别前，李济、董作宾、梁思永等在长沙公路边一个叫清溪阁的小饭店，挥泪为壮士们饯行。这次考古组同人大分离，此后再也未能团聚。

　　中央研究院史语所和中央博物院筹备处的同人们，冒着敌军人的炮火，护送着价值连城的 1000 多箱文物和十多万册图书资料，陆续到达了昆明。这些可敬的学人没有在战争中沉沦，而是迅速恢复各自的工作。尤其可贵的是：正在英伦求学的吴金鼎、曾昭燏、冯汉骥、夏鼐等一批青年考古专家，应恩师李济之召，毅然返回苦难中的祖国，参加中博筹备处的工作。为正在艰难延伸的中国考古事业，增添了一批生力军。

在李济的主持和推动下，这批生力军为中国的考古事业创立了不朽的功勋：冯汉骥只身前往川北岷江上游羌族地区考察和发掘并有论文，开川西高原考古发掘研究之先声；吴金鼎先在中和山麓发现了"南诏文化"，接着又和曾昭燏、王介忱一起，在大理附近发现了史前文化遗址——"苍洱文化"；夏鼐在甘肃宁定齐家墓，第一次从地层上找到仰韶文化早于齐家文化的证据……

在昆明的两年时间里，李济除了指挥史语所和中博筹备处两个学术机构外出考察、发掘和室内研究外，还致力于殷墟出土陶片和陶器的研究（如各类陶片的比重实验）。

当时的文博和考古事业，交通、房屋、设备、资料都非常困难，而且经费奇缺。1938 年 6 月，为保管汉画像石棺及元兴铜镜等文物，需经费百元，李济竟为之奔波两日方获解决。

云集于此的诸多中华精英，抱着必胜的信念，克服诸多困难，从事教学与科研，为战后重建培养人才和积累成果。

由于战时医疗条件太差，李济的爱女鹤徵、凤徵，于 1939 年、1942 年先后在昆明和李庄病逝。中年连丧二女，给李济的打击是巨大的。面对国难家痛，李济没有沉沦，而是化悲痛为力量，致力于中国的文博和考古事业。

西迁昆明不久，李济即先后派员赴陕西宝鸡、三原等地调查彩陶遗址，赴大理、苍山调查史前遗址。1939 年 3 月始，由李济主持，对大理附近的十处文化遗址进行发掘。到 12 月，在中和山麓南诏遗址掘获带字瓦片 100 余件，其中一片有"大罗全四年"字样。由此证明南诏史前文化与仰韶、龙山两文化之差异。这项发掘、研究成果，由李济主撰成《云南苍洱境考古报告》一书，于 1942 年由中央博物院筹备处刊行。

1939 年，李济被推选为云南民族学会会长，并受聘为云南大学兼职教授。他曾应邀为云南民族学会作《民族学发展之前途与比较法应用之限制》的学术演讲，讲稿于 1941 年发表在《国立云南大学社会科学学报》第 1 期。

1939 年 5 月，为赞助在苏联举行的"中国艺术展览会"，李济选出部分殷墟出土文物及图表，送往莫斯科东方文化博物馆参展。苏联学人基塞廖夫获见殷墟出土珍品，大受启迪，乃据以推断其在叶尼塞河上游发现之卡拉苏克文化之年代。

1940 年 1 月，李济在昆明收到来自英伦的聘书，他被英国皇家人类学会选聘为荣誉会员，这是第一位中国人获此殊荣。

1940 年冬，滇越一线战局日趋恶化，史语所和中博同人先后由昆明沿金沙江迁至四川南溪的李庄。

木船停泊李庄，却发生了一段意想不到的插曲：民夫们将大箱小箱抬上岸时，发现了箱内的人头骨和体骨标本，顿时哗然：这个上头迁来的啥子机关"吃人"！这些民智未开的山民，一时群情激愤，摩拳擦掌，史语所同人大有随时挨打、被"轰"之险。李济与傅斯年等赶忙与地方官员和士绅交涉，请他们向山民解释：人骨是从土里挖出供研究用，并非"吃人"。一番口舌，总算化险为夷。

此后六年中，中博、史语所和先后迁此的同济大学、中国营造学社、金陵大学文科研究所和中央研究院社会科学研究所等文教学术机关的同人，在李庄度过了一段生活清苦、却无炮火惊吓、相对平静的日子。地处西南一隅的李庄，一跃成为抗战大后方的三大文化中心之一。

迁李庄不久，"历史语言研究所之人类学组，扩展为体质人类学研究所筹备处"。

李济和同人一起，采取室外考察、发掘和室内研究、整理两头并举的方针，努力开展工作。

1941—1942年，史语所、中博筹备处和中国营造学社合组"川康古迹考察团"，先在四川彭山县发掘79座汉墓，出土文物数百件；后在甘肃、陕西一带考察古迹及遗址，取得了一定成绩；1942年，史语所、中博筹备处和四川省博物馆合作，在成都发掘五代前蜀王建墓，颇有收获。这些考古发掘和考察，规模虽不算大，却为我国考古工作者在战争年代独立进行，其意义远远超过活动的本身。

1943年10月，李济主持中博筹备处同人，在偏僻的李庄举办了一次为期仅一日的史前石器展览，这是中博在抗战间第一次公开展览，8000余名观众扶老携幼赶来参观。后来，展品加入周代铜器移至重庆，举办"史前石器和周代铜器展览"，使山城观众大开眼界。李济还专为展览写了一篇题为《远古石器浅说》的文章，对进化论学说进行深入浅出的讲解。

1944年，李济还应重庆中央广播电台之邀，在电台播讲《博物馆与科学教育》。总之，他利用一切机会，不遗余力地普及考古知识，弘扬中华文化。

在李庄时期，中博筹备处还先后举办过"贵州夷苗衣饰展览""汉代车制展览""中国历代建筑图像展览""云南丽江么些族文物展览"等。这些内容丰富的展览，对启发当地民智发挥了积极的作用。1945年，中博筹备处还选送一批文物照片，参加在印度孟买举行的"国际文化展览会"。

在李庄几年里，李济除了处理中博筹备处和史语所日常事务，还要不时赴重庆参加中央研究院评议会和中央博物院理事会。

剩下的时间，不是在李庄板栗坳（史语所址）进行出土陶器、铜器研究，就是埋首于李庄张家祠（中博筹备处办公处）的案头写作。

这一时期，李济的主要论文和杂著除了前列的《民族学发展之前途与比较法应用之限制》《远古石器浅说》和《博物馆与科学教育》三文外，还有《古物》《小屯地面下的先殷文化层》《〈李霖灿么些象形文字字典〉序》《研究中国古玉问题的新资料》等。

中博筹备处在积极进行文物调查、发掘和标本采集的同时，室内的整理和研究也在抓紧、有序地进行。李济委派曾昭燏负责。具体为：将馆藏文物及标本逐渐在登记卡上注明编号、质料、形制、装饰、大小、好坏、出土地及收集者姓名等；配合发掘人对文物或标本进行绘图、拓片；对出土的漆器、木器设法修复、保存。

为将研究成果及时编辑出版，供社会各界使用，中博筹备处专门成立了由李济、郭宝钧、曾昭燏、王振铎等组成的编辑委员会。先后刊印了《国立中央博物院筹备处概况》《远东石器浅说》《云南苍洱考古报告》等专著。

1943 年，李济与曾昭燏合著，探讨博物馆组织、管理、建筑、设备、收藏、保存、研究、教育等诸方面的《博物馆》一书在重庆出版。该书首次提出博物馆具有保存有价值的物品、辅助研究工作、实施实物教育和精神教育等多项功能。以及关于文物价值的标准，博物馆的收藏标准以及有关收集政策、组织研究等。

据统计：抗战以前和抗战期间，李济主持同人对全国 8 省 23 县的 60 多处的文化遗址进行了发掘，对 14 省 60 多县的 400 多处文化遗址进行了调查，收获巨大。

1945 年 8 月，日本宣布无条件投降。就在日本宣布投降的当日，李济召集中博筹备处同人集会庆祝，他在讲话中指出："日本投降……昭告原子能新时代之来临，我们每个人都当有新的认识，也有了更重要的新责任。"

1946 年春，李济率中博筹备处和史语所同人复员回南京后，旋以"盟国对日委员会中国代表团顾问"及"专门委员"的身份随团赴日。其"专门的责任为调查战争时期日本劫去的中国的书画、古器物及一切与文化有关的物品，并与盟军总部商量要求赔偿的步骤，预备为讲和约时作一个具体的方案"。他后来忆及这次非同寻常的日本之行，感慨地说："随着中国代表团到日本作一位顾问，在我多少是一种追寻丢掉了的灵魂的心引导出来的决定。"

李济等人于 3 月 31 日到达日本，在美国主持的盟军总部有关人士的帮助下，经五周的努力，十箱"周口店出土的化石"和"大同阳高寿安等地发掘的文物"被追回。另外，还有"书籍 158873 册，古物、字画、拓本、佛像、寺钟、刺绣等 2000 件"也被追回。

在日本期间，李济曾五次寻找"北京人"头骨，均未获结果，直到晚年，他还以此为终身憾事。

高山仰止忆朱公

——记文物学家朱家溍先生

梦　棠

朱老走了！时间是 2003 年 9 月 29 日。

朱老走了，这之前，见到中央文史馆和故宫博物院的朋友，我总急切地打听他的病情怎样，可听到的多是沉重的消息，我有所预感，但仍没有想到他老人家走得这般急匆匆！

多年来，我因为喜欢书画、文物，加上爱去故宫，后来有幸认识了在故宫工作的几位老前辈，比如已故的单士元先生、刘九庵先生，比如朱家溍先生、王世襄先生，等等。我对他们充满了钦仰之情，在我的心目中，他们都是一座山，一座需仰视可见的高山。而这其中的朱老又是我最为崇敬、交谈也较多的一位长者。

朱家溍先生是享有盛誉的著名文物专家、历史学家、文物收藏家、戏曲研究专家。他头上的"衔"很多，一个一个都是响当当，了不得！都属于"极品"，令人景仰不已。朱老是故宫博物院研究员（现只有两名，他和王世襄先生）、国家文物局文物鉴定委员会委员、中央文史研究馆馆员、九三学社社员。

朱家溍是浙江萧山人，生于 1914 年 8 月 11 日。他 90 年的生涯，几乎全是和文物打交道。其中又有 60 年，在故宫搞文物工作，朝夕相处，乃至投入了全部的心血和生命。

朱老走了，离开了他心爱的文物研究事业，离开了他视之如家的故宫，走了。斯人已逝，往事如昨，许许多多的回忆却依然新鲜——

后宫布展循原状　龙椅重修见前容

朱家溍先生和故宫博物院有着源远流长的凤缘。这不仅是朱家溍一代，甚至是朱家两代三代说不尽的话题。朱家溍是宋代理学大家朱熹的二十五世孙。他的高祖朱凤标为道光十二年进士，宦至太保体仁阁大学士。他的父亲朱文均，是近代著名碑帖收藏家、书画鉴定家，任故宫博物院专门委员时，负责鉴定故宫院藏古代书画碑帖。20 世纪 20 年代中，故宫首次对外开放，尚是稚童的朱家溍就由父亲领着手走进这深幽神秘的紫禁城宫苑，他后来回忆说："当时我刚 12 岁，还什么也不懂，但也知道这是皇上住的皇宫，百姓是不能进来的。而我今天不但能进来，而且每个院落都走过了，实在是件了不起的事……几年后，我又来过故宫一次，是张作霖在北京任大元帅时期。我还记得我买了一本故宫编印的《掌故丛编》——当时我已经是中学生了，认字多了，能够读这样的期刊了。"

"九一八"事变后，南京国民政府在 1933 年从北京的故宫博物院、颐和园、国子监等处收集的数十万件中华民族文物瑰宝，装箱南运西迁，以求国宝不至在战火中损毁。1934 年，又在伦敦举办一次中国古代艺术展，那是中国古代艺术品第一次大规模出国展出，全部绘画艺术品是由朱文均所选定，展毕，这些文物装成 83 箱，运至贵州安顺。之后的五年中，不知多少次地艰难而巧妙地避开了日寇的轰炸和炮火，直到1943 年，国民政府派军用卡车将其急运重庆南岸海棠溪向家坡，年轻的朱家溍这时刚从辅仁大学毕业，正在此间"粮食部门"供职，于是被借调来当临时工，他非常高兴。他们先把文物 83 箱小心翼翼地抬着装上汽车，到中央图书馆，再小心翼翼地抬下汽车，走上几十层台阶，放进库房，再把陈列室打扫得窗明几净，再打开箱子，搬出卷、册、轴陈列起来，再照着目录写陈列卡片。几十年后，朱老回忆当时的情景说："青年时代刚刚参加工作时的思想活动现在还记得很清楚的，一边工作，一边欣赏。""这时候的享受真是无法形容的……我们夜以继日忙个不停，那时候年轻，也不知道累。""更重要的是，我们当时的工作都非常谨慎小心，挪动每一件文物都如临深渊、如履薄冰，又似千斤重担在肩，唯恐有一点闪失而弄坏了国宝——这 83 箱都是故宫最尖子的文物啊！"

一晃到了 20 世纪 60 年代初，在故宫博物院工作有年，朱家溍已成为上受领导器重下受同人尊重的业务骨干。经他过目的古文物不计其数，他是清史专家，人称"绝学"。1964 年时，故宫决定布展储秀宫，朱家溍无疑成了业务的带头人，当时工作难度、工作量都极大。因为要恢复储秀宫的"原状"，怎么设计、怎么布置、里里外外、上上下下，心里没谱儿。无资料、无实物，再遍查国外博物馆陈列资料，也没有参照的先例。怎么办？朱家溍和几位年轻人就一头扎进档案馆，在积尘数寸如小山般的档案里，寻找清代各朝时期的相关文字材料，之后，根据文字的确凿记录，又扑进同样堆积杂乱的仓库里，一件一件地找出当年后宫妃嫔们日常饮食起居使用的杯盘碗盏、桌凳屏几及镜奁盆架，乃至闲时玩赏的金玉珍玩，力求件件有来历、桩桩有缘由，最后终于完成了任务。朱家溍后来总结了几点：一、完全根据史料、档案记载，一物一事必有依据地布展。二、力求做到"原状陈列"，但又不是"原状保留"，即在整体上保持"原状"后，还要注意适当地取舍、剪裁，要有主次之分，有常备和临时之分。如布置一室，其中日常用的壶碗、痰盂、帽架、如意等应不缺欠，而其他玩赏的物件要酌量而取。三、布展中的物品，要切合主人的身份、性格、爱好和需要。如布展晚清慈禧房间时，因她平时喜爱兰花，因此把她曾喜欢的一幅"兰"画，装裱好，挂在墙上……正因此，储秀宫的文物展览，不仅在故宫内，而且在国内、国外文博展览业绩中，迄今仍成为优秀典范。

朱家溍在故宫工作还有一件大功劳，即寻找修复太和殿的宝座。故宫是明清两代皇帝"君临天下"和居住的地方，是全国的中心，而太和殿则是故宫的中心，皇帝处朝政的宝座——龙椅，无疑是中心的中心，人们参观故宫，如果没有到太和殿去看一下那雕龙髹金大椅，近乎没有"完成任务"。而这把龙椅，在袁世凯窃国称帝时给换掉了，后又弄得不知下落。20 世纪 50 年代末，朱家溍从一张 1900 年（光绪二十六年）拍的老照片上，看到了从前太和殿内部的原貌和陈设。由此，他用心查找，终于在一处存放残破家具的库房中，发现了一个破旧难辨的髹金雕龙大椅，经研究考证，它很可能是明嘉靖时重建皇椅殿后的遗物。迨至清康熙时，重修太和殿，这把椅子经修理又重新使用，直到袁世凯时代才被撤出去，又遭损毁。1963 年，故宫决定修复这把珍贵的但又伤痕累累的宝座，朱家溍承担此重任，根据史料记载和图片（如康熙帝画像等），费时 934 个工日，于 1964 年 9 月，终于把一座几乎被埋没消亡的龙椅焕然一新地摆放在它应有的位置上，陈列在亿万观者期盼一睹的太和殿宝座之上。朱家溍先生为此付出了不少的心血和智慧。后来，有人问他："您这样锲而不舍寻找，为了什么？"他语重心长地说："太和殿是故宫的中心，展览说明写的是'原状陈列'，可'宝座'弄成假的，这不是撒谎吗？国内外一天到晚那么多观众，居然看假货，这怎么对得起他们？这是我们干博物馆的人的耻辱！"

披沙留金识巨迹　名碑法帖献国家

说起朱家两代——朱文均先生和朱家溍兄弟先后三次将全部家藏文物珍品捐赠国家，总数量超过万件，已成为文物界一件感人的佳话。朱家的义举大德堪为世人楷模，朱家目的在于使珍贵的文物珍品所具备的历史价值、研究价值和艺术价值充分得以体现和保护，并极大地发挥它们的公共职能，以服务于国家和人民。

朱家溍先生一生致力古代书画等文物的研究和鉴定，他是国家文物鉴定委员会委员、国家文物局社会文物专家组成员。比如1992年至1997年间，他与国家文物局专家鉴定组一起跑遍了全国，对各省、市、县博物馆、考古所呈报的一级文物，进行复查、确认。鉴定工作的全过程中，有人专看陶瓷器，有人专看青铜器，有人专看玉器，三类以外，不论是书画碑帖还是工艺美术品类的各种器物则都由朱先生负责鉴定，为此，他被称为国家文物鉴定委员会中鉴定门类最多的专家。朱先生为人虚怀若谷，当别人称之为"鉴定大师""国宝"时，他微笑着直摇头，说自己不过是普通的"博物馆工作者"、一名"故宫人"。

说起朱家溍的博学精鉴来，可以从20世纪50年代他初入故宫认出两件宋画真迹说起。那时，在故宫库房中有三间屋堆放着几个大木板箱，外面贴着法院的封条，这即是所谓的"易培基盗宝案"物证，其实这是一桩"莫须有"的冤案，后因证据不足，终未构成犯罪。不久，法院请来著名鉴定书画名家黄宾虹先生鉴别故宫藏品是否有假文物。当时有这么一种分析逻辑：即认为故宫内不会有假画，所以倘若发现有假的，则必是易培基抵换过的，于是黄将一批认为是假的东西挑出来，法院就将其装箱封存贴上封条。当时还是年纪尚轻的朱家溍找到马衡院长，大胆建议撕下封条，要一箱一箱、一件一件逐次重看上去，这一看不要紧，竟有两幅宋画被朱家溍认出来了，朱觉得不仅笔墨色彩古雅，更重要的是画作所浮现出的那种气息神韵，是造假者造不出来的。两件名迹即宋徽宗的《听琴图》和马麟的《层叠冰绡图》。朱家溍高兴地跑到马院长处汇报，马衡听了也大喜，使人立即取出这两幅宋画，送到钟粹宫书画陈列室陈列。两件价值连城的"国宝"，在朱家溍的慧识下，没有轻易流失，真是故宫博物院乃至国家民族的幸事。几十年后，朱老说："当时我30多岁，实际上是青年人的幼稚思想，要显示自己的眼力，能在大批假东西中把真东西挑出来。现在想起来也很可笑，不过那天的确收到我所想到的效果。"

再说说朱家献宝的事情：朱家两代父子五人，于1954年、1976年、1994年三次曾将家藏大量文物捐献给国家，让世人钦敬不已。1954年，已故朱文均先生的遗孀张女士遵承丈夫遗愿，率子朱家济、朱家源、朱家溍将家藏碑帖706种无偿捐献给故宫博物院。其中许多精品十分罕见。如北宋拓《九成宫醴泉铭碑》、宋拓《皇甫诞碑》、元拓《李靖碑》等，其中有的竟是传世孤本。

"文革"期间，朱家一连几次被抄家，苦心收藏的大量书籍、字画、古家具被抄走。到了1976年，政府把被抄财物退还，朱家兄弟认真思考后，即把一批明清家具捐献给承德避暑山庄，将2万多册善本图书捐献给中国社会科学院历史所，他们心里放松多了，也高兴多了。

1994年，朱家溍又和兄弟四人商量后，再次将家中珍藏的几十件古代名画，捐献给浙江省博物馆，让人赞叹的是，其中有五代李成和南唐朱澄，还有宋代夏圭和许道宁的作品，堪称稀世之珍。

回想当年朱家为收藏这些古物珍品，曾付出了巨大的心血和财力。

朱文均老先生在世时，虽在当时属于高收入的人，但不能排在富户之伍，他有好收藏的瘾，就节衣缩食，用过日子的余钱来购置了许多名碑法帖，比如为了买那本珍贵的宋拓《九成宫醴泉铭碑》，一咬牙，使了高利贷，借得4000块银圆。后来为了还贷，又不得不狠了狠心卖掉了两幅自己心爱的名画：沈周的《吴江图卷》和文征明的《云山图卷》。

朱家把视若自己生命、融入全家心血的珍藏无偿献给了国家，朱老曾意味深长地讲："正是因这些家具、碑帖、古代善本图书和古人字画非常珍贵，我们才把它捐献给国家。我保留这些是个负担。我们这个大家庭，后代是怎么个生活方式，他们有没有能力保存着这些文物，我们当老家儿的不敢保证。把它们捐献出来，交给国家保护，这些文物才能得到很好的收藏。我们兄弟也等于卸了包袱——我们兄弟已经把有价值的东西都捐献了，我已变成了一个无产者，活得坦坦荡荡了。"闻者无不肃然起敬，同时让人想起，朱老生前一直和家人居住在狭小简朴的平房里，屋里几乎没有几件像样的家具。然而他却不以为忧，依旧不改其乐，一心想着国家，终身献给故宫文博事业，他曾明白告示世人："解放后，我没买过一件文物，也没卖过一件文物。"

如山典籍精门径　等身编著倍苦辛

朱家溍先生在目录版本学上堪称是著名专家。这当然和他家学渊源密不可分。自幼生长于诗书世家，藏书宏富，陶染深彻。后来他进辅仁大学文学院，在国文系得到学士学位，在大学攻读期间，亲聆古文字学家沈兼士、史学家陈垣、目录学家余嘉锡以及训诂学家陆宗达诸先生的教诲，在古籍整理研究上打下了坚实的基础。20世纪90年代末，在《收藏家》杂志上，自创刊号起连载的《介祉堂藏书画器物目录》《欧斋藏碑帖目录》《六唐人斋藏书录》原是朱先生青年时代所编，足见先生在此领域内的深厚学养和功力。

80 年代初，为配合全国公藏系统联合目录《中国中籍善本书目》的编纂，朱老主持了《故宫现存善本书目》的鉴定和编选工作，包括选善和著录。与此同时，为培养年轻后学，他在馆里举办讲座，传授有关版本及文史方面的知识、经验，他循循善诱、诲人不倦的精神，已在故宫人口皆碑。90 年代初，故宫图书馆编纂大型图书《两朝御览图书》，由当时的馆长徐启宪先生和朱老领军作战，朱老任主编定的书名。然后确定体例，编选书目、图片至全部文字定稿，朱老认真、细致，要求所有工作人员不得有半点粗疏、一丝懈怠，最后由朱老总其成，700 多本，他逐字逐句地审读，并用朱笔润色，再用毛笔小楷撰写了一篇序言，追述故宫藏书及其目录的历史沿革。此后，朱老又主编《故宫珍本丛刊》的编选工作，确定了 1100 余种珍本图书和 1600 余种清代南烩与州平署剧本和档案，朱老为之撰序。1997 年，新闻出版署将其列入"九五"国家重点图书出版规划，册数达 731 之多。朱老还主编了《明清帝后宝玺》《清代后妃首饰》《历代著录法书目》等。更应提及的是由朱老主编的大型图书《国宝》的编选出版工程。内容包括青铜器、书法、绘画、瓷器、玉器、漆器、珐琅、木器、织绣等门类。1983 年由商务印书馆香港分公司出版。同年，法兰克福国际书展将此书列为本年度第一流图书。另外，由人民美术出版社出版的《中国美术分类全集》400 册，其中有 12 册，也是由朱老主编。

近年由朱老选编的《养心殿选办处史料辑览》（从雍正朝至宣统时期共分五辑）正由紫禁城出版社陆续出版。其中又浸含了他大量的心血和智慧。朱老从 20 世纪 60 年代开始关注故宫档案资料，为研究宫廷历史、鉴定文物和恢复清宫原状陈设认真寻找根据、依傍，他不惮劳苦，一连用几年时间进行抄录收集。进入 90 年代，他年事已高，又身兼数职，仍一如既往地抄、誉、整理标点。日前已出版的《第一辑·雍正朝》，系雍正元年至十三年间雍正帝有关养心殿造办处的谕者和管理人员的奏事记录，全部由朱老亲自选辑、标点而成，对于研究者和一般读者具有很大的实用价值。同时，该书大量披露秘藏清宫内的档案材料，其内有许多正史无载的枝节末梢，细读，可以获得许多难得的信息……还应特别提到的是，朱老撰写了《前言》，这是一篇导读性很强的文章，以平实的语言论述了造办处的设置、规模、职能及沿革，管理大臣上至亲王下到办事者的升擢调用。还详细地统计出画作、玉作、珐琅作等各行各业的名手 160 余人，指出其姓名在其他史籍中从未记载过，可填补清代工艺美术史上的空白……大量的辨析、发现、梳理、抄录等工作都彰显了一位老文物专家的敬业精神和真知灼见。朱老功不可没，遗憾的是他已不能一一亲睹他这些丰硕的劳动成果。

朱家溍先生约从 60 年代中期始到故宫图书馆工作，30 年来，在很多图书编纂过程中，他既是整体策划的指挥官、业务导师，同时又是具体工作冲锋陷阵的工作人员。查找书籍，埋头在库里东翻西找，一天接着一天，编目录卡片，伏案书写，又是一天接一天，还时时不忘指导青年人，手把手地教，比如告诉他们在行文中使用"此书"和"该书"两个词语是有差别的，不可混用。在引证论述上，告诫大家：起码不能出"硬伤"，否则不仅是水平问题，而且要贻误后人。他还尽量给青年人提供展露才华的机会，想方设法把他们推上去。

古贤楮墨滋灵性　小楼绝艺有真传

朱老在工作上是精深卓越的大专家，同时，他又是个才艺出众、爱好情趣多样而高雅的人。几十年来，尽管布衣陋室、粗茶淡饭，但精神生活健康、丰富，没有不良嗜好。上大学时，少年壮志，强身为报国，喜好各种体育运动，足球踢得好。后来多年喜欢摄影，拍风景、拍文物，虽然无心做摄影家，但拍照片时很是用心。到老了，仍不怕辛苦，出差到外地，仍不忘背上自己的相机。晚年撰写了厚厚的上下两册《故宫退食录》，正文前，有十几幅图片，他特意选用了自己拍的两幅摄影作品，一幅《静物》，一幅《兰》，选材、构图都很有水平，且蕴意深远，让人赏心悦目。朱老晚年还特别喜欢盆景艺术，也许是为了消解案牍劳乏，在他的办公室里、家里，都摆放了许多他买来的盆景，把四时花木和大千世界缩现于咫尺之内。这爱好，竟影响了周围的同事，也学着朱老买盆景、谈盆景。

当然，让朱老一生深爱的还有笔墨丹青，因为生于书香世家，收藏甚多，使他得以熏染陶冶，再加上个人努力学习，因此，年纪尚轻，已是淹通书画、妙擅丹青了。由于工作需要，朱老喜欢写楷书，而且多是小楷，自幼临习唐碑，如欧、颜、柳诸家，汉隶也写得好，深得古法。早年曾向溥心畬学画，多获大师指教。工作后，虽然很忙，还常常静下心来，花几天的工夫临摹古画。如1998年，朱老连用数日精心临摹了《五牛图》，并在上面题识："韩滉五牛图久佚海外，周恩来总理自香港购回，仍藏于故宫。今逢总理诞辰百年之际，临摹此图，以志不忘。"后来，1997年，香港回归，他临摹了《临冬至阳图》，"以志吉庆"。他还临有《浙江上人画山水卷》等，皆古法备至，形神具妙，几可乱真。

除上述爱好之外，要说朱老的最爱，则是京、昆戏曲，这也许仅次于他对文物的爱好和钻研了。舞台上各个行当的戏他会100多出，尤其是对杨小楼的武生戏，他钟情于此长达80年，登堂入室，造诣非凡。

朱家溍早年在辅仁大学上学时，就以能演正式生戏闻名。过去许多文人都爱唱票戏，唱老生的多，唱旦角的少，唱武生的要武术的基本功，所以，票友多不曾学过武术，也不敢擅动武生戏。朱家溍七八岁时，常随祖母去吉祥剧院看杨小楼、梅兰芳的演出，得以瞻望风仪，尤其杨的武生戏竟使这个幼童痴迷不已。后来，家里举办堂会戏，杨小楼、梅兰芳、余叔岩等名伶必不可少。年幼的家溍一看就到下半夜，而毫无倦色，他后来跟父亲说要学戏，而且只学杨小楼，父亲想了想，答应了，但告诫他，学戏可以，但要认真，并且日后不可以此为生下海唱戏。父亲的意愿还是要他读好书，以期大成，将来对社会有用。父亲为他请了好几位名师，其中有杨小楼的女婿刘砚芳、名票友红豆馆主溥侗等，和他一起练功的是杨的外孙刘宗扬。

朱家溍 13 岁首次登台演《乾元山》，扮哪吒，得到杨小楼的赞许，杨指着家溍对自己的几个徒弟说："朱家四哥儿的坯子比你几个都强！"有一年，故宫在神武门城楼上辟为剧场，由博物院中的同人来演戏，朱家溍主演《摘缨会》，连舞带唱，尤其武生的"短打"极见功力，深得杨小楼真传。朱家溍对杨执弟子礼，毕恭毕敬，亲聆教示，终身服膺。

1951 年，为支援抗美援朝，故宫博物院业余剧团发起捐款义演，从正月开始每周演两场或三场。在《阳平关》《莲营寨》中，朱家溍演赵云，博得观众阵阵喝彩。后来演《长坂坡》时，张伯驹先生看完戏，特意跑到后台，对正在卸装的朱家溍高兴地说："真正杨派的《长坂坡》！现在演《长坂坡》赵云没有够上杨派的，只有你这一份！"

到了 20 世纪 90 年代中，一次朱老回忆自己的业余生活时说：我爱演戏，唱练做表，是自我艺术享受……每年必有一至三次，规模比较大的是 1985 年北京市举办京昆艺术节，有我一场京戏《青石山》、一场昆剧《寄子》，都是和梅花演员宋丹菊合作的。1989 年有中国戏曲学院和北京京剧院举办的杨小楼 110 岁纪念演出，我演《湘江会》。1990 年徽班进京 200 年大会，有我一场《别母乱箭》，1994 年纪念余叔岩，我又演了《别母乱箭》。另还有几次在剧场演出京剧《戏凤》《别姬》，昆剧

《卸甲》《告雁》《刀会》《小宴》等。

朱家溍对杨派武生艺技，钻深研透，崇仰先贤，眷念师门，甚得其中三昧，他扮演的武生赵云、关羽等，都是虎将，唱念做打，一一细心琢磨，为此，一举手、一投足，无不虎虎有生气，八面威风。屈指一算，杨小楼先生已辞世 60 余载，他的嫡传弟子如李万春等都已不在人世，现在能传杨派绝艺的，恐怕只有朱家溍了。故此，名宿姚玉芙断言："朱先生的杨派武生，再也找不到第二位了。"戏曲家黄宗江这样评价朱老："犹如杨小楼再世，有乱真之美。"

梁思成与"北京保卫战"

———
窦忠如

一

完整保留北京古城原来格局另辟新区，是梁思成城市规划思想之一。那么，北京古城为什么会选择在这样的一个位置，它的整体格局到底有着怎样的魅力，竟然使梁思成不惜付出巨大代价予以保卫呢？梁思成参照燕京大学侯仁之教授在清华大学发表《北京的地理背景》演讲稿，曾在《北京——都市计划的无比杰作》一文中这样写道：

北京在位置上是一个杰出的选择。它在华北平原的最北头，处于两条约略平行的河流的中间，它的西面和北面是一弧线的山脉围抱着，东面和南面则展开向着大平原。它为什么坐落在这个地点是有充足的地理条件的。选择这地址的本身就是我们祖先同自然斗争的生活所得到的智慧。

北京的高度约为海拔五十公尺，地质学家所研究的资料告诉我们，在它的东南面比它低下的地区，距今四五千年前还都是低洼的湖沼地带。所以历史学家可以推测，由中国古代的文化中心的"中原"向北发展，势必沿着太行山麓这条五十公尺等高线的地带走。因为这一条路要跨渡许多河流，每次便必须在每条河流的适当的渡口上来往。当我们的祖先到达永定河的右岸时，经验使他们找到那一带最好的渡口。这地点正是我们现在的卢沟桥所在。渡过了这个渡口之后，正北有一支西山山脉向东伸出，挡住去路，往东走了十余公里这支山脉才消失到一片平原里。所以就在这里，西倚山麓，东向平原，一个农业的民族建立了一个最有利于发展的聚落，当然是适当而合理的。北京的位置就这样的产生了。

此后，北京"随着政治经济的变动而发展着改变着"，至于成为城市的历史，我们可以一直上溯到距今3000多年前的西周初年，这从北京琉璃河商周遗址的考古中已经得到证实。历史上的北京城，从西周的蓟丘，到西周末年被燕国灭亡而成为燕都，再到唐代的幽州城、辽代的南京城、金代的中都城，3000多年里一直绵延不绝。不过，那时的北京城城址在今天北京城西南的广安门一带，还称不上是什么规范化的城市。后来，蒙古人消灭金王朝时舍弃了金中都原来的地盘，重新选址、改建和扩建新的城市，并成为当时世界上最为知名的国际性大都市——元大都，今天的北京城就是在元大都的基础上建设起来的。

只是，短暂得不足百年的元王朝，都城规划建设初具规模，统治者还没来得及品味元大都的风采，就被朱元璋的大明王朝所取代了。接管元大都的是被朱元璋分封为燕王的第四个儿子朱棣，这位后来成为明成祖的一代枭雄，对元大都的营建十分用心，特别是当他从侄儿建文帝手中夺过皇位后，便一心想着要迁都北京。为了把北京建成世界一流的大都市，明成祖朱棣汲取了以往朝代都城建设中的经验，首先对城市作了通盘规划，用几条干线和支线把整个市区划成许多四四方方的小块，然后再在各方块中作细致的规划，所以明朝的北京城内街道十分整齐，还兼有比较完整的下水道系统。

不过，明王朝的北京城并不是元大都的旧址，而是有了很大的改建。例如，元朝时北京的南城墙在今天的东西长安街，而明朝就往南扩展了许多；德胜门外土城是元朝的北城，而明朝时则往南收缩了五里地；北京外城的建筑，则是因为明朝为了抵御蒙古人的进攻而后建的。还有就是北京的紫禁城，原先也不是元朝的皇宫，而是朱棣重新选择地点进行建造的。当然，明成祖朱棣修建的紫禁城也并非原封未动地保留到现在，而是经过了多次的扩建和改建。

在从事建筑学研究的科学家梁思成的眼里，北京城和故宫紫禁城又有另一番审美情趣。对此，梁思成于 1951 年 4 月发表在《新观察》杂志上的"北京——都市计划的无比杰作"一文中曾有细致描述：

构成整个北京的表面现象的是它的许多不同的建筑物，那显著而美丽的历史文物，艺术的表现，如北京雄劲的周围城墙，城门上嶙峋高大的城楼，围绕紫禁城的黄瓦红墙，御河的栏杆石桥，宫城上窈窕的角楼，宫廷内宏丽的宫殿，或是园苑中妩媚的廊庑亭榭，热闹的市心里牌楼店面，和那许多坛庙、寺塔、宅第、民居。它们是个别的建筑类型，也是个别的艺术杰作。每一类，每一座，都是过去劳动人民血汗创造的优美果实，给人以深刻的印象；今天这些都回到人民自己手里，我们对它们宝贵万分是理之当然。但是，最重要的还是这各种类型、各个或各组的建筑物的全部配合；它们与北京的全盘计划整个布局的关系；它们的位置和街道系统如何相辅相成；如何集中与分布；引直与对称；前后左右，高下起落，所组织起来的北京的全部部署的庄严秩序，怎样成为宏壮而又美丽的环境。北京是在全盘的处理上才完整的表现出伟大的中华民族建筑的传统手法和在都市计划方面的智慧与气魄。这整个的体形环境增强了我们对于伟大的祖先的景仰，对于中华民族文化的骄傲，对于祖国的热爱。北京对我们证明了我们的民族适应自然、控制自然、改变自然的实践中有着多么光辉的成就。这样一个城市是一个举世无匹的杰作。

梁思成还充满想象地建议："在有了飞机的时代，由空中俯瞰，或仅由各个城楼上或景山顶上遥望，都可以看到北京杰出成就的优异。"然而，面对这"一份伟大的遗产"，不仅当时诸多的国人特别是执政的领导者不能认识到或予以欣赏，而且对企盼予以全面科学保护它的"梁陈方案"进行了无端的批判。其实，对于"梁陈方案"从来没有文字上的正式否定，或者是口头上的答复，完全是杳无音信地置之不理。

既然渴望以"梁陈方案"全面保卫这壮美无比的北京旧城已宣告失败，梁思成不得不"退而求其次"，希望对已经不可阻止地进入了旧城的新建筑，通过规划的方式予以合理安排，尽量减少对北京旧城整体布局和文物古建筑的损坏。可没想到，自此梁思成不得不一而再地"退而求其次"，直到生命在已无完肤的批判中凄然消亡为止。

二

1952年春，根据北京市人民政府秘书长兼都市计划委员会副主任薛子正的指示，都市计划委员会责成陈占祥和另一位规划师华揽洪以行政中心设在旧城为原则，分别组织人员编制北京城的规划方案。

至于为什么没有让梁思成来担纲组织编制这一规划，也许与他在"梁陈方案"之后连续发表文章或直接上书周恩来总理等领导人强烈要求保留旧城另辟新区的行为有关，特别是在他所有作为得不到任何反应之后，梁思成竟然直言不讳地批评全国人民都万分景仰的毛泽东主席"可以领导政治、经济，但他不懂建筑，是不能领导建筑的"。既然你梁思成固守"梁陈方案"观点不放，执意要与苏联专家以天安门为中心建设行政中心的"正确"建议"分庭抗礼"，那即便你是都市计划委员会唯一的专家级副主任，也只好靠边站了。

梁思成虽然靠边站了，但他并没有放弃自己保卫北京城的抗争，而是不屈不挠地采取"退而求其次"或者说是"步步为营"的策略，开始对被他"称为一串光彩耀目的中华人民的璎珞"——北京城墙的保卫战。

然而，对于这样"一件极重要而珍贵的文物"，主张拆除者竟然大有人在，为此还引发了一场针锋相对的激烈辩论。主张拆除者认为：1. 城墙是古代防御工事，它已经完成了自己的历史使命，失去了应有的作用；2. 城墙是封建帝王的遗迹，是为保卫封建统治者的利益而建造的；3. 城墙不仅阻碍城市交通，而且限制或阻碍了城市的发展；4. 城墙由大量砖石筑成，如果拆除不仅可以利用其地皮修建公路，那大量城砖还可以用来建造诸多房屋。对此，梁思成于 1950 年 7 月在《新建设》第二卷第六期上发表了《关于北京城墙存废问题的讨论》一文，不仅认为以上"看法是有偏见的、片面的、狭隘的，也缺乏实际计算的"，如果再从"全面城市计划的观点看来，都是知其一不知其二的，见树不见林的"，而且还条分缕析地对于主张拆除城墙者的"理由"予以一一驳斥。

首先，梁思成认为城墙虽是古代防御工事，但只要利用的好，依然能够发挥它应有的作用。梁思成说："现代的都市计划，为市民身心两方面的健康，为解除无限制蔓延的密集，便设法采取了将城市划分为若干较小的区域的办法。小区域之间要用一个园林地带来隔离。这种分区法的目的在使居民能在本区内有工作的方便，每日经常和必要的行动距离合理化，交通方便及安全化；同时使居民很容易接触附近郊野田园之乐，在大自然里休息；而对于行政管理方面，也易于掌握。北京在20年后，人口可能增加到400万人以上，分区方法是必须采用的。靠近城墙内外的区域，这城墙正可负起它新的任务。利用它为这种现代的区间的隔离物是很方便的。"

除此之外，梁思成还为主张拆除者设想说："隔离固然隔离了，但是你们所要的园林地带在哪里？"对此，梁思成不仅从城市的现状出发做了巧妙规划，还以此引导人们进行一次美妙的憧憬。他说："城墙外面有一道护城河，河与墙之间有一带相当宽的地，现在城东、南、北三面，这地带上都筑了环城铁路。环城铁路因为太接近城墙，阻碍城门口的交通，应该拆除向较远的地方展移。拆除后的地带，同护城河一起，可以做成极好的'绿带'公园。护城河在明正统年间，曾经'两涯甃以砖石'，将来也可以如此做。将来引导永定河水一部分流入护城河的计划成功之后，河内可以放舟钓鱼，冬天又是一个很好的溜冰场。不唯如此，城墙上面，平均宽度十公尺以上，可以砌花池，栽植丁香、蔷薇一类的灌木，或铺些草地，种植草花，再安放些园椅。夏季黄昏，可供数十万人的纳凉游息。秋高气爽的时节，登高远眺，俯视全城，西北苍苍的西山，东南无际的平原，居住于城市的人民可以这样接近大自然，胸襟壮阔。还有城楼角楼可以辟为陈列馆、阅览室、茶点铺。这样一带环城的文娱圈，环城立体公园，是全世界独一无二的。"

古老城墙不仅有以上的现代功用，梁思成还从国防军事上予以考虑说："假使国防上有必需时，城墙上面即可利用为良好的高射炮阵地。"

如此，"古代防御的工事"，在现代不是"还能够再尽一次历史任务"吗？

其次，梁思成对城墙是封建帝王的遗迹一说，很不客气地批驳道："这是偏差幼稚的看法。故宫不是帝王的宫殿吗？它今天是人民的博物院。天安门不是皇宫的大门吗？中华人民共和国的诞生就是在天安门上由毛主席昭告全世界的。"随后，梁思成又提醒主张拆除城墙者说："我们不要忘记，这一切建筑体形的遗物都是古代多少劳动人民创造出来的杰作，虽然曾经为帝王服务，被统治者所专有，今天已属于人民大众，是我们大家的民族纪念文物了。"

再次，梁思成对于城墙阻碍交通和限制城市发展这一主要论调，似乎不屑于聒噪太多，因为这个问题他曾多次发表文章予以解释。对此，梁思成认为："这个问题只在选择适当地点，多开几个城门，便可解决的。"而"现代在道路系统的设计上，我们要控制车流，不使它像洪水一般的到处'泛滥'，而要引导它汇集在几条干道上，以联系各区间的来往"，所以"正可利用适当位置的城门来完成这控制车流的任务"。另外，梁思成还认为："城墙并不阻碍城市的发展，而且把它保留着与发展北京为现代城市不但没有抵触，而且有利。如果发展它的现代作用，它的存在会丰富北京人民大众的生活，将久远地为我们可贵的环境。"

最后，对于拆除城墙利用城砖进行其他建设的看法，梁思成不仅很耐心地算了一笔账，还从多种假设情况出发进行了分析。他说："城砖固然可能完整地拆下很多，以整个北京城来计算，那数目也的确不小。但北京的城墙，除去内外各有厚约一公尺的砖皮外，内心全是'灰土'，就是石灰黄土的混凝土。这些三四百年乃至五六百年的灰土坚硬如同岩石；据约略估计，约有1100万吨。假使能把它清除，用有20节18吨的车皮组成的列车每日运送一次，要 83 年才能运完！请问这一列车在 83 年之中可以运输多少有用的东西。而且这些坚硬的灰土，既不能用以种植，又不能用作建筑材料，用来筑路，却又不够坚实，不适使用；完全是毫无用处的废料。不但如此，因为这混凝土的坚硬性质，拆除时没有工具可以挖动它，还必须使用炸药，因此北京的市民还要听若干年每天不断的爆炸声！还不止如此，即使能把灰土炸开，挖松，运走，这 1100 万吨的废料的体积约等于十一二个景山，又在何处安放呢？主张拆除者在这些问题上面没有费过脑汁，也许是由于根本没有想到，乃至没有知道墙心内有混凝土的问题吧。"

对于拆除城墙利用其地皮的观点，梁思成依然耐心地分析说："苦心的朋友们，北京城外并不缺少土地呀，四面都是广阔的平原，我们又为什么要费这样大的人力，一两个野战军的人数，来取得这一带之地呢？拆除城墙所需的庞大的劳动力是可以积极生产许多有利于人民的果实的。将来我们有力量建设，砖窑业是必要发展的，用不着这样费事去取得。"另外，"如此浪费人力"和物力所得到的结果，竟然是"要毁掉环绕着北京的一件国宝文物——一圈对于北京形体的壮丽有莫大关系的古代工程"，以及"对于北京卫生有莫大功用的环城护城河"。如此，"这不但是庸人自扰，简直是罪过的行动了"。

然而，关于北京城墙存废的争论，很快被执政者的决策所终止。对此，有一天梁思成从城里开完会回到清华园，在谈到北京市一位负责人在会议上所说"谁要是再反对拆城墙，党内就开除他的党籍！"如此，即便是代表科学和理性的梁思成也只能"知难而退"了。

随后，北京雄伟壮丽的城墙在北京市民义务劳动那嘹亮的号子声中消失了。

三

古老雄壮的北京城墙被"突破"之后,"拆改大军"开始向城内纵深发展,准备进一步扩大"战斗成果"。对此,实力过于悬殊的"守城小分队"在梁思成率领下只能采取零星的"巷战",逐一保卫那遍布北京城的文物古建筑。第一场"遭遇战"首先在天安门前"打响"了。

原来,在天安门东西两侧曾有两处被人们习惯称为东三座门和西三座门的明代建筑(新华社记者陈军注:据北京市文物研究所顾问张先得考证说,此为长安左门和长安右门,真正的东西三座门应该分别在现在南池子南口以东和以西),它们与天安门城楼及中华门共同组合成了一个"4"字形的广场。主张拆除者认为,这两座门严重阻碍交通和队伍的游行活动,特别是在"节日游行阅兵时,军旗过三座门不得不低头,解放军同志特别生气",而且"眼巴巴盼着到天安门前看看毛主席"的游行群众,"有时直到下午还过不了三座门,看不着毛主席"。于是,拆除三座门对于解放军和广大人民群众来说是势在必行的。

不过,经历拆除城墙那场"阻击战"的"拆改大军",这次没有采取"硬攻"的方式,而是充分发动群众,在天安门前声泪俱下地控诉三座门的"血债",希望以此将"守城小分队"围困在"人民战争"的汪洋大海中。很显然,经历了长达28年革命战争的"拆改大军"的统率者,他们个个都是"攻城专家",不仅深谙"政治攻势"的策略,而且更懂得"人民战争"的无比威力。然而,誓死要捍卫北京城文物古建筑的梁思成并没有退缩,在1952年8月11日召开的北京市各界人民代表会议上,"护城小分队"的骨干林徽因代表梁思成发言,一度使人民群众倒戈相向,竟将"拆改大军"会议的组织者陷于"绝境"。目睹"战场"情况发生意想不到的逆转,运筹帷幄的会议组织者不得不另想良策，决定再次上演"梁陈方案"那场戏，也就是"关起门来"在党内解决此事。

于是，在"一夜之间这两座三座门就不见了"。至此，发生在天安门前的这场"遭遇战"，最终以"护城小分队"的彻底失败而宣告结束。然而，让人想不到的是，"护城小分队"的首领梁思成竟然在这次会议上当选为北京市人民政府委员会的委员。

其实，梁思成应该能够想到他所领导的这场"北京保卫战"的结局，可他的选择只能是破釜沉舟，因为他实在是太爱北京城的这些瑰宝了。即便早在新中国成立之初梁思成就明白新的城市建设必将有损于珍贵古建筑的道理，即便他那"新旧两利"的"梁陈方案"被无情地打入"冷宫"，即便北京城墙保卫战惨遭失败，即便现在连天安门前的三座门他也未能保住，但北京城内还有众多古建筑珍宝等待他的护卫，他别无选择。既然如此，"战斗"仍将继续。

四

新的"战斗"从拆保牌楼开始。

对于梁思成来说，北京城里的牌楼不仅是极为重要的文物古建筑，属于人类文化瑰宝，还有一种衬托北京城整个市容风格不可替代的作用。作为数百年国都的北京城，由于早在元大都时全城就被分为 50 坊，故牌楼的数量比其他所有的城市都要多。到了明朝时，北京城被分为四城（区）36 坊，并兴建了许多新的牌楼；清代北京虽被分为 5 城（区），但坊数及格局并没有大的改变。

据考证，新中国成立后第一次拆除牌楼是 1950 年 9 月初，拆除的是东公安街和司法部街牌楼。然而，同月北京市政府为了配合国庆活动遵照周恩来总理的指示，不仅组织人员对城门和牌楼等文物古建筑进行调查，还提出了修缮计划。对此，时任北京市建设局养路工程事务所综合技术工程队队长孔庆普后来在接受记者采访时说："我们对城楼、牌楼做了保护性处理后，写了个报告。市里要求进一步调查，以便更好地加以修缮……写完报告，10 月中旬报给张友渔副市长，张副市长跟吴晗副市长说，你去找梁思成，告诉他北京要修城楼、牌楼。梁思成非常高兴。11 月下旬的一天，在市府东大厅开完会后，薛子正对建设局副局长许京骐说：'修缮城楼的事，总理批了，政务院还将拨一部分款子来。总理说：毛主席很关心北京的古代建筑和历史文化古迹，城楼和牌楼等古代建筑是我们祖上劳动人民留下来的瑰宝，应注意保护好，我们的国家现在还很穷，需要花钱的地方很多，修缮工程暂以保护性修理为主。估计拨款不会太多，先编制一个修缮计划和预算，等政务院拨款后再具体安排。'" 1951 年 4 月，北京市政府对东西长安街牌楼等进行了全面维修。对于北京市政府的这一举动，想来梁思成自然是极为欢迎和高兴的。

不料，时间仅仅过去了一年，风向便来了个一百八十度的大转弯，理由依然是老生常谈——交通问题。对于这种"片面强调'交通'，借口'发展'来拆除文物"的行为，梁思成于 1953 年 8 月 12 日致信中央领导希望及时制止，并举例予以说明：历代帝王庙前牌楼"所在的一段大街，既不拐弯也不抹角，中间一间净宽 6.2 米，足够两辆大卡车相对以市区内一般的每小时 20 公里的速度通过，不必互相躲闪，绝对不需要减低速度；若在路面中线上画一条白线，则更保绝对安全。两旁的两间各净宽 5.15 米，给慢行车通过是没有问题的"。意见相左，于是交锋也就在所难免。

在梁思成上书中央领导一个星期后，也就是 1953 年 8 月 20 日，北京市副市长吴晗受命主持召开"关于首都文物建筑保护问题座谈会"，会议一致同意由北京市人民政府和政务院文化部社会文化事业管理局等部门共同组织一个调查小组，根据都市计划委员会提出的意见，对北京市一些急需解决和可能发生问题的文物古建筑，进行了逐项细致地调查、绘图和摄影，其中包括东四牌楼、西四牌楼、金鳌玉牌楼、地安门牌楼、东交民巷牌楼、西交民巷牌楼、历代帝王庙牌楼（景德坊）、东长安街牌楼、西长安街牌楼和大高殿牌楼等。

调查测绘结束后，北京的牌楼随即便面临着三种命运，即保、迁、拆。根据政务院制定的文物保护原则，在公园和坛庙内的牌楼得以保存，大街上的除了成贤街和国子监的四处牌楼外，其余的全部被迁移或拆除。其实，换句话说也就是不妨碍交通的可以保留，其他的统统为交通让路。这样的结果显然不是梁思成所需要的，因为牌楼是北京城美丽形体的重要点缀，如果街上的牌楼全部挪动位置或直接拆除，将会严重损毁北京城的街景。为了取得梁思成的理解和支持，周恩来总理不得不亲自找他谈心，听取他发表了长达两个小时的意见，但最后周恩来总理只能用"夕阳无限好，只是近黄昏"作答。

于是，"拆除大军"开始肆无忌惮，在北京城内大肆拆除牌楼及城楼等文物古建筑。对此，梁思成不仅痛心疾首地对中共北京市市委书记兼市长彭真直言道："在这些问题上，我是先进的，你是落后的……50年后，历史将证明你是错误的，我是对的。"

1954年1月至1956年6月，在北京城内展开的大规模拆除牌楼等古建筑之战，梁思成无疑又一次失败了。因为至此北京城内跨街牌楼仅剩四座，即成贤街两座和国子监两座，其余都销声匿迹。不过，在这场北京城内古建筑保卫战中，梁思成还是有一次也是唯一一次胜利的，而赢得这场胜利的原因则是周恩来总理在其中起到了关键性的决策作用。对于这一事件的全过程，罗哲文先生后来撰文记述：

1953 年，一股要扫掉北京古建筑的极"左"思潮在一些人的思想中泛起。开马路要笔直，开车要无阻拦，大街上表现古老北京街景的牌楼、牌坊已在拆除之列，与紫禁城角楼相媲美的大高殿习礼亭拆走了，西长安街金代庆寿寺双塔拆毁了，眼看轮到团城了。

思成先生对团城的存废问题，忧心忡忡。我们文物局当时住在团城，又是担任保管之事的，更是日夜不安。郑振铎局长叫我写一篇团城的文章，照片要多，文字不计，发表在"文参"上。

我理解他的意思，是要留下资料吧！我为了保团城之事，几次到都市计划委员会找先生商量。他也是心急如焚，把苏联专家也动员了出来，赞成保护。我曾在团城上两次接待了他和苏联专家，共同寻求办法。最后思成先生不得不去面见周总理，恳陈意见。

周总理亲自两上团城进行实地勘察，决定中南海围墙南移，马路稍一缓弯，把北京这一重要史迹和文物保存了下来，为子孙后代留下了珍贵遗产。决策之明断在总理，而曲直周旋，来回奔走，得以玉全，先生之功不可没也。

对于这种面呈或直接上书总理等国家最高层领导的做法，在文物古建筑保护这件事上似乎是屡见不鲜。不仅在梁思成时代存在，即便是后来乃至今天也经常被专家学者所采用，这并不是因为专家学者乐于此道，而是情势所迫，不得已而为之。

罗哲文：新中国文物保护事业征程中的"国宝栋梁"

窦忠如

2009 年 6 月 14 日，在江苏无锡举行的第二届"薪火相传——中国文化遗产保护年度杰出人物"的颁奖典礼上，被誉为新中国文物保护事业征程中的"国宝栋梁"、85 岁高龄的著名古建筑学家罗哲文，被授予中国文化遗产保护终生成就奖。

确实，作为中国古建筑研究肇始机构——中国营造学社招收学徒中的唯一健在者，罗哲文自 1940 年底考入中国营造学社开始从事古建筑研究保护事业，至今已经走过了近 70 年的漫漫征程。在这一征程中，罗哲文从一个年仅 16 岁的小学徒到如今中国古建筑学界的执牛耳者，从一位不知文物为何物的巴蜀乡间学子到中国文物博物馆学界最具号召力的一面旗帜，从一名从未正式进入正规院校接受现代学术训练的旁听生到享誉世界的学术名家……罗哲文的成长经历、人生智慧、治学领域和学术成就，无不充满着极为迷人的魅力，而所有魅力的起源应该说都来自于他对中国文物保护事业的执着和热爱。

编制"简目"迎解放

1948 年，人民解放军在全国各个战场上开始实施全面反攻，国民党军队节节败退，由国民党华北最高军政长官傅作义将军亲自坐镇的北平城在年底也陷入人民解放军的包围中，去留问题成为仍居北平城内诸多人员一个事关前途命运的重大抉择。对于罗哲文来说，他的去留问题依然与恩师梁思成紧密相连，而梁思成不仅坚决拒绝登上国民政府专程派来接他及北平城内其他高校知名学者的飞机前往台湾，而且还以实际行动表示其热忱欢迎人民解放军进驻北平城的决心。

1949 年 2 月，中国人民解放军进入北平后，梁思成组织清华大学建筑系部分师生和中国建筑研究所有关人员，在极短时间内编制出了长达100 多页的《全国重要文物建筑简目》（以下简称《简目》），并立即交由华北高等教育委员会图书文物处进行大量印刷，然后又以最快的速度分发到全国各地人民解放军部队的高级将领和指挥员手中。

在编制这份《简目》的过程中，梁思成带领大家从查找资料到刻写钢版、折页装订、包裱封面等，如同当年在李庄出版《中国营造学社汇刊》第七卷那样自力更生。与此同时，梁思成还对这份《简目》的具体内容及封面和版式设计亲自定夺，至于罗哲文则不仅参与了这份《简目》编制的全过程，而且担任了全书的钢版蜡纸刻印工作。对于这份明确写有"主要目的，在供人民解放军作战及接管时保护文物之用"说明的《简目》，罗哲文后来评价说："这份《简目》虽然极为简要，但是它却饱含着思成师、徽因师和中国建筑研究所这一学术团体多年的成果。把它发到解放军中之后，不仅在解放战争时期起到了保护古建文物的重大作用，而且在解放初期开展古建文物调查、保护、研究工作上也起到了积极作用。它已经成了新中国文物保护史上的一个早期重要历史文献。"

筚路蓝缕的开创者

1950 年底，罗哲文作为最年轻的专家进入名家云集的文化部文物局，担任著名学者郑振铎局长的业务秘书，并负责全国文物古建筑保护、维修和研究的管理工作。新中国成立之初，文物保护事业也是百废待兴，面对神州大地上满目疮痍的文物古建筑，罗哲文开始积极投身到文物古建筑的大规模修复中，并借鉴国外文物保护经验促进了新中国文物保护事业的起步与发展。

新中国文物保护事业起点低、起步晚是不争之事实；虽然说新中国成立以前各解放区人民政府也曾发布过各种保护文物的通知、布告和指示等，但是这些通知、布告和指示还谈不上全面、准确、科学与合理；虽然新中国成立以后中央人民政府同样制定并颁布了诸多关于文物保护方面的条令、条例和法规，但是从最初十多年间所制定并颁布的条令、条例和法规中，却不难发现外国有关法规对其之影响，借鉴外国文物保护经验的痕迹还很明显。在学习和借鉴国外经验的时候有一个如何学习和借鉴的问题。罗哲文很快就意识到了这一问题，并在学习借鉴过程中总结和掌握了扬弃的原则与经验。

罗哲文进入文物局工作之前，曾在清华大学选学过英、俄、德、法、日等五门外语，其中下功夫最大的是俄语，这为他在新中国成立之初借鉴苏联经验促进中国文物保护事业起步与发展起到了重要的积极作用。比如，罗哲文先后翻译的《苏联建筑文物的保护、研究和宣传普及问题》和《苏联建筑纪念物的保护》两篇文章，以及紧随其后撰写的《谈文物古迹的普查工作》《关于发挥文物保护单位作用的几点意见》等论文，都对新中国文物古建筑保护事业起到了筚路蓝缕的作用。

善于学习且学习能力很强的罗哲文，在学习借鉴苏联经验的同时，更善于针对中国文物古建筑保护工作的实际情况，总结出适合于本国文物古建筑保护的经验和方法。比如，针对新中国成立之初还没来得及对古建筑进行普遍鉴别和评价致使保护范围过大的情况，罗哲文经过广泛调查和深入研究之后，提出了这"本是一个客观规律，但是在过去漫长的岁月中却没有被充分认识"的一条原则，即"重点保护、重点保存"的原则，从而使新中国文物古建筑保护事业开始进入到"自觉、有计划、有目的"的科学之正常轨道上来。再比如，在如何解决文物古建筑与新建设之间矛盾的问题时，罗哲文在遵照中央人民政府提出"两重两利"（即"重点保护、重点发掘"和"既对文物保护有利，又对基本建设有利"）方针的基础上，提出应该在"客观权衡文物保护和新建设两者之间的轻重"之后，可以采取以下三种比较合理的方式加以解决：第一，当某一古建筑十分重要而又不能搬动，如果与新的建设发生矛盾，新的建设就要为保护这一重要古建筑让路。新建工程或是另选地址，或是绕道而行。第二，当某一新的建设工程十分重要而又必须在这一古建筑的位置上进行时，这一古建筑就要为新建工程让路。如果这一古建筑的价值不是很大的，在做了详细的测绘、记录之后即可予以拆除。如果这一古建筑价值重大，即应把它迁移他处重建保护。第三，如果古建筑的价值重大，也不能搬迁他处，新建工程又必须在古建筑所在位置进行时，就要采取工程技术上的措施把古建筑在原地保护起来。罗哲文参照苏联经验并结合中国实际情况所撰写的这些关于文物古建筑保护的论文，不仅在新中国成立之初对新中国文物古建筑保护事业具有某种关键性的指导意义，即便是在今天仍然不失其参考和借鉴作用，有些甚至已经成为中国文物古建筑保护事业的纲领性文件和指导原则。

除了书本文字方面的学习借鉴之外，罗哲文于 1957 年前往捷克斯洛伐克进行为期八周的访问一事，当属实践学习借鉴之实例了。

在当时那种形势严峻的政治环境下，文物局局长王冶秋不因罗哲文是旧时代过来的专业知识分子之故，鼎力举荐他与时任陕西省博物馆馆长的武伯纶组成新中国第一个出国访问的文物专家考察团，前往捷克斯洛伐克进行参观访问，实在是极为难能可贵的。对此，罗哲文在1995年文物出版社出版的《回忆王冶秋》一书中撰文回忆说："1957年，文物局第一次派出的文物专家出国考察团，仅有我和武伯纶同志两人。后来听武伯纶同志说，行前冶秋同志专门向他介绍了我的情况，对我作了表扬和赞许，说我是一个年轻有为的可靠的专业工作者，这次和他出国考察是可以信赖的。"在历时两个多月的参观访问中，罗哲文与武伯纶两人参观访问的内容丰富、收获巨大。两人回国后撰写的《记捷克斯洛伐克的文物保护工作》一文描述："在布拉格、贝尔诺、布拉底斯拉发、哥西侧等城市及其附近的乡镇，我们一共参观了城堡、庄园二十处，山洞二处，城楼二处，大自然保护区一处，城墙、城楼四处，教堂一百余处及全部作为保护单位的城市数处。又参观访问了布拉格、贝尔诺、布拉底斯拉发、马尔金、哥西侧、斯弗棱等城市的三十六处博物馆（包括画廊及纪念博物馆等）。"除此之外，罗哲文和武伯纶两人还与捷克斯洛伐克文物及博物馆的负责人、科学工作者、文物修复工作者举行过多次座谈，相互交流两国关于文物保护及博物馆方面的诸多经验，从而使两人对该国文物与博物馆事业的行政管理、组织机构、人员配备和科学研究等方面有了较为深入的了解。

在学习和借鉴外国经验促进新中国文物古建筑保护事业的道路上，罗哲文当属最早的探索者和先行者之一。

"万里长城第一人"

关于罗哲文与长城真正结缘的时间，最早可以追溯到新中国成立以

前，即 1947 年。这年冬季的一天，对中国建筑研究所工作极为关注的
恩师林徽因把罗哲文叫到她身边说："和谈早已破裂，内战已起，要出
去到外地考察测绘甚是困难，你能不能想办法到北平附近的地方去看
看。过去学社在北平距长城很近，但总因为随时都可以去而搁置，殊知
一搁就是十多年了。长城是古建筑中很重要的一项，不能不去调查测绘一
下，工作量相当大，你年轻，先去打个头阵，探一下路，有可能再叫致
平、宗江他们去。"

于是，接受恩师指派自己单独考察古建筑任务的罗哲文，开始细致
查找了相关的资料和地图，决定前往居庸关·八达岭和古北口这两处长城
进行勘察，这不仅因为这两处都是万里长城的重要地段，而且距离北
平的路程也都不远。不过，当时这两处长城正是国共两军对峙的一个缓
冲地段，罗哲文经过打听后获知双方还没有打起来，于是他就选择一个
暖阳温和的好天气，带上一架旧相机及简单用品只身前往。当时由于通
往这两处长城的交通十分困难，罗哲文经过坐车、骑驴和步行等几种方
法的交替使用，花费好几天的时间才算完成了"初探"。遗憾的是，后
来由于国共双方的战况越来越紧张，林徽因心中所拟定的长城考察测绘
计划就此落空。然而，林徽因的遗憾在某种意义上却成就了弟子罗哲文
的幸运，这不仅是因为罗哲文对长城的那次"初探"时拍摄的"古北
口和八达岭的照片，今天已成为历史老照片，因为现在已经改观，有的
已经不存了"，更因为罗哲文这三个字如今与长城融为一体，并成长为
世界最著名的长城学家。

1952 年，随着新中国各项基本建设飞速发展，全国文物古建筑的维
修工程也同时全面展开。为了适应国家当前形势并满足国内外游客对长
城的向往之情，时任中央人民政府政务院副总理兼文教委员会主任的郭
沫若，提出修复长城、对外开放的建议。于是，开通柏油马路工程交由

交通部门负责，修复长城则顺理成章地成为文物部门责无旁贷的工作。1952 年早秋的一天，罗哲文接到通知说局长郑振铎有重要任务交代给他，他急忙赶往局长办公室，迈步进入局长办公室时，发现这里几乎是座无虚席，已有十多位同事在座，原来这是郑振铎局长为了修复长城而特意召开的一次筹备动员会。在这次动员会上，作为中国营造学社培养出来的曾接受过中国古建筑学术系统训练的一名年轻专家，罗哲文被郑振铎局长亲自委以重任，担任修复长城这一重大任务的负责人。

罗哲文当天便挑选了十多名得力助手，先从广泛查阅有关史料开始着手。在浩如烟海的史料中，罗哲文等人经过细致耐心的爬梳整理，敏锐地意识到号称"万里"的长城，在经过漫长岁月的侵蚀之后，当时能看出基本形体的仅占全长的十分之一，而基本保存完整的又仅占能够看出形体的十分之一，即便如此，要想将基本保存完整的长城段落全部进行修复，那也是绝无可能之事。为此，行事向来稳妥的罗哲文，果断地选定了居庸关·八达岭和山海关这两个重要地段作为修复重点。对于罗哲文的这一决定，不仅当时的郑振铎局长表示认可和赞赏，即便是在今天看来仍不失为一个具有前瞻性的明智选择。既然如此，深谙修复文物古建筑应当先行进行实地勘察这一真理的罗哲文，随后便带领人员前往当时还隶属于河北省的居庸关·八达岭进行勘察。对于勘察居庸关·八达岭的具体经过，罗哲文后来这样回忆："我们乘火车到八达岭车站以后，步行或骑毛驴上山。当时的八达岭满目荒凉，从明代以后，已经三四百年没有加以维修了。站在长城上，我为能参加新中国的首次维修工作感到光荣与骄傲。当时工作的条件比起现在来是相当艰苦的。八达岭上的几间小屋已经墙倒屋塌，根本不能住宿，可是，有一次为了考察关沟中的情况，不得不在三堡的一间小屋中和衣过夜。夜风吹来，简直与露宿毫无差别。考察条件虽然艰苦，但是长城的雄姿总在激励着我们。"

罗哲文当年竟先后四次实地勘察了居庸关·八达岭。

但即便是渴饮山泉、饿食干粮、累枕砖块、夜宿荒地，也丝毫没有动摇罗哲文"要使长龙复旧观"的坚定信念。历时三个月的风餐露宿和披星戴月，罗哲文等人终于完成了对居庸关·八达岭和山海关等地段长城的勘察测绘，取得了极为翔实的第一手资料。

赶回北京后，罗哲文连续几个昼夜赶写出一份关于修复居庸关·八达岭长城的计划书，并精心绘制出一份修复长城的规划图纸。随后，罗哲文携带这些资料直奔清华园新林院八号，他深知这份长城维修计划对于新中国古建筑维修事业来说，将具有极其重要的开创性意义，所以他必须十分慎重而严谨地予以对待，而恳请恩师梁思成对这份维修计划进行把关和审定应该是最为稳妥的做法。

面对这份文字详尽、图纸明晰的长城维修计划书，当时正处在病中的梁思成心情十分激动，因为他看到了惨遭人为战争和自然毁坏的古建筑瑰宝将从此进入大规模修复这一历史进程的希望。因此，梁思成在详细阅看弟子罗哲文的计划书后，不仅当即提出了许多宝贵意见，还在图纸上郑重地签署上了自己的姓名。对于梁思成所提出的如今已成中国文物古建筑修复事业具有指导性准则的意见，罗哲文后来回忆说印象深刻的主要有三点：一、古建筑维修要有古意，要"整旧如旧"。也就是后来写入文物保护管理条例和文物法中的"保持原状"的原则。当时，梁思成先生还特别强调说，维修长城一定要保存古意，不要全部换成了新砖、新石，千万不要用洋灰（水泥）。有些残的地方，没有危险，不危及游人的安全就不必全部修齐全了，"故垒斜阳"更觉有味儿。二、休息座位的布置，也是艺术。在长城故垒之下不能搞"排排坐，吃果果"的布置，要有点野趣。三、关于种树的问题。在长城脚下千万不能种植高大乔木，以免影响观看长城的雄姿，树太近了、高了，对长城的保护也不利。

对于梁思成所提出的这三条建议，成为罗哲文后来多次维修长城的一项指导原则。比如，依据梁思成先生"整旧如故"的指导意见，罗哲文提出了修复长城的具体办法，即广泛搜集坍塌下来的旧城砖，以这种原有材料加以修复，从而基本上恢复了长城的本来面貌。不过，当时由于一块块城砖不是隐没在沙土、山沟、树丛或淤泥中，就是被当地老百姓拉回家里垒砌院墙，因此仅仅搜集旧城砖这一项工程就花费了大量的时间和精力。

1953年当居庸关·八达岭长城刚刚修复完工，便于当年"十一"国庆期间开始向国内外游客开放，在受到人们广泛关注和赞誉的同时，更使长城所体现的伟大的中华民族精神得以在世界范围内弘扬传播。此后，山海关、嘉峪关、金山岭、慕田峪、司马台、九门口和玉门关等多处长城地段都相继得到了维修和开放，特别是1984年邓小平同志发出"爱我中华，修我长城"的号召，把长城修复事业更是推向了一个具有划时代意义的重要阶段。而所有关于长城的修复工程，几乎都与罗哲文密切相关，他不是亲自参与具体的维修设计过程，就是对维修工程提出指导性意见或参与最终评审。因此，自1947年首次勘察长城、1952年第一次维修长城至今，可以说罗哲文确实是"踏遍长城万里遥"了。

而随着"长城开放后，前来参观的国内外游客很多，包括一些外国元首和领导人。当时，能够向游客介绍长城知识的人很少，周总理指示说，长城的情况要给外国客人讲解"。于是，罗哲文有时还受命前往居庸关·八达岭等地段充当外国友人的导游，而在这一过程中他发现自己对于长城的了解实在有待深入。随后，罗哲文开始对长城进行了常年的实地考察，并不断参照和查阅大量的相关史料，于20世纪50年代终于撰写出了中国第一部关于长城的专著——《万里长城·居庸关·八达岭》。再后来，罗哲文在由他率先提出的长城学这一新学科领域内，撰写出了多部相关著作，并被翻译成多种文字在海内外出版发行，不仅让世人对中国万里长城有了更多更深的了解和认识，而且还比较科学地解决了诸多遗留千年的历史谜题。也正因如此，革命前辈王定国老人在祝贺罗哲文 80 寿辰时曾写诗这样评价他说："神州踏遍人未老，万里长城第一人。"

"护法金刚"的行动

新中国成立初期，在关于保护古都北京城内诸多文物古建筑的保卫战中，罗哲文跟随梁思成先生曾取得过一次也是唯一的一次胜利。罗哲文回忆：

1953 年一股要扫掉北京古建筑的极"左"思潮在一些人的思想中泛起。开马路要笔直，开车要无阻拦，大街上表现古老北京街景的牌楼、牌坊已在拆除之列，与紫禁城角楼相媲美的大高殿习礼亭拆走了，西长安街金代庆寿寺双塔拆毁了，眼看轮到团城了。

思成先生对团城的存废问题，忧心忡忡。我们文物局当时住在团城，又是担任保管之事的，更是日夜不安。郑振铎局长叫我写一篇团城的文章，照片要多，文字不计，发表在"文参"上。我理解他的意思，是要留下资料吧！我为了保团城之事，几次到都市计划委员会找先生商量。他也是心急如焚，把苏联专家也动员了出来，赞成保护。我曾在团城上，两次接待了他和苏联专家，共同寻求办法。最后思成先生不得不去面见周总理，恳陈意见。

周总理亲自两上团城进行实地勘察，决定中南海围墙南移，马路稍一缓弯，把北京这一重要史迹和文物保存了下来，为子孙后代留下了珍贵遗产。决策之明断在总理，而曲直周旋，来回奔走，得以玉全，先生之功不可没也。

对全国文物古建筑保护具有深远意义的，还有 1957 年 7 月因明十三陵楠木大殿遭受雷击起火而促成在全国木构建筑上安装避雷针一事。关于这一事件的具体过程，当事人罗哲文有文章详细记述：

1957 年 7 月 30 日的一个上午，思成先生来到文物局找到郑振铎局长和我，说是明十三陵的楠木殿昨晚被雷击着火，情况如何尚不知道。这一大殿全为楠木，是唯一的大型楠木殿，应立即去看一下，于是我们三人驱车前往，在车上我们心中都十分焦急，忐忑不安，不知究竟烧到什么程度，如果被烧光或烧得倒塌了，那将是一个无法弥补的极大的损失。因为此殿不仅是楠木结构，而且在建筑历史、艺术、科学三方面都具有重大价值。车子好不容易开到了十三陵，我们远远望见黄琉璃瓦的棱恩殿大屋顶，心中好像一块大石头扑通落了地。楠木大殿只是后槽金柱的柱头顶被雷劈裂一大块，虽然已经烧焦，但未延烧起来。

在回城的路上，先生和郑振铎局长商量，古建筑要设法安避雷针才行。那天晚上，正好他们两人都要参加周总理召开的会，要我立即写了一个简要的情况，两人当面向周总理汇报。周总理立即指示由国务院下通知，全国重要古建筑都要安装避雷针。

作为世界上最古老的观象台之一——北京建国门观象台，以其使用年代最长久并完整保存大量造型精美的古代天文仪器而著称，并保存有一批极为珍贵的古代天文、气象观测记录和数据资料等，更是世所罕见、弥足珍贵。例如，完整保存有 1724 年至 1902 年近 180 年间每天的气象记录，就是世界上现存最早的气象观测记录。因此，"文革"期间，当罗哲文与文物局几位专业人员得知这一具有重大历史和科学价值的古代遗迹将被拆毁的消息时，顿时感到问题的严重性，因为它一旦被拆毁或搬迁挪动，都将造成这个观象台从古至今在现址观测出的那些宝贵天文数据资料的重大损失。罗哲文等人针对当时国家文物局和中共北京市委等有关主管部门早已不能正常履行管理职能的现实情况，决定自带相机和一些测绘仪器前往古观象台进行实地勘察、测绘和摄影。勘察测绘完毕，罗哲文又与北京天文馆业务人员查考了大量历史文献，共同起草了《关于保护古观象台的报告》一文，以"革命群众"的名义千方百计地转送给了周恩来总理。日理万机的周恩来总理不仅注意到了罗哲文等人的这封"群众来信"，而且还在极端混乱的环境下亲自找到地铁施工单位及其主管部门。经过一番讨论之后，最终决定在地铁施工中实施保护北京古观象台的最佳方案，地铁基础工程不仅要绕开以便原地保存的古观象台遗址，而且还由有关部门特别追加经费用以加固古观象台遗址的基础。

罗哲文等人采取同样方式保护了甘肃炳灵寺石窟。他还以各种方式关注着、保护着古文物，真正称得上古文物的"护法金刚"。

郑孝燮三次"上书"保护文物纪实

窦忠如

　　参政议政是政协委员的职责和使命，向有关部门建言献策是他们参政议政的一种重要方式。作为第五、六、七届全国政协委员，郑孝燮老先生在三次紧急情况下以"上书"形式促成文物保护。

一

　　1979 年初，北京市有关部门为修建立交桥准备拆除德胜门箭楼。当时，德胜门箭楼虽然还未列入文物保护单位，但是郑孝燮先生深知其文物价值和在城市风貌中的景观作用，于是他鉴于时间紧迫，不得不"上书"时任国家副主席的陈云同志，提出应该迅速制止拆除德胜门箭楼的"紧急建议"。郑孝燮先生的这一建议，很快得到党中央、国务院及有关部门的重视，并很快被采纳落实，使德胜门箭楼这处北京重要的文物古建筑得以保留下来。此封"上书"内容如下：

陈云副主席：

听说北京即将拆除一座明朝建筑——德胜门箭楼。为此建议，请考虑对这类拆毁古建筑的事，应迅加制止。

（一）……目前除加强保护好城区和郊区的风景名胜外，还需要考虑在整个城区或郊区也能适当保留一些中小型的风景文物。这些中小景物应同北京风景名胜的主体风格取得协调或有所呼应。德胜门箭楼是现在除前门箭楼外，沿新环路（原城墙址）剩下的唯一的明朝建筑，如果不拆它并加以修整，那就会为新环路及北城一带增添风光景色。

（二）德胜门箭楼位于来自十三陵等风景区公路的尽端，是这条游览路上唯一的、重要的对景。同时它又是南面什刹海的借景，并且是东南面与鼓楼、钟楼遥相呼应的重要景点。不论在新环路上或左近的其他路上，它都可以从不同的角度映入人们的眼帘。在新建的住宅丛中，夹入这一明朝的古建筑，只要空间环境规划好、控制好，就能够锦上添花，一望就是北京风格。从整个北京城市的风景效果来看，保留它与拆掉它大不一样。

（三）拆除这座箭楼，可能是出自交通建设上的需要。但是巴黎的凯旋门并没有因为交通的原因而拆除，这很值得我们参考。风景文物是"资源"，发展旅游事业又非常需要这种"资源"，因此是不宜轻易拆毁的。

（四）破坏风景名胜有两种情况：一是拆或改。二是不拆，但在周围乱建，破坏空间环境，喧宾夺主或杂乱无章，如北京阜内白塔寺（1096 年辽代建，1271 年元代重修）就是一个教训……我们的城市规划、文物保护、园林绿化工作，迫切需要有机配合，共同把风景名胜保护好，并且应由城市规划牵头。

（五）像德胜门箭楼的拆留问题、白塔寺附近的规划建设问题，可以请有关单位组织旅游、文物、建筑、园林、交通、城市规划等方面的领导、专家、教授座谈座谈，听听他们是什么意见。

仅此建议，如有错误请指示。

谨致

敬礼！

全国政协委员　郑孝燮

1979 年 2 月 14 日

二

1986 年 5 月 20 日，郑孝燮、罗哲文、单士元"三驾马车"正奔驰在安徽境内考察历史文化名城，忽然从北京传来消息说，国家建设部日前召开党组会议讨论上报第二批国家历史文化名城名单时，将原本列入上报国务院这一名单中的"天津、上海、武汉三市暂不列历史文化名城"。闻知这一消息，"三驾马车"感到大为震惊，遂经紧急磋商后着手办了两件事：一是紧急赶往安徽省省会所在地合肥，将由"三驾马车"联袂署名上时任国务院副总理万里的"紧急建议"书，通过安徽省办公厅以急件方式发往北京；二是由郑孝燮先生给时任上海市委统战部部长、市政协主席张承宗同志写信，建议他促请上海市的全国人大代表、全国政协委员给中央写信，紧急建议将上海列入全国历史文化名城，并提议说可以采取向陈云同志"上书"的方式反映问题。果然，经过"三驾马车"和上海市有关人士的共同努力，当年 12 月在国务院正式公布第二批国家历史文化名城名单中，有了上海、天津和武汉这三座记录中国近代历史和文明的新兴城市。那么，"三驾马车"为何对上海等城市能否列入国家历史文化名城这件事如此兴师动众呢？

其实，它不仅关系到上海及天津、武汉是否列入国家历史文化名城之列，能否得到更加全面、科学、整体的规划和保护，还关系到世人，特别是评选国家历史文化名城的决策机构，是否能够正确理解国家历史文化名城这一名词，关系到中国诸多与上海、天津、武汉具有相同或类似性质的城市能否享有这一殊荣，能否享受到全面、科学、整体保护的待遇问题。因此，郑孝燮先生所言"应当全面反映中国古代、近代、现代三大历史阶段"的论断是体现国家决策机构对这一名词理解残缺与否的一大例证，也是国家文物保护事业是否真正向更广泛方面发展的一大标志。

三

1995 年 6 月，关于中国政府申报世界遗产有关决策单位，对于平遥古城在申报过程中采取"缺席裁判"一事，郑孝燮先生高喊"刀下留城"。兹录郑先生当年为此向国家历史文化名城保护专家委员会周干峙主任，以及国家建设部和文物局主要领导所写一封建议信，从中可看出该事件之端倪。

干峙主任并

侯捷部长、如棠副部长、德勤局长、张柏副局长：

1995 年 6 月 15 日，国家文物局开会审议推荐世界文化遗产预备项目。项目为："（1）苏州园林；（2）辽宁牛河梁遗址；（3）丽江古城；（4）其他推荐项目建议及总结。"我对前三项均无异议，但对平遥古城未列入书面，只由主持人口头上提出，感到奇怪。相形之下，一不请山西省及平遥县人来，二无平遥准备的文件，三无平遥录像可看。"缺席裁判"，我认为很不公正……

向联合国申报世界遗产项目是对人类文明尽责，也是为国争光的大事。我国是《保护世界文化与自然遗产公约》的参加国，对此更当义不容辞。为了审慎地做好申报的下一步工作，建议：建设部和国家文物局组织"历史文化名城保护专家委员会"的部分专家参与两座古城的调查与评议。联合国教科文组织办理申报项目的审定，就是先经专家调查，然后再作决定。

几个焦点性的问题：

（一）关于历史遗产的"原汁原味"，即历史纯度的问题。我国已列入《世界遗产名录》项目的历史纯度，并非均为百分之百……至于平遥古城，我认为则接近百分之九十……平遥、丽江的古城风貌在全国仍是古色古香之最。

（二）关于古城形制的基本历史价值。平遥古城体现的是儒家思想体系的汉族文化，贯穿着封建礼制的规范，形成了讲求方正、对称、中轴、主次及等级关系等的城市布局形制，并特别突出了晋中的地方民居建筑特色。丽江古城则体现以纳西族为主的少数民族文化，贯穿着元、明、清土司统治体制的关系以及因地制宜、不拘规矩的城市自由布局的形态。代表汉族文化的平遥与代表少数民族文化的丽江应同时并重。

（三）关于多少的问题。历史名城已列入《世界遗产名录》的如墨西哥有五个，意大利有四个，泰国、巴西、波兰各有两个……我国现在从零开始，这次申报平遥、丽江两项不能说多。

（四）关于重点文物的文化品位。平遥虽是县城，却拥有四处全国重点文物和多处省级重点文物，它们的文化品位都很高，而且绝大多数保护得很好。仅我所见的平遥古建筑，五代、宋、金、元时期的就有八处，明清的就更多……

（五）1981年国庆，同济大学陈从周教授为《保护古城特色的平遥县城规划》一文题言："妥保斯城，务使旧城新貌，两不干扰。"现在不仅平遥，而且丽江的规划都采取了古城区与新建区分开的方针，既保留古城区风貌，又另建新区，两不干扰。

以上建议如有不妥或有错误，请指示。

郑孝燮

1995 年 6 月 19 日

正是因为有郑孝燮先生这一建议，才促使平遥古城最终于 1997 年 12 月得以戴上了世界文化遗产的桂冠。

神奇的擂鼓墩

——曾侯乙墓发掘纪实

———

谭维四①

    擂鼓墩，在现代中国地图上找不到这一称谓，但却因为在此发掘出战国早期曾国国君乙（曾侯乙）的墓葬，以及出土了精美的青铜编钟等大批珍宝，而在全国乃至全世界产生影响。

    擂鼓墩位于湖北随州城西约一公里的水河西岸，1949 年以前是一片荒山岗地。相传公元前 605 年（楚庄王九年），令尹（相当于宰相）斗椒发动叛乱，楚庄王率军平叛，并亲自擂起战鼓，最后全歼叛军。从此，楚庄王擂鼓处的高地便被人叫作"擂鼓墩"。

炮声捎来的忧和喜

1978 年 2 月的最后一个夜晚。

武汉东湖之滨的夜静悄悄。我正伏案赶写刚从江陵楚墓发掘现场归

———

① 谭维四，时任湖北省博物馆考古队队长。

来的调查报告，窗外传来急促的呼唤声："谭队长！快！长途电话，襄樊来的！"

20多年来任文物考古队长的经历早已告诉我：每当冬日各地大搞农田基本建设工程，地下就会不断有重要文物古迹被发现，甚或遭到破坏。深夜从地县来长途电话，少不了是这类事情的"告急"。

果然，襄阳地区（今襄樊市）博物馆王少泉在电话中急切地称："随县（今随州市）文化馆电话报告，城郊公社团结大队境内一座小山冈上，解放军雷达修理所扩建厂房，开山炸石，发现了像是人工铺砌的石板，他们怀疑是一座大型古墓。我们准备去调查，并先向你报告一下。"

几年来在随县、襄阳等地连续发现古文物的情景，一幕一幕地再现我的脑际。职业习惯及老王急迫的声音使我忧喜交加，我急忙说："一、赶快通知随县，立即停止放炮，停止施工，保护现场；二、赶快向地委和行署领导报告，请他们吁请部队加强文物保护；三、你们速去随县，进一步查明情况，尽速告我……"

不久，接王少泉传来的信息，我如释重荷！那里确实发现一座大型古墓——一座岩坑竖穴木椁墓，虽然墓口已遭破坏，墓坑上部已失去的科学资料无法挽回，但所幸还没有挖到椁板，椁室内的文物不会有太大的损失。我们当即决定，把正在野外作业的考古技术人员召到随县，成立省、地、县联合勘探小组，探明地下准确情况，紧急抢救祖国文物。

"褐土之谜"

这座古墓地处山峦起伏的丘陵，东有溠水，南有涢水，自然环境良好，真是一块"风水宝地"。3月中旬，我率联合勘探小组到达现场。

一见面，雷达修理所的郑所长便滔滔不绝地介绍道："1977 年春，上级批准我们扩建厂房，在这里平整土地。因地下岩石十分坚硬，只好用炸药放炮，再用推土机推。谁知在大片红色岩石中间又突然出现了一片质地松软的褐色土，不用爆破就可以把土挖走，我感到有些奇怪。有人说：'可能是当年的庙基吧？'有人说：'是战壕坍塌后的残迹吧？'我琢磨不太合情理。有同志又认为：'这里说不定原来是个自然形成的山洞，后来被淤积了，不然怎会在红色岩石中炸出来大片褐土？'我想：'有道理，中国猿人化石不就是从山洞中发现的嘛！'保护文物，人人有责。我们向当地政府报告，开始县里未能足够注意。我便给施工人员打招呼：'密切注视它，有什么东西挖出来，或出现什么异样，立即向我报告。'果然不久，在这片褐土东南边挖出了几件铜器。我们小心翼翼地拿回来，我对着《文物》《考古》杂志反复琢磨，有几件是战国时代的铜壶和铜鼎，还有几件小东西认不出来。我马上叫人专程到县里去汇报，请他们无论如何派人来看看！"

"可县文化馆来人围着那片褐土转了一圈，却说：'这里面没有发现什么文物古迹，搞你们的土地平整吧！'我特地提出：'我们在这儿放炮呢！'他说：'继续放吧！没关系。'事后听说这位同志是学音乐的，没有学过考古，也难怪他。"

"我们继续施工，打眼放炮，但我心中总是不安，三天两头往工地跑，像打仗一样，密切注意'敌情'的变化；还到附近村庄去'侦察'，访问老农，调查了解这里古来有什么传说……今年初，又一重要情况出现了，褐土中突然炸出了石块！这又是怎么一回事呢？清挖这些石块后，更令我大吃一惊：这些炸出来的碎石原来是一块一块的石板！它使我更相信有重要的文物古迹，无论如何，要请专家内行来看看才行。这次，县文教局很重视，派来了文化馆副馆长王世振，是县里的考古专家。"

"到底是学过考古的，来了一看便说：'这是一个古墓，有墓边，有经过夯筑的填土，不过这么大面积的古墓，我没有见过。我马上向地区报告。'"

我被这位中年军官的坦诚和热情感动了，心里想："他真是帮了我们的大忙，为保护祖国文物立了一大功！我们该怎么感谢他、奖励他呢？"在后来实际进行发掘的日日夜夜里，他一直和我在一起，为发掘保障后勤供应、劳力组织、供电、供水。他还亲自和我一道参加现场施工；而在人流如潮的群众涌向墓坑参观的时候，他又成了我们发掘队里最强有力的"保卫队长"和"宣传队长"……十分遗憾的是，这样一位热情而豪放的军人却过早地离开了我们（发掘结束后的第二年，因心脏病突发而早逝）！鉴于老郑的贡献，武汉军区政治部给他记了三等功，省人民政府颁发了奖状和奖品。

"褐土之谜"已经解开，一座特大型古墓就在眼前，要赶快组织发掘自是毫无疑问的事。问题是，此墓是否被盗掘过？木椁保存情况如何？墓的时代如何？估计会有些什么文物出土？

我们在军营里住下来，为了把古墓的情况探出个眉目，施工现场挂起了工作灯，我们得赶快挑灯夜战了。

3月，春寒料峭，天下起了蒙蒙细雨。钻探技工们面对这庞大的墓坑、成片的大石板，急切想了解地下的奥秘，你挥锄、他打铲，"呼啦啦"干开了。雨越下越大，风越刮越紧，我们也顾不得许多了，一个上午便清出了墓边，弄清了墓坑的准确形状与椁室的深度。

此墓形状很特殊，和常见的长方形、正方形、亚字形、刀把形都不一样，未见墓道，坑口呈不规则的多边形，东西最长处21米，南北最宽处16.5米，总面积220平方米。其规模之巨大、形状之特殊，在湖北境内是第一次见到。古墓分为三室（南室、东室、北室），木椁盖板的深度也已基本弄清，最深处也只剩 2.5 米，最浅处还不到 1 米，有些炮眼的底部距椁盖板有六七十厘米，好险哪！再往下放炮，会造成难以料想的损失，多亏了解放军！

发现盗洞

随县城郊发现一个特大古墓的消息不胫而走，人们议论纷纷，各种猜测甚至是谣言相继传来。会不会有类似长沙马王堆、江陵凤凰山那样的重要发现呢？雷修所要停工到什么时候？新厂房还能在这里扩建吗？人们的各种目光聚集在我身上等待着回答。

天终于放晴了。我们开始仔细清除墓坑内已被炸散的浮土。忽然，令人最不愿见到的事出现了：在北室与南室相交偏西处有一个盗洞，直径约 1 米，这意味着此墓曾经受到盗扰！一片欷歔声随之而起："白干了！""累死了不好看！""既已被盗，还有价值吗？"人们更加期待着我能给他们以信服回答……

恰在这时，襄阳地区及县里的一些领导同志赶来了。听完我的汇报，领导直率地向我提出问题："这个墓比马王堆和凤凰山的汉墓大那么多，会不会有像那样的保存完好的古尸呢？"看来，马王堆确实把人们关心地下祖国历史遗产的热情煽动起来了，既不能给他们泼冷水，又得讲科学、讲实际。我说："墓坑已发现盗洞，木椁盖板有一块已被截断，椁室内已进了淤泥，有积水，保存古尸的条件如深埋、密封、缺氧、药物灭菌等都已被破坏。因此，我有百分之九十的把握断言，不可能有那样的古尸。"

"不是被盗了嘛？其他还会有什么重要文物呢？还有没有发掘价值啊？"领导问我。

　　这是我意料中的，我答："一、尽管有一个盗洞，但规模很小，可能属于早期的民间小型盗窃，如此规模的大墓，当年必有大量大型青铜器随葬，不可能被盗光；二、考古发掘不是挖坟取宝，不是只看墓内有无文物，墓坑、棺椁及其所反映的葬俗等也都是很有价值的科学资料。三、退一万步说，即使被盗空，按照国家保护文物的政策，这么大规模的墓坑和木椁也是要清理发掘的，不能置之不理，何况不发掘又怎么能断定其为空的呢？"三条理由似乎把人们说服了，地、县领导同志点头称是，表示支持。

　　见各方意见比较一致，我们及时提出了组织强有力的发掘队尽早进行发掘的建议，并按照考古发掘规程将此墓编号定为擂鼓墩1号墓（简称随·擂 M1）。

擂鼓墩在沸腾

　　1978 年 3 月 25 日，一份由省、地、县联合勘察小组署名的"勘探简报"送到了省委书记韩宁夫手里。这位早年肄业于山东大学，熟谙中国历史，一向重视文物考古工作的领导，当即批示："请告国家文物局。并同意组织强有力的发掘队，从事发掘。"

　　当日上午 10 时左右，我即接到了省委办公厅的回复。很快，省文化局关于申请发掘的正式报告也获得省革委会、国家文物局的批准。

　　4 月初，我们开始进行发掘前的准备。"发掘领导小组"由湖北省文化局副局长邢西彬为组长，襄阳地区革委会副主任秦志维、随县县委副书记、县革委副主任程运铁，武汉空军后勤部副部长刘梦池为副组长，武汉大学历史系副主任彭金章、襄阳地委宣传部部长张桓、县革委会副主任吴明久以及王一夫、王君惠、王家贵、韩景文和我是小组成员，共 12 人。我还被任命为办公室副主任兼考古发掘队队长，实际主持此次发掘工作。

发掘队由省、地、县文博单位及武汉大学历史系考古专业人员组成，湖北省博物馆文物考古的技术人员也都先后参加了发掘工作。一时间，发掘工地人才济济，热闹非凡！

历经一月，各项准备基本就绪。我们决定从 5 月 11 日开始，分五个步骤正式开始发掘：1. 清除残存填土，显露椁盖板；2. 取吊椁盖板，取出浮在水面上的器物；3. 排除积水，清除淤泥；4. 清理椁室，取吊文物；5. 取棺拆椁。鉴于墓坑及椁室规模巨大，用常规办法难以取得完整的照相资料，武汉空军部队还决定派直升机进行航空摄影。

从 5 月 11 日开始，经过几个昼夜的奋战，5 月 14 日，墓坑残存的石板、填土和木椁顶上的白膏泥、木炭及其他铺置物均清理完毕。

5 月 15 日，木椁盖板全部显露出来（系用巨型方木铺成，共 47 块，每块宽与厚大体相当，在 50～60 厘米，长度不一）。这天，天气晴好。下午 1 时 50 分，考古照相师潘炳元、湖北电影制片厂摄影师易光才登上直升机，开始拍摄发掘现场。下午 4 时许，直升机经过两次起落，多次低空在墓坑顶上盘旋，基本完成墓坑现场拍摄。第一次登机拍照的老潘，一下飞机就冲着我说："老谭！太带劲了，第一圈没有拍好，第二圈，系好安全带，我把脚踩在机舱门边，身体伸出机外，来了个'倒挂金钩'，看得清清楚楚，墓坑全收进来了，完全没有问题，保你满意。"

直升机两次光临擂鼓墩，把随县城关及其附近的人们都惊动了，每日前来观光者成千上万。群众出于好奇，对我们的行止格外注意，有些人迷到了每天必到，而且把我们的作业时间和分工都弄得清清楚楚。为了防止大量人员围观发生意外，我们干脆上半夜睡觉，夜深人静再起来干。谁知这一来，我窗前的灯光又成了"考古迷"注意的焦点，只要我窗前的灯一亮，外面就一阵呼喊："队长起来了，要开棺了，快去抢占山头!"

从 5 月 15 日开始，直到发掘结束，擂鼓墩真的沸腾起来了!

水里藏珍

发掘工作进入第二步，要揭取椁盖板了，人们又开始议论纷纷。墓主人会把一些什么珍奇异宝带入坟墓呢?盗墓贼会手下留情吗?有人甚至在一旁嚷开了:"你们先揭开看看嘛!"他们似乎等得不耐烦了。

其实，我心中是有数的，从盗洞处已窥知盖板下就是巨大的椁室，有积水、有淤泥，就是马上把盖板全揭去，也难知其中究竟。一位好心的长者悄悄对我说:"天空飞机轰鸣，地上万人惊动，万一墓内空空，你怎么向他们交代?千万别好大喜功。"我感谢他的好意，考古发掘不是"挖坟取宝"，的确得谨慎从事、脚踏实地。同时，这也提醒我:在紧张的发掘过程中，得密切注意上上下下的思想动向，"气可鼓，而不可泄"!

5 月 16 日，驻随县炮兵某师派来支援的八吨黄河牌吊车和两台解放牌载重汽车停在墓坑边，起吊椁盖现场指挥、清理组副组长杨定爱领着一班年轻人及吊车司机小宋，拟订好了起吊的全套方案。

17 日清晨，太阳刚爬出地平线，考古队员们便来到了工地。但不知风声从哪里走漏，一些好奇的观光者早已蹲在墓坑北面的山坡上，想来个先睹为快!

一声哨响，小小红绿旗挥动，椁盖板开始起吊!上千双眼睛望着墓坑:第一块椁板吊起来了，下面只见淤泥和积水，别无他物!"往北推进!"北室内一池清水，水深三米见不到底，急切想知道椁室内奥秘的人们又是一次扫兴!小杨一声令下:"往南推进!"墓坑南室取吊了几块之后，终于发现南室西部水面浮有两具木棺!从西往东延伸，吊起几块以后，又发现东部水面亦浮有八具木棺！至此，盖板下的秘密已初步揭开。

椁室有水，这是预料中事，但水面浮有木棺而且这么多，这是没有料到的，过去古墓发掘中也从未见过。从现场的情况看，估计这些木棺是用于陪葬的。有这么多的陪葬棺尚存，室内有大量文物是可以肯定的，但挪动吊棺是否会影响下面文物的安全？我们还需慎重对待。为了既保证棺身不致散架，不擦去棺上的彩绘，又保证不因取棺而损坏椁室内的文物，我们每棺都制一块比棺底略大的厚木板，铺上塑料泡沫和薄膜，并用塑料泡沫和薄膜把棺裹好；再用塑料薄膜折成的宽带，将棺与托板捆扎在一起；千斤绳拴在托板上，不与棺身接触，然后用吊车将它吊取。按照这个办法直到 18 日，10 具棺皆安全取至室内！

5 月 21 日，发掘工作进入第三步：排除积水，清除淤泥。

用小潜水泵从墓室中吸水是一件很细致的工作，既不能性急，急了有些立在水中的文物倒下来，不仅本身受损，还要殃及其他；但也不能太慢，天气日益炎热，椁内积水与室外的水早已相通，受到污染，有些文物过久地浸泡水中也会造成损坏。何况水里到底藏了一些什么奇珍异宝，仍然是个谜。

椁室的水位在慢慢下降，大家都聚精会神地注意着，凝视着珍宝的"露头"。一只雕成鸳鸯的小木漆盒、两件大铜缶、车舆伞盖，以及大量成捆的带杆箭镞、成堆的皮甲胄残片、长杆兵器先后浮出水面。"水已降 20 厘米了！30 厘米了！怎么还不见精彩的露头呢？"一位小伙子着急了，建议换个大的水泵来抽水。我拒绝了这个建议："不行！太急太快，有些文物会在水下倾倒！"

5 月 22 日午夜，水位下降到距椁墙顶 50 厘米的时候，两个长约两米的木架隐约可见；不一会儿，同样一个木架也隐隐约约现了出来……

水位徐徐下降，发掘队员们不约而同往这里集中，谁都想享受一下首见重大考古发现时的欢乐，一个小伙子戏称这叫"蛟龙戏水"。

23 日凌晨，东方地平线上慢慢现出了鱼肚白，水位已降到深 60 厘米处，一位小伙子忽然嚷开了："伙伴们！好消息，青铜钮钟，一排七个，还好好地挂着呢！""这里也是，钮钟六个，一个也不差。"另一位小伙子回应道。又一位小伙子也开腔了："已摸到五个，也是钮钟，中间有个空位，怕是掉到椁室底下去了！"就在你嚷我应的时候，有人扭开了强光电灯，集中照向这三条水里的"蛟龙"。人们睁大眼睛，盯住了这呼之欲出却又纹丝不动的三条"蛟龙"："不错，是编钟，青铜钮钟三组，大小有序，悬挂依旧，好极了！""好极了！发现青铜编钟了，三架 19 个！"发掘队员们兴奋得个个红光满面。

水位还在继续下降，"蛟龙出水了！"木架上的横梁显露了原形，黑漆红彩，两端都有青铜套，套上满饰浅浮雕蟠龙纹，美极了！那么，这三组钟是一架还是三架？这三个木架立于何处，它下面是什么呢？还有没有更多更大的钟？我当即宣布："暂停抽水，研究对策，确保安全。"

经过仔细筹划，水泵再次启动。5 月 24 日午夜，由上而下，又露出一层横梁，梁体粗大，一根长 7 米多，一根长 3 米多。其下由三个佩剑铜人及一根圆形铜柱顶托，梁下悬甬钟，已见三个小木架原来是立于此两根横梁上的。甬钟比上层的钮钟不仅体大，而且花纹精美，皆有错金铭文。5 月 25 日，又露出一层横梁，与其上横梁结构形体皆相近，梁下亦由三个更大的佩剑铜人及一根铜圆柱顶托，有 12 个大型甬钟及一个"钟，或悬于梁下，或掉在梁架旁椁底板上。这两层四根木横梁两端皆有浮雕或透雕镂空龙首花纹的青铜套，梁身皆以黑漆为地米黄朱红色漆彩绘菱形几何花纹，乍一看去，真似"蛟龙"模样！

至此，一套规模宏大、气势磅礴、造型精美、数量众多的青铜编钟，赫然显立在人们眼前。有谁曾见过这么多的编钟出于一个墓内？有谁曾听说过这么伟硕的钟架屹立千年巍然不倒？

编钟已全部出土，经紧张清洗后发现，甬钟正面钲部有"曾侯乙乍（作）（持）"错金铭文。墓主人是不是"曾侯乙"？葬于何时？此墓是哪一时代的？编钟又是哪个时代的？为谁所有？人们期待着墓主棺的开启。

主棺 9 吨取吊难

5月22日上午8点，墓主外棺盖终于露出水面。"好大的家伙！"由内外两层棺组成的套棺，以青铜为框架嵌木板构成，高2.19米，长3.2米，宽2.1米，周身髹漆绘彩，十分华丽，确属一件难得的艺术珍品！

6月6日，取吊大棺的准备大体就绪。我们拟订了两套方案：一是利用机械设备整棺取吊，吊出后另择场地开棺清理；二是如果大棺结构不够牢固，不能整体取吊，则现场开棺清理，分层取吊。同时，对万一有保存完好的尸体，做了必要的防腐准备……毕竟像这么大铜木结构的套棺，我们这些搞发掘的行家里手谁都没有见过，如何开启取吊都没有经验，甚至连它的重量也没有把握估计得很准确，万一出了差错，谁都承担不起。

6月7日，国家文物局局长王冶秋和省委、省革委会、武汉军区的领导先后到达随县发掘工地，检查了我们的准备工作，同意我们连夜吊棺。

入夜，天气晴朗，月明星稀，水河畔吹来的东北风，把东团坡白天被阳光曝晒的一股闷热之气早已吹散。王冶秋等领导均来到现场，22时整，我宣布开始取吊主棺（我们决定先按第一套方案，整体取吊）。现场指挥杨定爱挥动手中的红绿小旗，机车吊臂徐徐伸向墓坑……粗大的钢索越绷越紧，载重指示仪表上从 5 吨、6 吨到 7 吨、7.5 吨，只差 0.5 吨就要到极限了，可大棺却在坑内纹丝不动！另一台吊车也马上参与助战，仍然无济于事。冶秋局长是行家，见此情景忙把我叫去："不要着急，太大了、太重了，两台吊车都搞不动，就不要整体搞了吧？你们再仔细研究一下，明天上午我们再来看。"

次日清晨 7 时，我们改用第二套方案，现场开棺，分层取吊。小杨率清理小组将外棺盖撬开，加固后再开动机车吊起，仪表上立刻显示载重已超过 1.5 吨。原来如此，一个外棺盖就这么重，加上棺身，还有内棺，内棺里还不晓得藏了一些什么"宝贝"，又何其重哟！难怪 8 吨吊车吊不起来呢！

内外棺盖终于先后被打开，只见内棺四壁朱漆鲜艳，以墨黑、金、黄等色漆绘的龙、蛇、鸟及神人、怪兽等寓意着一些神话故事。墓主人的尸骨经测定为男性，年龄在 45 岁左右，随葬有金、玉、石、铜、骨、角等各种物品 350 多件，其中不乏罕见的艺术珍品。最难得的要算那件十六节龙凤玉挂饰，是先秦玉器中仅见的杰作……经过一番测算，古墓外棺总重约 7 吨，内棺总重约 2 吨，共 9 吨，仅外棺铜架用铜量即在 3 吨左右，真不知当年人们是怎样将它安放停当的！

古乐新声

地下深宫已重见天日，但它留存的秘密当时尚未全部揭开。怎样来评价它的"性质"？墓主人究竟是谁？身份等级怎样？此墓下葬的时代？各路行家坦言己见。文物博物馆专家称：这里青铜、金玉，无所不有，漆木丝竹，一应俱全，礼乐、车兵，样样皆备，加上这巨大的墓坑和椁室，不是一座地下博物馆又是什么呢？古文字学家说：不仅是地下博物馆，还是一座地下图书馆、档案库呢！因为 240 枚竹简、墨书 6696 字、石磬刻文 696 字、木器刻文 296 字，还有其他朱书等总计 12696 字，战国文字一次出土如此之多在我国考古史上还是首例。其内容也涉及相当广泛，有乐理、乐律、天文史料、曾国葬制、曾楚关系、文物器名、诸侯之间的文化交流等，不是图书馆、档案库又是什么呢？而更多的学者认为，称它酷似一座神奇的地下乐宫更为恰当。因为所出随葬文物中，以乐器最为重要，不仅数量多、规模大，而且品种全，弹、吹、敲、击应有尽有，在先秦古墓发掘中目前仅此一例；其器物形体之大，分量之重，以编钟为最，未有与之伦比者，陪葬者亦皆乐女；文字材料内容，也以反映乐器阶名、律名、乐理乐律者居多……说它是一座地下乐宫，实是当之无愧！

为了再现古乐神韵，文化部文艺研究院音乐研究所音乐史学家李纯一、黄翔鹏、王湘、吴钊等，先后从北京到达随县，对出土的全部乐器进行了比较深入的科学研究，并对全部编钟进行了测音；继而与古文字学家、北京大学教授裘锡圭、李家浩等合作，对钟磬铭文进行了全面的考释。令人惊奇的是，已埋在地下两千多年的一件篪仍能吹出音响，一件排箫竟然有七八根箫管能吹出乐音！

怎样让今人在亲眼目睹这诸多精美乐器的同时，又能亲耳听到它们两千多年前已固有的优美乐音呢？我们决心把它们搬上舞台，重现其当年风采。为此，我们从光化乐器厂请来了黄、王两位老乐工，对笙、箫、琴、鼓都进行了复制和复原。但面对着上、中、下三层的一大组编钟，大家的确有些犯难。

下层的大钟，声音低沉浑厚，音量大，余音长；中层较大的钟，声音圆润明亮，音量较大，余音也较长；中层较小的钟，声音清脆嘹亮，音量较小，余音较短；上层钮钟声音透明纯净，音量较小，余音稍长……各组钟需配合演奏，才能发出奇妙的交响。依照现场出土的鸳鸯形漆盒上的彩绘撞钟图，出土于钟架旁的 6 个丁字形木槌应是敲击中上层组钟的工具，人们毫不生疑。但下层大型甬钟用什么来演奏呢？钟架内侧的两根长圆木棒似应担此重任。可当我们用复制的大棒去敲击大钟时，却遭到了责备："这么珍贵的文物，用这么大的棒子去撞，能经受得起吗？你们太不爱惜文物了！"连王冶秋局长也心生疑惑，问我："是否非用此大棒撞击不可？"又是鸳鸯盒上的神人双手执棒撞钟画，帮我回答了这个问题！

该组织一个乐队进行排练了！当今人，谁曾演奏过古钟呢？谁曾听说过，今日乐坛有过一个古编钟乐队呢？一切得从零开始。我对老黄、老王等说："这得你们这些音乐学家自己动手了，试着做新中国第一代编钟乐师吧！"同时，又从湖北省博物馆群工部调来了几位女讲解员，从炮兵某师宣传队选调了几位青年演员。就这样，一个前所未有的编钟乐队组织起来了。

有人提醒我："别冒险了，文物损坏了可不得了！"经过反复琢磨、检测，又将已脱落受损的挂钟构件进行了修复、复制，尤其是仔细检查了木质横梁，估算了其载重能力，确认不会有任何危险后，终于成功地把编钟在今日舞台上重新组装了起来。考虑到今日舞台亦未曾承载过如此重的乐器，又在台面下进行了加固，这两千年前的古乐器经受了一次非凡的考验，屹立于今日舞台上，仍然威武雄壮，风采翩翩。

8 月 1 日下午，一场史无前例的编钟音乐会拉开了帷幕。我这个墓坑里的考古队长，一下又成了舞台上的主持人。为了这次展演，我们编配了一套"古、今、中、外"兼而有之的曲目。一曲合奏《东方红》，使全场信服地鼓掌欢呼；一曲《楚商》把人们带到了"瑟兮交鼓，箫钟兮瑶，鸣篪兮吹竽"的屈原时代；草原民歌、浏阳河曲，一会儿使人们如驰骋草原，一会儿使人们如迈步河畔；《一路平安》《欢乐颂》、《樱花》又使你飞向大洋彼岸，放眼东土……千古绝响复鸣了！两千多年前的宫廷乐器终于将其乐音留给了今人！我相信，这古乐之乡擂鼓墩的钟鼓之乐、金石之声，定会将中华民族的优秀文化传向世界！

（湖北随州市政协文史办供稿）

曾侯乙编钟出土面世目击记

郭德维

闻名于世的曾侯乙编钟是我国古代音乐史上的瑰宝，是世界文明史上惊世骇俗的奇迹，由于工作关系，我有幸参与和目睹了这一考古发现的全过程。

1978 年 3 月 25 日，我正在当阳赵家湖发掘楚墓，突然接到单位——湖北省博物馆打来的电报，说在随县发现了巨大的木椁墓，比天星观一号墓要大三倍，命我速回为发掘这座大墓做准备工作。我心中有些犯疑：天星观一号墓是湖北省刚发掘完的当时属最大的楚墓，木椁长 8.2 米、宽 7.5 米，已相当惊人；随县发现的这座墓竟比它大三倍，这会是什么样的墓呢？会不会是数字搞错了？或者是几个墓连在一起，错看成一个墓了呢？我怀着诸多疑问和希望回到武汉。情况得到证实：电报内容无误。这座新发现的墓不仅规模特大，且经初步勘探得知保存情况亦好，我当时惊喜的心情实在难以言表。这座罕见的大墓是怎样发现的呢？

事情发生在 1977 年 9 月。当时解放军的一个雷达修理厂正在随县县城（今随州市）西郊的东团坡修建营地，放炮施工，平整山头。当人们用推土机推开这一带炸松的红色砂岩时，发现东团坡顶端有一片土的颜色和质地与旁处不同，属于黄褐色或黑褐色黏土，胶结也比周围的沙砾岩紧密。这一特殊的现象引起了雷达修理厂厂长郑国贤的注意。郑国贤同志是个考古爱好者，平时家里就订了《考古》《文物》等杂志。他根据自己掌握的考古学知识认为，这里很可能是一座古墓，有必要向县文化馆报告。先后两次，他的报告都遭到了否认。一些原来和厂长持同样看法的同志一个个都灰心了，不愿再去管这个"闲事"，但郑国贤同志没有放松警惕。他始终注视着工地，他生怕祖先留下的具有无法估量价值的古墓在自己手中破坏掉，他怕做出对不起党、对不起祖宗的事！

1978 年 2 月，轰隆的爆炸声和推土机声仍旧在东团坡一带喧嚣，又推去了一米多深，这时出现了石板，一块、两块……后来才发现是平平的一层。具有高度责任感的郑国贤立即下令停工。并很快把县文化馆的同志又请来了。这位同志没有像前两位那样贸然否定，而是将此事报告了上级有关部门。3 月 19 日，湖北省考古专业人员赶到现场，当即进行了考古勘探，证明郑国贤最初的判断没有错，这的确是一座大型的墓。墓坑呈不规则的多边形，面积有 220 多平方米；木椁保存完好，木椁盖板上铺有竹席，席子保存得很好；竹席之上还填有木炭。该墓有一个直径 0.8 米的盗洞，被盗情况尚难判断。根据考古惯例，此墓以这一带较为出名的地点"擂鼓墩"命名，称随县擂鼓墩 1 号墓。这座大墓之所以未被破坏，与郑国贤等一些同志为保护国家文物所做的努力是分不开的，郑国贤等同志也因此获得了军功章和奖励。

随县擂鼓墩 1 号墓的发现引起了各级领导的重视。3 月 25 日，省委有关同志在报告上指示："请急告国家文物局，并同意组织强有力的发掘队从事发掘。"根据这一指示，组织上把我从当阳发掘工地调来做此墓的发掘准备工作。具体地说，我的任务是制定发掘方案，提出所需物资清单和培训发掘技术人员。发掘方案好比工程设计施工方案，方案制定得好，发掘工作就可按方案一步步顺利进行；否则就会事倍功半，误工误时，甚至还可能造成文物的损失。

4 月 6 日，我到达随县查看现场，并着手制定发掘方案和做各项准备。当地驻军和有关单位闻讯赶来，非常热情地对我说："你们快来挖呀！我们全力支持，要人给人，要物给物。"面对他们高昂的热情，我非常高兴。然而我深知：当时连一刀卫生纸、一块肥皂都要计划，许多物资十分紧张，要想获得，绝非易事；特别是木材、铅丝、汽油之类，控制更严，就更难了。乘着他们热情，当我试着提出要 40 立方米木材时，大家一听不禁伸出舌头，没有人再吱声了。当然后来发掘时，这些材料还是都弄到了，事实证明，这要求并不过分，实际用材还略有超过。

5 月中旬，发掘工作开始了，先是打扫墓坑上部四周的场地，接着取出墓坑内残存的石板与填土，这些工作仅用了三天时间。当接近木椁时，工作逐渐变得艰难了。5 月 14 日整个一个白天时间，只将东室木炭上的青膏泥清理完了，也就是说，还有 2/3 的地方没有清理。夜晚，我们把电灯拉到工地上，把工地照得如同白昼，所有考古人员一律上阵。人多智慧多，有人发现青膏泥细腻，黏性大，就用脚将其踩实，然后像切豆腐一样，划一块卷起来一块。如果黏起了木炭，就用手铲拂下来，这样就大大加快了速度。清理完青膏泥，接着清理木炭。大墓的椁盖板上，木炭厚十厘米左右，木椁四周也都填有炭。仅顶上取出来的木炭就达 31300 多公斤。5 月 15 日下午 1 时，直升机飞临工地，拍摄了发掘现场的全景。

木炭取出后，大家的注意力集中到大墓的内部。如何安全地取出这些椁盖板，是我们急于考虑的问题。北部较短的椁盖板共有 13 块，每块长 5.65～5.85 米，宽 0.49～0.58 米，厚 0.51～0.60 米；南部的 18块，每块长近 10 米，宽厚与北部相若；东部的 16 块，每块长 6.04～6.18 米，宽 0.55～0.70 米，厚 0.52～0.60 米。这些木料长年经水浸泡，一块就有 2～3 吨重。这么重的椁盖板如何安全取出呢？有人提出用人抬，但即刻就被否定。有经验的同志用各种例证进行了仔细分析，指出这种木材从外表上看像是泡松，然而去掉表层 2～3 厘米，里面仍旧十分坚实，即使用斧子也不容易砍断，于是决定采用起重机直接起吊。为了预防万一，我们又认真研究了一些预防与保险措施。5 月 16 日晚，起重机的吊臂慢慢升起，第一块盖板徐徐上升，逐渐超过了椁的高度。清理组的同志请司机停车，进行仔细而严密的检查，一切安然无恙，试吊成功了。

椁盖板揭开以后，露出四个椁室，形状是，东室单独向东移出，北室和中室在一条中轴线上，西室与中室基本平行而略短。这四个椁室都积满了水。水中，西室浮起两座陪葬棺，东室浮起八具陪葬棺。盗洞打在中室的东北角，将一块椁盖板截断了 80 厘米，这块椁盖板东部因失去支撑而下塌，致使中室北部塞满了淤泥。虽然椁室很大，但除了水、淤泥和浮起的陪葬棺外，什么也看不到。于是，我们决定先取出陪葬棺，抽干水再看个究竟。

5 月 21 日晚开始抽水。水位在徐徐下降，我们发现四个椁室的水处在同一平面上，这说明四个室有相通之处。快到夜间 12 点时，三根处于同一高度的方木在中室水中露了出来。又过了两个小时，人们才看清，方木下是小编钟，这方木原来是编钟架。盗墓者没有使墓内的文物受到太大的损失！值班的同志高兴得几乎跳起来。在东室的西南部，水中还侧立着一件比一般棺要大很多的物件。它会是什么呢？随着水位的下降，人们终于看清楚了，这是一具比陪葬棺长近一米的棺，墓主的棺终于找到了。考古队员兴奋之余，开始紧张地考虑如何及时保护好这些文物。编钟架是由小圆柱支撑的，有垮塌的危险，大家赶紧在室上搭上杉条，然后用绳子小心地系住，使其固定在杉条上。令人遗憾的是，中室东部树起的一根小圆木柱当时没有引起人们的注意而未加固。

下一步是处理中室北部的淤泥。去泥的任务远比抽水艰巨、复杂，而且必须由考古工作者亲自动手。因为只要稍不注意，极为可靠的文物信息就会和淤泥一同被取走。参加取泥的人中，有武汉大学的教授、讲师，也有湖北省一些富有经验的专家。工作起来，大家从头到脚都浑身是泥，汗水、淤泥混合在一起，可没有一个叫苦怕累。40 多立方米的淤泥就这样靠大家的手一点一滴挖了起来。5 月 30 日，淤泥终于被取尽了。

当椁室内的水被抽干，淤泥被清净，各个室的文物分布情况也就清楚了。先看中室：中室的西部放置编钟，编钟架呈曲尺形，分上、中、下三层。最上层分三架，全是小编钟，共 19 件；中层钟架由三个佩剑铜人武士顶托，呈曲尺形，有中等大的编钟 33 件，除少数几件掉落在墓坑中外，绝大部分钟依然挂在钟架上。更难得的是，下层的 13 件大钟，绝大多数也仍然悬挂在钟架上，也由三个铜人武士顶托。与编钟配套的，还有两件撞钟棒依架而立，另有六件丁字槌处于编钟架附近。在编钟架的对面，即靠近中室东壁，有建鼓并青铜鼓座一件，建鼓原来是竖插于鼓座上的。树立的柱纵穿鼓框，柱之上端早就露出水面，开始时没有引起注意，以为不过是一根竖立的木头而已。当椁室内积满水时，建鼓柱借鼓框的浮力竖立。一旦将水抽干，因长期水泡的建鼓柱承受不住建鼓的压力而倒了下来。在建鼓之旁，贴近中室东壁，有一对连襟（座）大壶，一对冰鉴缶，在冰鉴缶的西侧还有一件极为精美的青铜尊盘。

在中室的北部，即与南架编钟相对有石质编磬，编磬分为上、下两层共 32 块。编磬贴近中室的北壁，靠近盗洞，从盗洞坍下的淤泥中清出。青铜磬架被压垮，石编磬有的也被压裂。不过上部的土可能不全是突然崩塌下来的，有些是慢慢坍下来的，它慢慢填充，对多数磬块起了衬托作用，因而也就保留了磬块原来的位置和悬挂方式。据此，我们得以能复其原貌，总算是不幸之中的万幸了。在编钟、编磬和建鼓及冰鉴缶所构成的空间之内，还出土漆瑟七件，笙四件，排箫二件，篪（形似竹笛而两端封闭）二件，小鼓二件。此外，还有少量的漆杯等。

这一套摆设，实际就是一个古代的地下音乐厅。钟、磬在古代为高级贵族享用的必备之乐，所谓"金石之声"或"金声玉振"，在宫廷之中更是不可少，或又谓之宫廷之乐。此墓中这一套钟、磬等乐器以及酒器的陈设，真实地反映了古代宫廷中统治者饮酒作乐的生活。

中室的南部，青铜礼器成组成排，宛如刚下葬时一般，一丝也没有挪动。九件升鼎上，各用竹编织的盖子盖着；五件盖鼎上各有一对鼎钩，还有一件长柄青铜勺，搁于两件大鼎的口沿上，表明这件长勺与这两件大鼎是配套使用的：其他配套在一起出土的有盘和匜，这是专供盥洗的用具。古人盥洗特别讲究，匜似葫芦锯开的瓢，葫芦把的一头为流（即口部），末端有錾（即把手）。盥洗时，由侍者一人端盘，另一人执匜用流注水淋手，盘则接住往下流的水。此外，还有炭炉、漏勺和箕三件烤火套具，其设计别出心裁：炭炉用来烧木炭烤火，两边有环链，提起挪动时不会烫手：漏勺可把炭灰和不易烧碎的炭筛下去；而箕则可以撮灰。这些东西就是在今天也很有实用价值。

中室礼器这一整套摆设，有其顺序，如九件升鼎摆在最前面，八簋居其次。"九鼎八簋"是显示墓主身份的，周礼只有天子、国君才能使用；再次是小鬲、小鼎形器；最后是盖鼎和盥缶等；其二可以看出主次，以升鼎、大鼎居最中，依次是簋和盥缶等；其三可以看出组别，同类的东西如九鼎、八簋、四盥缶，或四等都分别集中在一起。另外，配套使用的情况也十分清楚，在考古发掘中，如此明晰地摆列着的器物实属罕见！

在青铜礼器中，还夹有几件非青铜礼器的东西，一件是木鹿，置于青铜礼器中，大概是表示吉祥吧，在西南角还放有两件磨光黑陶缶，用陶缶代替铜缶，大概表示主人应有尽有。

还有一点应当提及，绝大多数鼎内均有兽骨。当年下葬时，肯定都是带骨的肉，因肉腐烂，自然只剩下骨头了。

再来看看东室的情况：东室的中部偏西贴近南壁为墓主棺，呈南北向放置。这是墓主的外棺，为铜木结构。盖上伸出 12 个铜钮，铜身上有 10 根立柱嵌装木板，底下有 10 个兽蹄形铜足、外棺内还有一具彩绘极为华丽的内棺，绘有神、怪、龙、蛇等各种图案，花纹极繁缛，颜色很鲜艳。下葬时，按当时习俗，死者在家中入殓，封口，装入外棺，再封口；二者不能分开，要一起运至墓地，再一起下葬。此墓没有墓道，故不可能顺墓道滑下去，必须从墓坑口从上往下悬吊下去。可能因为太重把握不住重心，或一方（一角）的绳索被拉断，致使快落地时，盖上东南角铜钮插入椁壁板内，使整个棺身向西倾斜，即棺的西边四个铜足均已落地，并把椁底板压有圆形铜足印窝，而东边铜足却均翘起，没有落地。同时，东边棺盖与棺身之间也留有 8 厘米宽的缝隙，没有盖严。按迷信的观点，下葬时棺的倾斜是很不吉利的，当年肯定会想千方百计去把它挪正，但终因力量有限而没有挪正过来。

东室除墓主棺外，还有八具陪葬棺。有两口棺靠近西壁，为南北向，一南一北排开。另六具均为东西向，贴近室的东壁。另外，在墓主棺的西北角，靠近墓主棺，也靠近东室通往中室的门洞，还有一具殉狗棺，陪葬棺均有彩绘，殉狗棺无漆无彩，也比陪葬棺小，但棺盖上有两件石璧。

东室也有一些重要文物，中部有乐器，计漆瑟五件，五弦、十弦琴各一件，小鼓一件，笙二件。有人说，墓主可能是一个音乐爱好者，因为中室有乐器，东室算他的寝宫吧，也还有乐器。不过，在中室的主要是一些重乐器，多用于庄重场合；而东室的则是一些轻乐器，更适于表演和更富于娱乐色彩。

在墓主棺底下，有一件金盏，净重 2.15 公斤，内装镂孔金勺一件，重 50 克；此外还有金杯等器，是同期同类墓出土金器最多的。值得注意的是，有两件金杯仅有盖而无器身，究竟是没有下葬，还是下葬时被偷走，不得而知。东室出土的兵器和马衔、马镳、马饰也不少，主要出自墓主棺两侧，并多贴近南壁和西壁，兵器有戈、弓、镞、盾等。墓主棺旁有一件戈，铭文为"曾侯乙之寝戈"。寝戈为亲自使用或者亲近侍卫使用之戈。

东室漆木器也不少，最重要的有彩绘衣箱五件，器身为矩形，盖隆拱，四角伸出有把手。其所以定名为衣箱，因为一件上阴刻有"紫锦之衣"四字。非常有意思的是这些衣箱上的图案：盖隆起，象征天体；下作矩形，象征天圆地方。因此，这些器上的图案多和古代关于天的传说有关。如一件盖上绘有"后羿射日"和伏羲、女娲的传说，另一件上绘有"夸父逐日"的故事。更有一件，当中大书一个"斗"字代表北斗，环绕北斗，写有 28 宿的全部名称，东西两侧还分别绘青龙、白虎。这是我国迄今所发现的 28 宿全部名称最早的文字实物记录，在我国乃至世界天文史上都有着极重要的意义。此前关于 28 宿体系，最早起源于我国还是印度，一直没有明确结论。而这件文物的出土，可以证明我国在公元前 5 世纪以前确已出现了完整的 28 宿体系，并和北斗、青龙、白虎联系在一起又独具特色，从而证明确应是起源于我国。

东室的青铜器不多，但有一件鹿角立鹤别具一格，立鹤引颈昂首伫立，头上插的鹿角亦为青铜铸造，呈弧形上翘，双翅作轻拍状，大概表示要高飞吧，两腿粗壮有力，形态健美。在古代，鹿是瑞兽，鹤也是吉祥长寿之鸟。我曾考释，它是古代的风神称飞廉，《楚辞·离骚》有"前望舒使先驱兮，后飞廉使奔属"。飞廉距墓主棺不远，大概象征伴随墓主的灵魂上天。

再来看看北室的情况：如果说，中室是礼乐厅或宴乐场所，东室是"寝"，即休息的地方，那么北室可以说是一个仓库。首先它是兵器库，仅带杆箭镞就出土 4000 多支，是历年来一个墓中出土最多的。兵器的品种也很齐全，当时主要的兵器如戈、矛、戟、弓、矢等几乎应有尽有。而且有的是罕见的或过去未见的：如戟，所谓"戟制沉冤二千年"，弄不清它的具体形状，这次出土有三个戈头或两个戈头连在一起的戟，有的还有铭文，长 3 米以上；又如 4 米多长的矛，过去一个小墓的木椁都没有这么长，根本不可能出这么长的器物；再如殳，文献上记载的殳为无刃，这次出土一种三棱矛状的兵器，却自铭为殳，也就是说殳有刃，是否文献记载错了呢？墓中也出土了两端为铜套的无刃殳，对照墓中竹简方知，殳有两种，一种无刃的称晋殳，另一种有刃的称殳，这就补充了文献记载的不足，并彻底弄清了殳的形制。

北室的长兵器矛、戟、殳等贴近北室的北壁和东壁放置，短兵器戈和弓等贴近东壁，带杆箭镞成捆放置，有的原来置于中部的一个架上，因木架已朽垮，这些箭镞也就散乱成一堆一堆。

北室其次是车库，墓坑中没有直接埋葬车，却用车軎（管住车轮的轴头）来象征车。车軎共有 70 多件，象征 30 多辆车。其中一对车軎呈矛状，象征冲车，主要是用来杀伤邻近战车的敌军步兵的，过去很少见。还出土了一把车伞和一把华盖，华盖似双层撑平的伞形，过去也很少见。伞和华盖均浮于水面上，是北室最先见到的器物。再次是甲胄库，此墓出土的皮甲胄也是历年来最多最好的。原来的甲胄都是一件件放置的，把胄裹于其中。出土时，因原来放置皮甲胄的木架已垮，许多甲片已散乱并漂满了全室。北室出土的重要文物还有竹简 240 余枚，最完整的简长 72～75 厘米，简上最多的有 60 多字，共计 6600 余字，这是自晋代发现汲冢竹书之后，出土先秦竹书最多的一次，内容主要是记载用于葬仪的车马兵器，如一类简记载什么人驾驭的什么车（或什么人的什么车），车上有哪些车马兵器装备；另一类记载车上配备的人马和甲胄；还有一类记载驾车的马，有的还载明何人赠送什么车，驾车的马有几匹，几匹什么样的马。送车马的人中有楚国的王、太子、令尹和一些楚国的封君等。

北室南部还有一对大铜缶，高 1.3 米、直径 1.1 米，分别重 327.5 和 292 公斤，是历年来出土铜缶最大最重的。北室还出土磬匣三件，是装中室磬块用的。磬匣内凿有磬块大小的槽，并编有号，把磬块装入槽内刚好合适。此外，北室还出土有竹笥等杂物。

最后，就只剩下西室了。西室内有 13 口陪葬棺，出土时，除两口浮于水面外，大多沉于椁底。因水的浮力，有的棺竖立，有的棺侧翻，有的棺盖与棺身分离。和东室的陪葬棺一样，这些棺均有彩绘，每口棺内都有少量随葬品。西室的 13 具陪葬棺和东室的 8 具陪葬棺，每口棺内都有一具人骨架，经鉴定，全为女性，年龄在 13～24 岁之间。墓主棺内的骨架经鉴定为男性，年龄 45 岁左右，也就是说，为满足墓主死后到阴间享受，这 21 个青少年妇女也只得白白断送宝贵的生命，这是多么残酷的"人吃人"制度啊！

　　下面的工作是清理取出文物，发掘工作的最重要、最精彩的一幕开始了。其中编钟和墓主棺取出的过程要算是墓中最复杂、最不好取的文物了。

　　编钟的上、中、下层悬挂着大小不同的编钟，三层编钟悬挂的方法也各不相同。上层小编钟，由一根栓钉管住，看来这是最简单、最容易取出的了。然而小编钟的两面并不一样，多数是一面上有字，一面上无字，也有的两面均有字，但两面的字不相同，究竟哪一面朝外，必须记清楚，否则就会给以后的研究带来麻烦，中层编钟的悬挂，是由一个方框架下面加一个弯钩将钟挂住的。粗看上去，方框架上面两根半圆形的铜杆是活动的，只要将其抽出，就可以拆下框架。然而在实际拆卸时，铜杆却被卡住了。经仔细观察，终于发现铜杆一端的下方还有一个活舌。当横杆插入框架的眼时，活舌便自动倒下，起到固定的作用。即使是这框架上小小的铜杆，上面也都铸有文字。这些铭文标记着此处该挂什么钟或挂之钟发什么音，每根铜杆的文字都不相同，故决不会弄错。下层挂钟有一种趴虎挂钩，即在编钟横梁的内外两侧挂有趴虎，趴虎底下装钩用以挂钟，两虎上方用一根小铜方相连。为了不让铜方脱落，铜方的一端呈帽状，另一端有眼，再插上一个小铜钉就可以了。有意思的是，当我们抽小栓钉时，竟抽不出来。经仔细检查，原来栓钉与栓钉眼是定向的，也就是说，必须固定一个方向才能插进或抽出。这种定向栓钉，就是在今天的一些机械中也有极高的应用价值。最难取的莫过于下层的大钟了，重100公斤以上的有10件，重175公斤以上的有五件，最大的一件高1.52米、重203.6公斤，其余三件小的也都在60公斤以上。西架编钟又靠近西壁放置，在椁室内很不好操作。我们的做法是用粗木棒利用杠杆原理，先把这些大钟支撑住，把钟从挂钩上摘下后，再轻轻放下，然后抬入一个事先做好取大件文物的箱内，再用起重机起吊。拆卸编钟架时才发现，它们不仅结构紧密，而且设计奇妙，下层三件铜人实际是直角三角形的三个顶点，加上半球体底座的重量，三件铜人连座分别重 359 公斤、323 公斤、315 公斤，这就使整个钟架的重心十分稳固。设计更巧妙的是，中层铜人与下层铜人之间虽有横梁悬隔，但却有卯榫相连，使它们必须在一条垂直线上。因为下层铜人头顶之上有一方形榫头，伸入至横梁榫眼之内。巧妙之处在于下层铜人头顶上这个方形榫头本身又是方形榫眼，它要承插中层铜人下部伸出的小方榫，这样，中层和下层各三个铜人实际就贯通了，因而使整个钟架牢固地连成了一体。因此，整个钟架尽管承受着 2500 多公斤重量，并且历时 2400 多年，仍然岿然不动。

我们在取墓主棺时费了很大周折。原先想将内外棺一起取出，然后到室内去进行清理。提取之前，我们请修理厂的一个工程师计算了外棺青铜框架的体积，再按体积计算外棺重量。经初步估算，外棺青铜框架重小于四吨，加上外棺木板和内棺，总重不超过五吨。为更保险，还设计了一个能载六吨多的平板车，以为万无一失，将主棺吊起装上平板车就可直接运走，能启动八吨重的吊车去起吊也不应有什么问题。6 月 8 日晚，一切准备工作做好，开始起吊主棺了，吊车的缆绳拉硬了，谁知主棺却纹丝未动。经过好几次努力，司机只好宣布，棺的重量超过起重机的负荷量，吊不起来。唯一的办法只有先取出内棺，再取外棺。然内棺底紧贴外棺底，没有一点缝隙，怎样去拴绳呢？不能拴绳又怎能吊起内棺呢！只有一个办法，那就是按取陪葬棺的办法来取内棺。取陪葬棺时，椁室内有很深的水，利用水的浮力把棺浮起来。此时，椁室内的水已基本抽干，其他各室的文物正在清理，怎么办？后来只好等其他室的文物取完，再向椁室内灌水，这样才浮起取出了内棺。后来我们将外棺吊起搁于设计好的平板车上时，竟将平板车压垮！起重机计重器显示的重量在七吨以上。墓主内外棺的总重量达九吨多，难怪启动八吨的吊车奈何它不得。

顺便需要提一下墓主内棺的清理。内棺一打开，就发现腐烂的丝织物包裹着人骨架，不再有小内棺。尸体入殓时，似是用丝棉被包扎捆缚着的，但丝带腐烂太严重，如何捆缚已不清楚了。因内棺本身的深度有70多厘米，勾着腰操作不方便，我们采用一并托出的方法，即用一块铝板从旁边插至棺底，再从棺底徐徐插入，将棺内所有的东西都挪至铝板上，再挪至托板上，最后将托板提高到棺口的位置，这样清理起来就方便多了。清走了腐烂的丝织物才看清楚，在尸骨之上及其四周，布满了珠宝玉器，并且放置颇有规律：如玉梳置于头部，金、玉带钩和玉匕首置于腰部等。头部的玉器或遮盖眼睛（即所谓"瞑目"），或填于耳鼻（即所谓"塞"），小件玉猪、羊、牛、鸡等塞于口中（即所谓"饭玉"）。此墓饭玉有21件之多，可见其小，但都形象逼真，栩栩如生。胸部以下的玉器、珠饰分左右两排或数排从上到下，从胸到足布满全身，这些玉器、珠饰，有的原来挂于帽子上，有的佩于衣服上，有的挂于腰带上，因衣服鞋袜已腐烂，就大体保留在原来的位置上。此墓出土玉、石、水晶、紫晶、琉璃、料等饰品共528件，绝大多数皆出自墓主棺，其中不少上乘之作，堪称稀世珍宝。

还值得一提的是北室内皮甲胄的提取。北室的皮甲胄片上部都已散乱，下部保存较好，有些甲胄片成堆叠放，最厚的地方达1米多，即使是一片片编号去取，在工地上也难以观察。如果把它们之间的相互关系搞乱，就会给以后的复原带来麻烦。究竟怎样提取呢？我们不仅在工地小心翼翼地取起那些零散的甲片，对椁室底部成堆的甲胄片则采取"和盘托出"的办法，将它们整堆取起运至室内。后来将这些甲胄片运至北京中国社会科学院考古研究所，在有关专家的帮助下，经过了几个月的努力，才把它们全部清理完，并拼接复原了 13 套完整的人甲胄和两套马甲胄。过去皮甲胄出土很少，保存较好的就更少，一座墓只出一件，多为人甲，没有一件能复原。这次是我国目前所见到的最多、最早、最完整的人、马甲胄，对研究我国古代兵器史、战争史起着十分重要的作用。

经过综合研究，随州擂鼓墩 1 号墓被确认为战国早期曾国君主乙的墓葬，简称曾侯乙墓。它的发现在我国考古史上写下了光辉的一页。曾侯乙墓的发掘在许多方面都是空前的：如木椁规模巨大，用成材方木达 380 立方米，折合圆木 500 多立方米；椁外填木炭 31360 公斤；出土各类文物总数达 15404 件，其中有精美的青铜礼器 110 多件，且多为又大又重的"重礼器"，有编钟、编磬等 8 种 124 件乐器，有兵器 4700 多件，各类器具用青铜总重达 10.5 吨！同时又因保存十分完好，许多为过去见所未见、闻所未闻，因而收获也十分巨大：如编钟、编磬上的乐理铭文，解开了我国音乐史上的许多难题。如铭文确证：同一件钟上能发两个不同的乐音，我国早有七声音阶等等；再如此墓各类器上的文字共有 12600 多字，通过这些文字的研究，解决了历史上的许多悬案，对研究先秦史、军事史、古代礼制、丧葬制度等都有极重要的意义；此墓出土的各类青铜器，精美绝伦，集各种铸造技术之大成，达登峰造极的程度。这证明那时我国许多科技创造和发明，走在当时世界的前列。在工艺美术方面，不论雕塑、造型，还是绘画、刻画也都有杰出之作，有的为后代艺术开了先河，此墓收获之巨，不胜枚举。

芳嘉园旧事

——纪念"京城第一玩家"王世襄先生

窦忠如

市井中的"桃花源"

北京东城区朝阳门内的一条胡同——芳嘉园，早在晚清时，因这里居住过慈禧太后的弟弟，即光绪皇帝的岳父桂祥公爵而声名显赫。至于今天芳嘉园的盛名，则完全因为王世襄的成就。

位于桂祥公爵府第西侧的芳嘉园三号，是王世襄生前居住了近80年的老宅，这是一座北京传统的前后三进四合院。前院正厅的东耳房被打通成过道，一直通向中院，这里就是王世襄、黄苗子和张光宇三家共居多年的市内桃源。一进入中院，迎面是一道刷绿油的竹栅栏，栅栏上爬满了茶。靠近院子南端的粉墙，权作是照壁，将前院与中院隔开。粉墙的阴架上摆放有一二十盆兰草，地上则栽种有一行夏日盛开的玉簪花，台阶旁还有许多用瓦盆瓷钵栽种的各色小花小草。庭院正中摆放有一盆百年古柏，这株与文征明一手卷中所画极为相似的古柏，是王世襄当年费尽周折从安徽黟县一故人家买回来的。每有朋友来到芳嘉园，总要围绕着这株古柏走上两圈才进屋。在中院三间正房两侧，还各有一株百年以上的海棠树，后来东边那株因为树龄太老而枯死，王世襄便将四根大树干锯成两尺多高的树桩，不久又从山货店里买到一块直径约一米的青石板，摆放在四根树桩上，此处遂成为夏夜朋友们围坐喝茶雅谈的好地方。在这青石板圆桌后面靠近屋基处，是王世襄特意从城北一老园艺家那里移植来的一畦永远长不高的宽叶矮竹。中院东厢房前有一架笔走龙蛇饶有画意的藤萝，西厢房前则是一株太平花和两株品种极为罕见的芍药。据黄苗子夫人郁风回忆，早先庭院里还有枣树与核桃树各一株。据此，我们完全相信王世襄在如此诗意盎然的小院里，不可能写不出今天依然流动在广大读者心中的那些精妙文字，即便如《明式家具研究》与《髹饰录解说》等这样专业性极强的学术著作，也同样因为文采洋溢而为人们所津津乐道。

接孟氏之芳邻

著名书画家黄苗子和郁风夫妇，于 1958 年初应邀搬进了芳嘉园三号，并在东厢房里一住就是 20 多年。初入芳嘉园三号小院，郁风惊讶地发现，那些本该陈列在博物馆中的精美明式家具竟然挤在一堆：高条案下面是八仙桌，八仙桌下面是矮几，一层一层套着。光滑而显露木纹的花梨长方桌上，放着瓶瓶罐罐、吃剩的面条和半碗炸酱。紫檀雕花、编藤面的榻上堆放着一些被褥，就是主人就寝的地方了。大书案边上的座椅竟然是元代式样带脚凳的大圈椅，而结构精美的明代脸盆架上搭放着待洗的衣服。由于空间狭小，生活用品和收藏品无法分开。

偌大一个三进四合院，怎能说没有空间存放这些贵重的明式家具收藏品呢？原来，在黄苗子和郁风夫妇搬进芳嘉园时，王世襄的这座三进四合院只剩下中院供其居住，不久又遭遇北京市出台一房改政策，促使他再请张光宇夫妇入住西厢房成为两家之芳邻。对此，王世襄曾回忆说："60年代初，北京市想出了一个没收私人房产的政策，凡出租在15间以上的，房产由北京市管理，在几个月之内原房产主可以拿到20%的租金（大致如此，具体的规定已记不清）。在此之后，房产归公，也就是被没收了。我父亲有一所已经租出的房屋，在东单洋溢胡同，不到15间，再加上几间才符合改造规定。因此房管局、派出所、居委会联合起来一再动员我出租西厢房，如不同意，便以在这里办街道托儿所或街道食堂相威胁。我作为一个出身不好的旧知识分子，哪敢违抗，何况还戴着右派的帽子。只好把多年收集到的家具堆置北屋，西厢房腾空请光宇先生入住。"

其实，邀请张光宇夫妇入住芳嘉园西厢房时，反右运动已经开展得如火如荼了。但是，王世襄并没有明哲保身，而是坦然地说："我是个书呆子，从不问政治……我没有想到这些，这说明我这个人头脑简单。不过，物以类聚，其实没有别的什么。"确实，王世襄等三家人在芳嘉园小院里聚齐后，他们除了相互激励做学问之外，实在没有什么可供政治嚼舌的事由。那时，王世襄除了整理或撰述《高松竹谱》《画学汇编》《雕刻集影》《髹饰录解说》和《清代匠作则例汇编》等著作之外，还将大多精力用在了搜集明式家具等藏品上。

对于与王世襄和袁荃猷夫妇"结孟氏之芳邻"这一平生快事，黄苗子后来曾这样记述说："论历代书画著述和参考书，他比我多。论书画著述的钻研，他比我深（他写有一本《中国画论研究》）。论探索学问的广度，他远胜于我。论刻苦用功，他也在我之上。那时我一般早上5点就起来读书写书，但4点多，畅安书房的台灯，就已透出亮光来了。"为此，黄苗子还写有一首七绝感叹道：

尤愧如山负藐躬，

逡巡书砚岂途穷；

临窗灯火君家早，

惭愧先生苦用功。

与黄苗子形容王世襄在这期间苦学经历所不同的是，郁风从生活方面记述了王看似平淡却也无比幸福的状态："我们同住在他的芳嘉园小院 20 多年，每天天一亮，就听见他推着单车从我们东厢房窗下走出大门。他是先到朝阳门大街旧文化部大楼前打太极拳，等到 7 点，对面朝阳菜市场一开门便进去买菜。所有男女售货员都是他的'老友记'，把最新上市的鲜鱼、嫩菜、大闸蟹等都留给他。然后到卖早点摊上装满一大漱口缸的热豆浆，一手端着，一手扶车把，骑回家来，与夫人共进早餐。不分冬夏，天天如此。"看似平淡的生活在文人或艺术家的调剂下，实在可以生出许多令人艳羡的雅趣和佳话来。对此，王世襄的一段回忆可以帮助我们寻找到有关线索："说到芳嘉园的来客，大都三家主人都认识，往往为了访一家，同时又访另两家。或听见来客的语声，不待分别拜访，三家已凑在一起了。当时常来我处并曾在我大案上作画的北京画家有溥雪斋、惠孝同、陈少梅、张光宇等先生。南方画家有傅抱石、谢稚柳、唐云等。不作画只聊天的有常任侠、向达、王逊、黄永玉诸公。"

与贝子的草庐雅会

1945 年，王世襄自四川李庄返回北京后，一次在张伯驹先生家与清宗室贝子溥忻溥雪斋先生相识，随后溥雪斋先生便成为王世襄和袁荃猷夫妇"最使人感到率真、愉快之良师益友之一"，以致每每"遇有赏心乐事，美景良辰，法书名画，妙曲佳音，甚至见到近日妄人俗子，荒诞离奇，弄姿作态，不堪入目之作"，均不禁同时说出："要是雪斋先生在，将作何表情，有何评论？"由此可知，这位溥雪斋先生不仅精擅书画乐曲，还是一位俚俗不让的性情可爱之人。确实，早在 1942 年，王世襄即将完成《中国画论研究》著述时，曾萌生求教溥雪斋先生之心。只因一次偶过先生门第，见家人护拥其登车，规仪不减当年之威赫，于是便打消了拜见的想法。不曾想，三年后王世襄与溥雪斋在张伯驹家中一见如故，遂成忘年莫逆之交。二人或论诗猜字，或谈笑风生，彼此毫无拘束。一日溥雪斋先生信步从无量大人胡同僦居之地来到芳嘉园，一进门便端坐在王世襄那宋牧仲大画案前，拈笔作画，不一会儿一幅古意盎然的山水已呈现案前，这不由得使溥雪斋先生频频自呼："独！独！独！"王世襄明白这原本属于张伯驹口头禅的"独"字，即相当于今天的"酷"，可见溥雪斋先生对于自己的绘画技艺还是比较自赏的；就其情态而言，也可知其实在是一妙趣之人。关于溥雪斋先生书画技艺之高妙，不仅从收于王世襄《自珍集——俪松居长物志》中那幅自赞"独"的山水轴中可见一斑，还能在收于同书中的一幅空谷幽兰轴，以及由其即席添补水藻落花的袁荃猷夫人所绘金鱼图轴中，窥见溥雪斋先生在绘画方面的精深技艺。至于溥雪斋先生在音乐方面的天赋，王世襄曾这样记述说："先生擅三弦，伴奏岔曲子弟书。曾从贾阔峰学琴，荒芜已久，而心实好之。知荃猷从管平湖先生学琴，烦为弹奏。不数月，平沙、良宵，先生已能脱谱，绰注无误。旋与查阜西先生、郑珉中兄游，琴大进。梅花、潇湘等曲，皆臻妙境。于此又见先生之音乐天才。"此外，关于溥雪斋先生直率性情之可爱，还有两事可知。一次，溥雪斋先生骑马飞奔进宫救火时，发现一株多油脂的白皮松在焚烧过程中，竟然如火树银花般壮丽美观，禁不住高声喊道："那个好看！"还有一次，王世襄和袁荃猷夫妇拜访溥雪斋先生不觉已至饭时，只见溥雪斋先生命家人提一电风扇出门，家人不一会儿换得 10 元钱并赊得一些肉回来，他告诉家人："熬白菜，多搁肉。"见此情景，王世襄和袁荃猷夫妇不敢亦不忍辞去，而当他俩偷窥溥雪斋先生时，却见他神情怡然如旧。王世襄有这样一段关于溥雪斋先生之生动回忆："在猜押诗条过程中，可以看到与会者的性情，亦饶有意趣。如一次伯驹先生公布上句原文，旁有小字一行，写明某号某字，乃为雪斋而作。因他知道雪老喜欢在哪些字上下注，故特意虚配一个，让他误押上当。结果雪老果真在该字上下注。伯驹先生十分得意，笑得如此爽朗天真，仿佛小儿买糖抓彩又得奖似的。又如雪斋先生早年豪赌，一夜之间将数百间雕梁画栋的九爷府输个精光。此时他已家无恒产，鬻书卖画，罕有人问津，日子并不好过。而当押诗条看准某字认为是原文时，会抓起一样东西，如烟缸之类，往标明该号的格中一放，名曰'竖旗杆'，即将各家所下之注一并集中至此，由他一人承担胜负。其往日豪情，却又一次在此流露。"因此，王世襄评价说："雪老之为人，绝无城府，性格坦白率真，更是可爱之至。"遗憾的是，"文革"中，溥雪斋先生在一日清晨携幼女出走，从此杳无音讯。拨乱反正后，北京市文史馆为溥雪斋先生举行追悼会，王世襄撰挽联曰："神龙见首不见尾，先生工画复工书。"

"中华第一帖"的因缘趣事

1945 年秋，王世襄自四川返回北京，担任国民政府教育部清理战时文物损失委员会平津区助理代表。其间曾拜访张伯驹先生。这位集收藏鉴赏家、书画家、诗词学家和京剧艺术研究家于一身的文化高士，竟与王世襄一见如故，两人遂成为莫逆之交。

王世襄任职故宫博物院时，想在书画著录方面做些研究，张伯驹先生竟然将把全部家产变卖后所搜购的中国传世书法作品中年代最早的一件名人手迹——西晋陆机《平复帖》，主动借与王世襄供其详加观摩研究。关于王世襄与张伯驹先生这段不可思议的翰墨情缘，以及王世襄对《平复帖》之研究经过，王世襄曾在《〈平复帖〉曾在我家》一文中予以详述：

　　1947年在故宫博物院任职时，我很想在书画著录方面做一些工作。除备有照片补前人所缺外，试图将质地、尺寸、装裱、引首、题签、本文、款识、印章、题跋、收藏印、前人著录、有关文献等分栏详列，并记其保存情况，考其流传经过，以期得到一份比较完整的记录。上述设想曾就教于伯驹先生并得到他的赞许。

　　为了检验上述设想是否可行，希望找到一件流传有绪的煊赫名迹试行著录，《平复帖》实在是太理想了。不过要著录必须经过多次的仔细观察和抄写记录，如此珍贵的国宝，伯驹先生会同意拿出来给我看吗？我是早有着被婉言谢绝的思想准备去向他提出请求的。不期大大出乎意料，伯驹先生说："你一次次到我家来看《平复帖》太麻烦了，不如拿回家去仔细地看。"就这样，我把宝中之宝《平复帖》小心翼翼地捧回了家。

　　……

　　将《平复帖》请回家来，我连想都没敢想过，而是伯驹先生主动提出来的。那时我们相识才只有两年，不能说已有深交。对这桩不可思议的翰墨因缘，多年来我一直感到十分难得，故也特别珍惜。

　　当然，王世襄珍惜的不仅是他与张伯驹先生这一段翰墨因缘，还有对被收藏界尊为"中华第一帖"《平复帖》的无比珍惜。对此，王世襄在文章中记述了其无比虔诚之情态：

（将《平复帖》请）到家之后，腾空了一只樟木小箱，放在床头，
白棉布铺垫平整，再用高丽纸把已有锦袱的《平复帖》包好，放入箱
中。每次不得已而出门，回来都要开锁启箱，看它安然无恙才放心。观
看时要等天气晴朗，把桌子搬到贴近南窗，光线好而无日晒处，铺好白
毡子和高丽纸，洗净手，戴上白手套，才静心屏息地打开手卷。桌旁另
设一案，上放纸张，用铅笔作记录。已记不清看了多少次才把诸家观
款，董其昌以下溥伟、傅沅叔、赵椿年等家题跋，永瑆的《诒晋斋记》
及诗等抄录完毕，并尽可能记下了历代印章。其中有的极难识读。如钤
在帖本身之后的唐代鉴赏家殷浩的印记，方形朱文，十分暗淡，只有
"殷"字上半边和"浩"字右半隐约可辨。不少印鉴不要说隔着陈列柜
玻璃无法看见，就是取出来在灯光照耀下，用放大镜看也难看清。《平
复帖》在我家放了一个多月才毕恭毕敬地捧还给伯驹先生。一时顿觉轻
松愉快，如释重负。

经过这次阅读和抄录，王世襄不仅仅获得了一次著录书画的实习机
会，还根据著录撰写了《西晋陆机平复帖流传考略》一文，后来刊登在
1957 年第一期的《文物参考资料》上，并被《故宫博物院藏宝录》
转载。

天不假年陈梦家

早在王世襄就读燕京大学时，就认识了陈梦家。那时，陈梦家虽然
住在"王家花园"里，但是两人并无深交。那时的王世襄依然沉浸在各
类游艺玩乐之中，而陈梦家则是早已成名的新月派诗人，当时正跟随容

庚先生在燕京大学攻读古文字学。1952 年，陈梦家任职中国科学院考古研究所，迁居至钱粮胡同，两人的交往才开始频繁密切起来。而联结两人关系的纽带，就是后来使王世襄蜚声世界的明式家具收藏和研究。关于王世襄和陈梦家两人当年在明式家具收藏方面的竞学，王世襄曾有文章记述其间的一些趣事：

　　……那时我们都在搜集明式家具，有了共同兴趣，不时想着对方又买了什么好物件，彼此串门才多起来。

　　我们既已相识多年，现在又有了同好，故无拘无束，不讲形式，有时开玩笑，有时发生争论，争到面红耳赤。梦家此时已有鸿篇巨制问世，稿酬收入比我多，可以买我买不起的家具。例如那对明紫檀直棖架格（《明式家具珍赏》135），在鲁班馆南口路东的家具店里摆了一两年，我去看过多次，力不能致，终为梦家所得。但我不像他那样把大量精力倾注到学术研究中，经常骑辆破车，叩故家门，逛鬼市摊，不惜费工夫，所以能买到梦家未能见到的东西。我以廉价买到一对铁力官帽椅（《明式家具珍赏》44），梦家说："你简直是白捡，应该送给我！"端起一把来要拿走。我说："白捡也不能送给你。"又抢了回来。梦家买到一具明黄花梨五足圆香几（《明式家具珍赏》74），我爱极了。我说："你多少钱买的，加十倍让给我。"抱起来想夺门而出。梦家说："加一百倍也不行！"被他迎门拦住。有时我故意说他的家具买坏了，上当受骗，惹逗他着急。一件黄花梨透空后背架格（《明式家具珍赏》132）是他得意之物，我偏说是"倒饬货"，后背经人补配。一件黄花梨马纹透雕靠背椅（《明式家具珍赏》40），他更是认为天下雕工第一。我指出是用大机凳及镜架拼凑而成的，还硬说在未装上靠背之前就曾见过这具机凳，言之凿凿，真使他着了急。事后我又向他坦白交代我在说瞎话，

"不过存心逗逗你而已"……

实际上我们谁也不曾真想夺人所好，抢对方的家具，但还要煞有介事地表演一番，实因其中有说不出的乐趣。被抢者不仅不生气，反而会高兴："我的家具要是不好，你会来抢吗?!"给对方的家具挑毛病，主要是为了夸耀自己的眼睛赛过对方。不管说得对不对，我们从来也不介意，能听到反面意见，总会有些启发。待冷静下来，就会认真地去考虑对方的评论。至于买家具，彼此保密是有的，生怕对方捷足先登，自己落了空。待买到手，又很想给对方看看。心里说："你看，又被我买到了!"

就这样，王世襄与陈梦家争买明式家具的竞赛一直持续了十多年。对于多方辛勤搜集求购而来的明式家具，王世襄说："梦家比我爱惜家具。在我家，家具乱堆乱放，来人可以随便搬动随便坐。梦家则十分严肃认真，交椅前拦上红头绳，不许碰，更不许坐。"因此，王世襄对陈梦家开玩笑说：你这里"比博物馆还要博物馆"。

共居或经常来往于王世襄芳嘉园的，除了以上所述几位大家外，还有聂绀弩、启功、叶浅予、沈从文、张正宇和黄永玉等，他们交流古文诗词、文物书画、雅音妙乐或见闻趣事，在那个颠倒狂乱的年代里，充实温暖着彼此。这就是魅力四射的芳嘉园。

聚散俪松居（一）

——王世襄收藏、捐赠明式家具始末

窦忠如

作为世界上最重要的明式家具收藏家之一，王世襄在明式家具的发现、命名、研究等方面都作出了筚路蓝缕的贡献，特别是他的收藏历程堪称穷搜广集、不惮艰辛，可这些价值数亿元人民币的藏品最终却被其辗转捐赠给了上海博物馆。由此人们不禁要问：王世襄为什么要收藏、捐赠这些价值连城的珍稀藏品呢？

穷搜广集

关于王世襄最初收藏明式家具的过程，朱家溍先生在《两部我国前所未有的古代家具专著》这一书评中说：

世襄在文物研究上一向把实物放在首位。1945年他从四川回到北京，便开始留意家具资料。1949年从美国回来，他更是一有时间便骑着车到处看家具，从著名的收藏家到一般的住户，从古玩铺、挂货屋到打鼓人的家，从鲁班馆木器店到晓市的旧木料摊，无不有他的足迹。他的自行车后装有一个能承重一二百斤的大货架子，架子上经常备有大小包袱、粗线绳、麻包片等，以便买到家具就捆在车上带回家。我曾不止一次遇到他车上带着小条案、闷户橱、椅子等家具。只要有两三天假日，他便去外县采访，国庆和春节他多半不在家，而是在京畿附近的通州、宝坻、涿县等地度过的。遇到值得研究或保存的家具，原主同意出售而又是他力所能及的，便买下来。买不到则请求准许拍照。

在这里，朱家溍先生不仅指出了王世襄如何搜集家具的过程，还点明其搜集家具的一条标准，那就是值得研究或保存之物。

对此，王世襄讲了这样两件事：一次，王世襄在北京通州鼓楼北小巷内一回民老太太家中看到一对杌凳，这对杌凳虽然藤编软屉已经残破少存，裸露出两根弯带及将它们连在一起的木片，但是并没有被改成铺席硬屉而伤其筋骨。特别是那无束腰、直枨、四足外圆内方的造型，用材粗硕，带有极为明显的明式家具风格——朴质、简练，这让王世襄一见倾心。随即，王世襄提出购买这对小杌凳，那位老太太说："我儿子要卖20元，打鼓的只给15元，所以未卖成。"闻听此言，王世襄当即掏出20元钱递给老太太，老太太见王世襄没有还价，便马上改口说："价给够了也得等我儿子回来办，不然他会埋怨我。"于是，王世襄便坐在那里等老太太的儿子回来，一直等到天色将黑也不见老太太的儿子回来，王世襄只好悻悻地骑着自行车返回城里，打算过两三天再来。两天后，王世襄路经东四牌楼一家挂货铺时，发现打鼓的王四却坐在那对小杌凳的其中一只上，遂当即上前询问情况，王四开口要价40元，王世襄没有还价便决定买下。可是，王世襄那天恰恰忘了带钱包，不能当即付款，就连定金也没有，等他回家取钱立即返回时，王四竟将那对小杌凳卖给了在红桥经营硬木材料的梁家俩兄弟。不过，梁家兄弟买它并非要当作木材转卖，而是每人一只当作脸盆架子使用，王世襄眼看着他们把搪瓷盆放在那对小杌凳略呈马鞍形的弯枨上随意使用，可梁家兄弟俩就是不愿卖给他。志在必得的王世襄，只能隔三岔五来到梁家商量购买这对杌凳，一年间他竟跑了近20趟，最终以当初通州老太太要价的20倍即400元钱买了下来。对于这一收藏经过，王世襄后来说："搜集文化器物总有一个经历。经历有的简单平常，有的复杂曲折。越是曲折，越是奇巧，越使人难忘。"

　　还有一次，王世襄到经营珠宝玉器的商场——青山居设在花市胡同里的管理处串门，在楼梯下发现了一具显得特别厚重的独板面铁力五足大香几，因为其上随意摆放着保温瓶及茶壶、茶碗等一些日常用具，不慎洒出的开水已将香几面都烫花了。这让王世襄明白该管理处并没有把这件家具当回事，于是他便提出想购买这具铁力木大香几。由于这件香几属于集体所有，该管理处几位负责人都表示不能擅自出售，这让王世襄感到很失望。两年后的一天，王世襄忽然在地安门桥头曹书田开设的古玩铺里看到了这件香几，经询问才得知原来青山居管理处撤销后，将一些破旧家具交付给这里进行处理变卖，因为这件香几是铁力木材质，王世襄遂以不高的价格将其购买。随即，王世襄租用一辆三轮车，把香几抬上车后因怕对其有所损坏，他便用两只手把稳香几的牙子，还将双脚也垫在香几的托泥下，以致两脚面被硌出两道深沟也未感觉疼痛。

　　与此经历相类似的，还有一次王世襄经吴学荣介绍前往广渠门附近一位曾经从事古玩者的家中，购买了一只明万历缠莲八宝纹彩金象描金紫漆大箱。双方商定价格交易后，王世襄找来一辆三轮车将其装上车，这时才发现车上已经没有了自己的容身之地，于是他只好徒步在后面推着车子回了家。

叨扰老友

不过，这种历经艰辛和周折最终成功收购的例子，王世襄并非每次都能如此幸运，有时虽经诸多波折也未必能如愿。如果"求售倘不谐"的话，王世襄便只能请求物主容许他进行"绘图留记录"，即便如此，遗憾和碰壁之事还是会经常发生。关于这一点，与王世襄有总角之交的朱家溍先生回忆说：

> 记得 1959 年冬天，他（指王世襄）腋下夹着一大卷灰色幕布，扛着木架子，和受邀请的摄影师来到我家，逐件把家具抬到院里，支上架子，绷上幕布，一件件拍完再抬回原处。紫檀、花梨木器都是很重的，一般至少需要两三人才能抬动。在我家有我们弟兄和他一起搬动，每件木器又都在适当位置陈设着，没有什么障碍。我的母亲也很喜欢他有一股肯干的憨劲，一切都给他方便，当然工作就比较顺利，但力气还是要费的。可是去别处就不尽然了。譬如有的人家或寺院，想拍的不是在地面上使用着的，而是在堆房和杂物堆叠在一处，积土很厚，要挪动很多东西才能抬出目的物，等到拍完就成泥人儿了。还要附带说明一下，就是揩布和鬃刷子都要他自己带，有些很好的家具因积土太厚已经看不出木质和花纹了，必须擦净，再用鬃刷抖亮，才能拍摄。这还属于物主允许搬动、允许拍摄的情况。若是不允许，白饶说多少好话，赔了若干小心，竟越惹得物主厌烦，因而被屏诸门外，那就想卖力气而不可能了。

与朱家溍先生弟兄支持配合王世襄搜研家具的，还有王世襄的老友惠孝同先生。对此，王世襄曾特别记述一事，即便在今天看来这也属不宜为之的事情，但是却从一个侧面可知王世襄搜研家具之痴情：

> 忆 1945 年自蜀返京，见兄（指惠孝同先生）斋中有鸡翅木画桌，长而宽，两面抽屉四具，铜饰錾花镀金。爱其精美壮丽，谓兄曰："吾将完婚，愿室中有案如兄者，不知许我求让否？念兄每日踞之书画，不敢启齿。"兄竟欣然同意，以当年购置之值见让。两年后，襄对明、清家具渐有认识，知画桌用材为新鸡翅木，晚清时物，不能作为明式实例。恰于此时喜得宋牧仲所遗紫檀大案，亟欲陈之于室，苦无地可容。于是据实告兄，并曰："倘尚无适用之案，鸡翅木一具，可否仍归兄有？"兄曰："我虽已有案，为祝贺新获重器，前者愿依原值收回。"先严闻知，怒而呵责："真不像话，喜欢时夺人所好，不喜欢时又要求退回，对朋友怎能如此！"又曾为买家具，向兄借二百元，两年后始还清，币已贬值。今日思及，犹不觉颜赧。

除了知交情深者不计烦劳和利益对王世襄搜研家具给予大力支持外，现实中事与愿违的情况实难避免，否则王世襄不会在《明式家具研究》后记中发出这样的感叹："也曾多次遇到品种或形式属于罕见，而竟失之交臂，徒唤奈何。"确实，在王世襄搜集家具过程中，特别是"扛在'窝脖'（北京往日用项顶肩扛来取送贵重物品的搬运工）肩头及捆扎在排子车上正在运输途中的家具；在鬼市（又名晓市，在黎明前进行交易的旧货集市）及木料摊上见到而随即被人买去的家具；既不容许画图，更不可能拍照，即使进一步追踪，也十九空手而回"，这些都让王世襄倍感遗憾和无奈。

交杌深情

既然王世襄对搜研家具如此痴情用心，一些倒卖家具旧物者有时也会携运器物到其门上兜售。比如，德胜门外马甸晓市一高姓买卖旧物者，就曾特意将一件小交杌送至王世襄门上，并由此引发了一段故旧深情的往事来。

1962 年底，正着手进行中国古代家具专题研究的杨乃济先生，在前往中国美术家协会拜访郁风先生时，经其介绍结识了久闻其名的王世襄。初次相见，已经有过一段出入鲁班馆搜求家具经历的杨乃济先生，很自然地与王世襄有了一种相见恨晚的感觉，随后他便成为芳嘉园雅集时的常客。在芳嘉园里，杨乃济先生曾测绘和拍摄过王世襄所藏一些精品家具的图片，后来大多用于刘敦桢先生主编的《中国古代建筑史》一书中，而当王世襄编著《明式家具研究》时，杨乃济先生则主动为其绘制了一些家具线图，虽然这些线图后来都毁于"文革"浩劫中，但是两人之间的感情则就此更加深厚。"文革"前夕，杨乃济先生将被放逐到广西"五七干校"劳动改造，黄苗子和郁风夫妇为其共治酒肴饯行，宴席上王世襄将一件"随地可坐又便于携带的黄花梨小交杌"赠送给了杨乃济先生。这一说法，是杨乃济先生之言，王世襄则另有缘故：

为了绘制家具图，承蒙杨乃济先生（原注：古建筑专家，梁思成先生高足）慨允，愿大力协助，不接受任何报酬。此事对研究所（注：指中央音乐学院民族音乐研究所）本是一项无偿的贡献；不料为了在所中工作室支架一块绘图板，竟遭到中层领导的种种刁难，拖延数月，不予安排。随后他又联合人事处处长李某及由小器作工头转为干部，以欺凌工人而不齿于人的某甲，召开斗争会，对我进行批判。绘图一事自然也被取消。

　　我本以为"右派"摘帽后，应当可以回到人民中间。至此方知"摘帽右派"，早已成为一种身份，和"右派"并无差异，随时都可以对具有此种身份的人进行管制歧视。中层领导自己干不了，也不愿看见有别人干。一心向上爬的最善利用欺凌"右派"来表现自己进步，某甲就是以此起家的。现在研究所新调来一个"摘帽右派"，自然大有文章可做了。

　　此时我也明白全国各单位都是如此，又何必耿耿于怀。不过专诚送上门的义务绘图都会遭到拒绝，未免使乃济兄感到极不愉快。我也有负他的美意而不安。为此我将小交杌赠送给了他，聊表寸衷。

　　接受王世襄赠送小交杌的杨乃济先生，没有想到王世襄的这一心理，只是当作"睹物如见人的念物"接受后，便随身携带着前往广西"五七干校"接受劳动改造去了。再后来，杨乃济先生与王世襄分别从各自的"五七干校"返回北京，当王世襄编著《明式家具珍赏》借用这件小交杌拍照录入时，杨乃济先生因其"念物"的意义已经不存，遂表示物归原主，而王世襄却没有接受，反而在《明式家具珍赏》中注明"杨乃济藏"的字样。这让杨乃济先生颇有"其实难副"和"如鲠在喉"的感觉。后来，王世襄将其所藏全部明式家具捐藏于上海博物馆，杨乃济先生便再次携带小交杌送还给王世襄，以示对老友之慰藉："你的家具都已没有了，不感到有些失落感吗？"于是，这件见证两人深厚情谊的小交杌又回到王世襄的俪松居，而当笔者初访王世襄时，这件小交杌早已被王世襄又赠送给了上海博物馆。

辗转捐赠

其实，以王世襄如此执着长久的收购，他所藏明式家具原本不止捐藏上海博物馆的那 80 件，这只是"文革"之初被辇载而去后又归还时的数量。

然而，即便只是这 80 件家具，当年也给王世襄的居室增添了极大负担，以致他不得不将其中大件拆开叠摞起来，因为原本三进四合院属于王世襄夫妇和他那 80 件明式家具的只有中院三间北房，而这三间北房不仅不足以让这些精美的明式家具舒展腰身，就连王世襄夫妇就寝之地也被挤占得极为局促。好在王世襄历经多重磨难后已经变得乐观豁达起来，只是他依然把这些明式家具视若生命一般珍爱着，就连 1976 年河北唐山发生大地震波及北京时，当几乎所有北京人都自愿或按照规定搬出居室防震后，他竟然与这些明式家具不离不弃，甚至把两件款署明万历年制的大柜合而为一，当然也有节省居室面积以作他用之意。对此，王世襄后来回忆说："'文革'后发还部分抄家家具。成对大柜，只能去掉柜顶，否则进不了屋。唐山大地震刚过，我索性卸下四扇柜门，柜子面对面放。柜膛横木和柜顶都架铺板，柜内睡人，柜顶堆书。太安全了，房子震塌了也压不着我，屋顶漏雨湿书，只能听之任之了。"王世襄如此"绝妙"的防震术，引得老友黄苗子先生题写了这样一副有趣的对联：移门好就橱当榻，仰屋常愁雨湿书；横批：斯是漏室。

到了 20 世纪 90 年代初，王世襄居住了近 80 年的芳嘉园老宅面临私房改造，北京市政府有关部门在实施这项工程时，曾规定凡出租房屋满 15 间者便将所出租房屋收归公家所有。当时，王世襄家已有 11 间房屋出租，因不够私产归公这一今天看来属于严重违法之荒谬政策，房管部门和街道办事处便极力动员王世襄将存放明式家具的那几间厢房腾出来出租他人，并声言如果不出租的话，便占用这几间厢房开办托儿所或街道食堂。在这种不得已的情况下，王世襄只好将诸多明式家具拆开堆放进三间北房里，将那几间厢房腾出来出租他人，从此这几间厢房也就不再属于他自家私产所有了。此后，更让王世襄感到焦虑不安的是，北房后墙居然成为入住原属王家后院的那五户人家之厨房后墙，而那五家住户的小厨房均以油毡覆顶，且距离堆放明式家具的那三间北房屋檐只有一米之远，一旦有一家厨房不慎失火的话，王世襄历时数十年收藏之明式家具和那北房都将付之一炬。面对这一危险急迫的情况，王世襄多次找到街道办事处、房管局及文物保护事业行政管理部门反映情况，可得到的都是敷衍了事的答复。这时，上海博物馆恰巧修建完工，且辟有专门的家具展厅，只是没有一件家具可供展出。于是，上海博物馆马承源和汪庆正两位馆长便找到时任国家文物局局长的张德勤，委托其向王世襄说合，希望以 100 万元人民币作为王世襄 80 岁寿诞贺礼的名义，将其所藏明式家具全部捐赠给上海博物馆。对于上海博物馆的这一美意，王世襄也表示认同，但他似乎更能体谅刚刚修建完工的上海博物馆在经济方面的难处，而即将居无处所且家无余资的王世襄，又实在不能将其无偿捐献。因此，王世襄随后提出一个两全其美的方法，那就是采取国外个人捐献文物的通用方法，即由企业家出资从藏家手中购买藏品后再捐献给博物馆。当然，王世襄还明确表示，只要出资者不私存一件藏品的话，其所出资金只要够在北京购买一处居所，他便将收入《明式家具珍赏》中属于自己所藏的明式家具全部转让。

对于王世襄这一合情合理且极为可行的建议，上海著名印人吴子建先生希望能够促成此一大有功德之事。随即，他先找到新加坡一傅姓华裔朋友商谈，未果后又找到香港富茂有限公司董事长庄贵伦先生，这位庄先生祖上曾在上海开创过极为辉煌的商业，当时他正思索何以回报上海这一祖上发家致富的福地，今有好友吴子建先生献此良缘美意，他遂毫不犹豫地与王世襄达成协议。就这样，庄贵伦先生以区区 50 万美金买下王世襄所藏 79 件明式家具捐赠给上海博物馆，从而了却他多年之夙愿。而王世襄呢，也用庄先生所出不足 79 件明式家具市值十分之一的资金，购买了如今芳草地这所公寓住宅。当然，最让王世襄感到欣慰和幸福的，是这 79 件明式家具终于有了一个永久安定的家。

说起此事，笔者初访王世襄时还听其笑着说，若按当时与庄贵伦先生所约，自己所藏四具一堂之牡丹纹紫檀大椅，只有一把两次出现在《明式家具珍赏》图录中，其余三把完全可以按照约定不必捐献出来。而王世襄因不愿看到一堂四把紫檀大椅被拆散，便毫不犹豫地全部拿出捐赠了。至于如今上海博物馆所收王世襄旧藏明式家具是 80 件，而非原定的 79 件，那就要加上那只注明"杨乃济藏"的小交杌了。

聚散俪松居（二）

——王世襄收藏宣德炉的来龙去脉

窦忠如

关于宣德炉，孤陋如在下者恐多不知其自成文物古玩中不大不小之一类，更对其成为当今收藏家新宠有些寡闻，但这并不妨碍半个多世纪前王世襄对宣德炉的情有独钟，或者说他早在50多年前就对收藏宣德炉独具慧眼了。

铜炉之美

其实，王世襄所藏铜炉仅有40余具，且大多是那位引导他学会斗蛐蛐的畜虫者宿赵李卿赵老伯所赠，或购买赵李卿转售他人之旧藏，只有少数因为机缘巧合而购于摊肆。不过，若从2003年11月26日中国嘉德拍卖公司举办题为"俪松居长物——王世襄、袁荃猷珍藏中国艺术品"的拍卖专场上，总共21具铜炉全部落槌成交，且单具铜炉竟然拍出超过底价10多倍的166.1万元人民币之高价而言，就不能不使人们对于铜炉收藏陡生一种新的认识了。

王世襄所藏铜炉，统称为"宣德炉"或"宣炉"，恰如其发掘、收藏和命名的明式家具一样，"宣德炉"一名并非只指明宣德年间所制铜炉，而是对制造于明清两朝供文人雅士清玩的小型铜炉之统称。不过，虽然传世文献中称宣德年间所制铜炉不惜工料且数量糜多，但是王世襄却认为无论是北京或台北两家故宫博物院所藏，还是民间私人藏炉名家手中，竟然没有一件宣德年制铜炉堪当标准器的，相反倒是刻铸有明清两朝其他年款的私家铜炉，在炉形和铜质上都至臻佳妙，这不由使人们对相关文献产生了一种疑问。

铜炉之美，不似青铜器那样因有铭文，而与某种文字、书体或一段历史旧事相关联，从而具有印证文献和史实的学术研究价值，它的形制和花纹都极为简单凝练，可藏炉家所欣赏者，却正在于铜炉简练之造型、幽雅之本色，那种不着纤尘、润如肌肤、精光内含、谧而不嚣的气韵姿态，曾使明清两朝诸多文人雅士在摩挲把玩中，享受到了闲适生活之情趣，体味到了幽雅人生之妙意，只可惜这种生活境界和情趣已经与今人相去甚远矣。记得王世襄藏有一具款识为"爇名香兮读楚辞"的冲天耳三足炉，今人从其所写一则简短说明中，完全能够感受到文人雅士在香气缭绕中阅读楚辞古籍之妙趣："铜炉款识，或用年号，或用室名，或用姓氏，或用别名，皆常见。而此以炉所予人之情趣为款识，文如闲章，旷逸可喜，实少有。读离骚亦曾以此炉焚香，有助遐想。"

这就是铜炉之美。

爱炉如命

当然，铜炉之美不仅在于自身形质之美，更在于人们赋予其某种情感或经历，从而有了一种生命的感觉和精神寄托，比如爱炉如命者赵李卿。

民国初年，赵李卿卜居芳嘉园，距离王世襄家不过数十步远，后来虽然移居八大人胡同，但是与芳嘉园也仅仅隔着一条小巷，所以幼年王世襄几乎每天都要携鸽来到这位赵老伯家门前放飞，秋天则又捧着蟋蟀盆罐前来请教，赵老伯对王世襄在养鸽子、秋虫等方面多有濡染和指点，就连其夫人庄岱云女士每次也都不忘拿些果饵抚爱王世襄一番。酷爱鸽子和秋虫的赵老伯，收藏小古董摆件则是他平生一大爱好，每每游逛古董摊肆时总要买一些人舍我取的小玩意，其中对铜炉最是情有独钟，经过多年搜集竟达百十具之多，堪称一代藏炉大家。当然，以赵李卿对铜炉之钟爱，其对铜炉的保养、鉴赏乃至烧制都有独到心得。对此，王世襄在《漫话铜炉》一文中，曾对这位赵老伯烧制铜炉有一段记述，至今读来还让人对其钟爱铜炉之情别有一番感受：

> 烧炉者有一共同心愿，亟望能快速烧成，十年八载实在太慢了。不过藏家谁也不敢轻举妄动，怕把炉烧坏。敢用烈火猛攻的只有一位，我父亲的老友赵李卿先生。……炉一到手，便浸入杏干水煮一昼夜，取出时污垢尽去，锃光瓦亮。随后硬是把烧红的炭或煤块夹入炉中，或把炉放在炉子顶面上烤。他指给我看：哪一件一夜便大功告成；哪一件烧了几天才见效；哪一件烧后失败，放入杏干水中几次再煮再烧，始渐入佳境。也有怎样烧也烧不出来，每况愈下，终归淘汰。不过鉴别力正在逐年提高，得而又弃的已越来越少了。

受到这位赵老伯的耳濡目染，王世襄对铜炉产生了浓厚兴趣，并开始效仿烧制铜炉。民国三十六年（1947 年）冬季的一天，王世襄在海王村古董店货架上发现了一具蚰耳圈足铜炉，虽然铜炉满身污泥，但是底部那"琴友"两字的款识则让王世襄欣喜不已，因为夫人袁荃猷当时正跟随国手管平湖先生学习古琴，所以他毫不犹豫地就买了回来。回到家后，王世襄效仿赵老伯烧炉之法，将铜炉放入杏干水中整整煮了一夜，待第二天取出时发现铜炉身上污泥尽除、润泽无瑕，还呈现出了一种诱人的棠梨色。受平生以速成法成功烧制第一炉之鼓励，王世襄开始有意收藏并多次尝试烧制铜炉，可烧制结果并不理想，因为往往是"十不得一二"。不过，以王世襄做事一贯执著和钻研之精神，竟然在十多年后从北京图书馆简编图籍中，发现了清·吴融撰写的一部《烧炉新语》。面对这部烧炉奇书，欣喜若狂的王世襄遂亲手抄录了总共只有32篇的《烧炉新语》，并恨不得立即将手抄稿送给赵李卿先生细看，可惜这位爱炉如痴的赵老伯早已神归道山了。

赵老伯与其夫人庄岱云女士虽然都已神归道山，而王世襄每每想起他们则始终怀有一份深深的感动和敬仰，这不单是因为两位老人对王世襄也始终怀有一份深情，更由于当年在日军严刑拷打折磨下双双表现出坚贞不屈精神之使然。然而，让人徒生万千感慨的是，这样一对坚贞的爱国老人，后来竟然沦落到出售心爱铜炉以换取柴米才能生存下去的地步。原来，赵李卿夫妇怀有坚贞的爱国之心，其一子二女当年也都是共产党员，不幸的是其子及次女在抗日战争中壮烈牺牲，而北京沦陷期间赵李卿先生也因不愿出任日伪政府官职，而沦落到生活朝不保夕的凄凉境地。后来，赵李卿先生为了换取柴米以生存，经陈剑秋介绍不得不将百十具铜炉出让给了伪卫生局局长庞敦敏，两相交接之后陈剑秋又以自己所藏将其中一些精品交换而去。对于不得已出让铜炉一事，赵李卿先生每每与人谈起时，那种眷念不舍之情总是溢于言表，实在让人不忍目睹。

归去来兮

时间转眼到了 1950 年初的一天，自美国参观考察博物馆归来不久的王世襄前往探视赵老伯夫妇，赵李卿先生竟然在所剩铜炉中挑选出 10 具赠送与他，并再三叮咛说："各炉乃多年性情所寄，皆铭心之物，幸善护持勿失。"

面对赵老伯如此重托，王世襄除了以旅美期间节余经费作为酬谢外，只能备加爱惜珍视这些寄托赵老伯性情之铜炉了。当然，以王世襄向来珍重情谊之性情，他的心里始终想着应该将赵老伯出让的那些铜炉再收购回来，以免这些寄托赵老伯一生性情之物散落四方。经过多方努力，王世襄先后几次从庞敦敏处购回了赵老伯当年旧藏多具铜炉，特别是 1951 年 2 月 28 日一次就从庞家买回了 10 多具，而当王世襄挑选出两三具精品欣喜地送与赵老伯夫妇摩挲欣赏时，当时正在病中的两位老人竟激动万分，不顾剧烈咳嗽的羸弱病体，颤抖着双手持握旧日心爱之物把玩良久也不忍放下，如同看见故旧友朋一般恋恋不舍。这时，倚靠在床头的赵老伯告诉王世襄说："最佳之炉，不在庞家而在陈处。如顺治比丘造者，可谓绝无仅有，视明炉尤为可贵。倘能得之，当为尔庆，勿忘持来再把玩也。"闻听此言，王世襄默然无语，他明白赵老伯怀念那些散失铜炉之深情，暗想一定要购回那具"顺治比丘造者"，以慰藉老人爱炉之心。而就在王世襄起身准备告辞时，赵伯母庄岱云女士忽然拿起案头一具"玉堂清玩"款戟耳炉，递给王世襄说："你拿去摆在一起吧。"面对此情此景，王世襄"倍感凄恻，竟嗒然久之，不知言谢"。再后来，王世襄经过一番探询后，终于从陈剑秋女婿的一位仆人口中得知，陈剑秋虽然已经离世，但是他当年所藏的那些铜炉，大多由其第四子的妻子所拥藏，且已有多具出售给了美国人，这不由让王世襄心怀忐忐，有一种惴惴不安的感觉。刻不容缓，王世襄急忙找到位于汪芝麻胡同的陈家，当他亲眼获见那具"顺治比丘造者"还在陈家时，心里才稍稍安定下来，遂经过一番讨价还价后，王世襄终于买回了这具铜炉，而始终惦记着这具铜炉的赵老伯这时却已经神归道山了。其实，赵老伯所谓的"顺治比丘造者"，是一具铸有"大清顺治辛丑邺中比丘超格虔造供佛"16字款识的冲天耳三足铜炉，王世襄认为将之供在案头后，果然"寒斋生色"。也正是这具铜炉，在2003年中国嘉德拍卖公司为王世襄夫妇举办的那场拍卖会上，与款识为"崇祯壬午冬月青来监造"的冲天耳金片三足炉，一并创造了那次铜炉拍卖的最高价。

说到这具明崇祯款冲天耳金片三足炉，它确实与王世襄所藏其他款识之宣德炉有所迥异，因为宣德炉讲究的是浑身光素，以不着任何纹饰的铜质本身之光泽质感，给人以一种天然去雕饰的感受，而这具明崇祯款铜炉却遍体洒满金片，似乎有一种斑驳之感，若用手指抚摸则完全能够感觉其厚度，但是并没有明显地突出于铜炉本体。至于获此铜炉经过，王世襄坦言道："赵汝珍先生寄居积水潭东侧余家祠，傍湖筑鸽舍，招予观赏所畜品种，谈笑甚欢。濒行，以此炉相赠。次日以短嘴斑点抃灰（笔者注：中国传统观赏鸽品名）一双为报，时为1951年3月31日。"

玉堂清玩

与鸽友赵汝珍及赵李卿赵老伯等赠炉有所不同的是，王世襄从古董摊肆上也曾淘买有多具精品铜炉，比如名列《自珍集——俪松居长物志》所收铜炉类藏品第一位的那具"四龙海水纹三足炉"，就是王世襄于1953年10月购自真赏斋。关于这具铜炉，王世襄认为其造型与明炉截然不同，范铸也没有明炉那样精致细腻，且炉身所铸龙形古朴而苍劲，应该是明朝以前宋元时期之物。果然，在 2003 年那次拍卖会上这具铜炉被定为元代之物，并拍出了 36.1 万元人民币的价格，想来是对这一断代表示认同。那么，这具铜炉有何与众不同之处呢？对此，王世襄认为："炉身如盆。口下一周平列旋纹，回卷处有珠，以象波涛。海水为地，突起四龙，前瞻与回顾者相间。底匜垂三瓣纹饰，以环束之，似幔帐缨络。三棱戈足，焊底上。口与足端无锈处，露红铜质色。"

在王世襄所藏铜炉中，有多具铸刻"玉堂清玩"之款识，但其品格高下却大有差异，这不由让王世襄认定其中必有仿制伪造者。当然，对于王世襄的这一论断，稍有常识者不能不表示认同，因为不仅仅是铜炉这类不可能大量制造者如此，即便如同款同窑烧制数量动辄成百上千之瓷器，也不可能出现品格高低悬殊甚大之品。不过，王世襄所藏"玉堂清玩"款铜炉大都来自赵老伯夫妇所赠，而以赵老伯对铜炉痴爱之深、把玩研究之透，赝品伪劣者断不可能留藏，所以王世襄接受所赠者也都是其中的珍品乃至精品。比如，前面提及赵伯母庄岱云女士所赠的那具"玉堂清玩"戟耳炉，王世襄就曾这样说道："色近棠梨，莹澈闪金光，而大半为黑漆古遮掩，淡处如雾翳，浓处如墨泼。静中晤对，忽欲浮动，恍若陈所翁（笔者注：南宋水墨画家，姓陈名容，字公储，号所翁）画卷，弥漫中将有神龙出没。"面对这样一具让人在静穆中又不免遐思翩跹之铜炉，难怪笃信佛教的庄岱云女士将其常置案头喂以香饼呢？故此，王世襄将其列为赵老伯所藏二三十具戟耳炉中之第一名，也就实在是情理中事了。

以王世襄对铜炉之鉴别力，想来其所藏不是精品也应当是珍品，但是他并不隐讳其中也有赝品之说，即同样收入《自珍集——俪松居长物志》中的那具"奕世流芳"冲天耳三足炉。至于王世襄为何没将此赝品铜炉毁之而后快，我们不妨阅读其为此炉所写的一段说明，从中不难明了他收藏文物并"不在据有事物，而在观察赏析，有所发现，有所会心，使上升成为知识，有助文化研究与发展"之良苦用心：

炉内底有"工部臣吴邦佐监造"，"乾字第贰号"长方印记。（公元20世纪）50年代中期于琉璃厂东门估者家见之，以为造型厚重，似与曾见宣德款炉及有吴邦佐戳记者有别而购之。后出示傅大卣先生，谓系后仿，语气肯定，且似言有未尽，而先生固久居厂肆，深知估人底蕴者。此后端详此炉，觉其两耳臃肿，款识亦可疑，铜色偏黄，似曾染色，傅老所言当不误。唯念宣炉有疑问者甚多，倘有赝品供研究亦佳，故未弃之。

如此看来，窃以为仍以王世襄对铜炉挚爱之情、研究之深，完全应该有类似于竹刻、鸽哨等绝学专著问世，何以仅有手抄古人《烧炉新语》旧籍及《漫话铜炉》一则短文，以及《自珍集——俪松居长物志》中那区区30则说明词呢？当然，以王世襄老当时年逾九旬之大寿，我们断不忍心再有贪读其美文之妄想，不过若将以上所列关于铜炉之类辑为一册，恐怕也不失为一部趣味盎然之绝学著述吧？

聚散俪松居（三）

——王世襄的琴人琴事

窦忠如

神秘的古琴

作为中国历史最悠久的一种弹拨乐器，古琴早在距今 3000 多年前的周代就已创制而成，古谓之为"琴"或"瑶琴"，而今还有"七弦琴"之称。不过，最初的古琴只有五根弦，后来周文王为了悼念他死去的儿子伯邑考，便增加一根弦为六弦琴，到了武王伐纣时为了鼓舞士气，又增添一根弦，故古琴又有"文武七弦琴"之称。

位列传统文人"琴、棋、书、画"四艺之首的古琴，无论是五弦、六弦还是七弦，其本身构造就充满了神秘的象征色彩。古琴身长三尺六寸五分，就代表着一年三百六十五天；琴身宽有六寸，则象征着六合；琴面上安有标示音位的十三个徽，就表示一年十二个月与四年一次的闰月；弧形琴面与平形琴底，则分别代表着天与地，当然还有"天圆地方"之说；就连古琴最初的五根弦，也是按照宫、商、角、徵、羽这五声设置，同时也代表着金、木、水、火、土这五种元素；乃至后来发展成为七弦琴时，也是上述五声演变为宫、商、角、变徵、徵、羽、变宫这七声之故。除了古琴本身的神秘色彩外，传统文人们还根据其特有的音质和品格，赋予其"奇、古、透、静、润、圆、清、匀、芳"这衡量琴音的"九德"标准，以及一种包含有"清、微、淡、远"这传统文人所追求的审美意境。

不知道王世襄是不是身背古琴游历欧美的中国第一人，反正民国37年（1948年）6月1日，他就曾携带由元斫琴名家朱致远所制的那张古色古香之七弦琴，搭乘美国威尔逊号轮船潇洒地渡过重洋，在波士顿博物馆等西方富丽堂皇的厅堂内，奏响了最能体现古老中国神韵风情的妙音韶乐。那么，前往欧美考察博物馆的王世襄为何对古琴如此情有独钟，关于他的琴人、琴事又有哪些妙趣逸闻呢？

大圣遗音　"玉振""困学"

作为收藏家，王世襄收藏的古琴堪称举世无双、世所罕见；关于王世襄的琴人琴事，同样是风神潇洒、令人神往。这与王世襄传统的文人做派有关，也与古琴这种中国最古老的乐器关系紧密。

关于古琴，与其说它是中国特有的一种古老乐器，还不如说它是文人雅士追求儒雅风范的一种标志，或者说它是士人骚客标榜闲情逸致的一种精神象征，当然也可以说它是中华传统文化中淡雅平和、蕴涵风流的最佳载体。特别是当古琴这种乐器由技能演奏逐渐演变为文化情趣流淌的时候，它的内涵远远超出了音乐的范畴，而成为中国典型文人精神和雅士情怀的寄托。所以，从某种程度上说，收藏古琴就是收藏风流雅趣，收藏古韵清风，收藏儒雅经典，收藏空灵情怀……至于古琴收藏之实体，虽然早在距今 3000 多年前的周朝就已经产生，随后传说中还有齐桓公的"号钟"、楚庄王的"绕梁"、司马相如的"绿绮"和蔡邕的"焦尾"这四大名琴，并且在春秋擂鼓墩楚墓与西汉马王堆汉墓中已有实物出土，但是最受如今藏家追捧的则是传世唐琴。在传世唐琴中，首推雷公所斫之"春雷"，即"唐琴第一推雷公，蜀中九雷独称雄"之谓也。在"蜀中九雷"中，尤以雷威斫琴成就最大，其一生所斫之琴又以"春雷"声名最盛。

虽然今人很难见"春雷"古琴之神韵，但是九疑山人杨时百先生在《藏琴录》中所记述之唐琴还是不难获见一二的，比如王世襄曾藏之唐"大圣遗音"伏羲式琴。

对此，我们不能不先阅读杨时百先生《藏琴录》中"龙门寒玉"一则内容："虞君得鹤鸣九皋与李君伯仁所藏独幽及飞泉，锡君宝臣藏大圣遗音，武英殿陈列所长安元年制者五琴，池下皆有印方二寸'玉振'二字，丝毫不爽。西园主人因大圣遗音'玉振'印上有方印'困学'二字，定为鲜于伯机印，或'玉振'亦鲜于氏印也。独幽旧藏衡阳王船山先生家，为人所得，李君又从其人得之。独幽池内刻太和丁未，大圣遗音刻至德丙申，飞泉外刻贞观二年，皆鸿宝也。"在这里，有两点需要向读者交代，不过不能算是自作解人：一是文中所说的"虞君"和"西园主人"所指何人；二是"西园主人"就大圣遗音"玉振"印上有方印"困学"二字，便将其定为元代大文学家鲜于伯机曾藏此琴之说。关于"虞君"，查阅典籍可知应该是指唐初大书法家虞世南，这一点恐无疑问。至于"西园主人"，则是王世襄曾多次提及的那位"西园贝子"，即又称"红豆馆主"的清宗室书画家溥侗先生。对于溥侗先生因大圣遗音琴上有"玉振"和"困学"两印而认定曾为鲜于伯机所藏之说，北京故宫博物院研究员、古琴鉴定家郑珉中先生则提出了异议：

在九疑山人书中提出西园主人对玉振印的看法，认为是元代鲜于伯机之印，其实不然。传世唐代古琴于龙池下刻有三种大印已如前述，仅刻“玉振”二字大印的琴就有五张，其中盛唐、中唐各一张，晚唐三张，这五张的印文虽同，而边栏的粗细、印之大小却有所不同。盛唐琴为细边大印，中唐者略小，作宽边，晚唐皆作较小的宽边印。只是中唐的琴刻有一方“困学”小印于其上，其余并无“困学”之印，可见“玉振”为鲜于氏印之说是不确切的。

在发表于 2002 年第二期《故宫博物院院刊》上的这篇题为“台北故宫藏古琴考辨”一文中，郑珉中先生若仅从印学角度而论断“西园主人”之说不确切的话，似乎也有不太确切之嫌，好在其列举了唐代不同时期都刻有“玉振”之印的五张古琴加以比较说明，只是我们无缘获见这五张古琴的原貌真颜，特别是其上所刻之年款，若能辨识出年款之先后与真伪，恐怕郑珉中先生之论还需再论。不是后生妄自揣测，而是古琴所刻年款多有不符所研年代者，比如郑珉中先生在同一篇文章中所举山东琴家詹澄秋先生旧藏师旷式“太古遗音”古琴之例。另外，以郑珉中先生对古琴研究之精深，似乎不应该出现该文中所称仅刻“玉振”二字大印的唐琴有五张之说的舛误，因为他在文中所附刻有“玉振”二字大印的五幅古琴图片中，除了有三张古琴与其同样引录杨时百先生在《藏琴录》中所载相同外，至少还有汪孟舒先生旧藏的“春雷”和“枯木龙吟”两张古琴，即便以郑珉中先生在该文中考辨认为杨时百先生在《藏琴录》中所载“武英殿陈列所长安元年制者”即为“万壑松涛”古琴是否属于唐琴还是一桩悬案的话，刻有“玉振”二字大印的唐琴也不是郑珉中先生所说的五张，而至少应该是六张。同样让人对郑珉中先生所论表示遗憾的是，“西园主人”溥侗先生是“因大圣遗音‘玉振’印上有方印'困学'二字",才将此琴首先定为鲜于伯机所藏,至于"玉振"二字之印是否就是鲜于伯机之印,他只是持有一种怀疑的态度而已,否则怎有"或'玉振'亦鲜于氏印也"之说呢?当然,随后郑珉中先生就"玉振"之印到底应该是谁之印的问题,还是比较慎重地采纳了汪孟舒先生之论:

还有一种说法认为是宋徽宗宣和百琴堂的藏印,这是古琴家汪孟舒先生在《春雷琴记》中提出的。汪氏所藏之春雷为盛唐雷氏作,据《烟云过眼录》载曾为百琴堂之冠,因有此说,事属推论当有待于证实。

鬻书典钗　易此枯桐

虽然刻有"玉振"二字之印的"大圣遗音"古琴有诸多迷雾,但是同样不妨碍我们通过王世襄的文字解说,来对它有一个比较细致的了解和认识,特别是收藏此琴之经过。记得王世襄在《自珍集——俪松居长物志》中说,杨时百先生在《藏琴录》中认定"皆鸿宝也"的那五张唐琴,古琴国手管平湖先生不仅都曾见过,还有弹抚多年者,特别是对于"大圣遗音"伏羲式古琴更是推崇备至,认为是九德兼备远非后刻贞观款识之"飞泉"等琴所能比。那么,"大圣遗音"伏羲式古琴到底有何绝妙之处呢?王世襄解说道:

"大圣遗音"栗壳色,七徽以下弦路露黑色,遍体蛇腹断,中间细断纹,额有冰纹断。圆池,池上刻草书"大圣遗音"四字。池内纳音左右上下四隅分刻隶书"至德丙申"四字年款。是为唐肃宗至德元年,公元756年。即安禄山叛乱,唐明皇入蜀,李亨即位改元之时,亦即李白附永王李璘事败,将流放夜郎之时。池两侧刻隶书"峰阳之桐,空桑之材，凤鸣秋月，鹤舞瑶台"十六字。池下有"困学"、"玉振"两方印。以上除年款外皆刀刻髹金。青玉轸足，细镂绦结及旋瓣花纹，当为明琢。沼扁圆形。1947年襄在故宫养心殿南库门后拣出神农氏唐琴，不仅草书琴名与此全同，漆色、断纹、池沼、年款亦绝似。池侧四言诗词句虽异，字体位置又复相同。两琴当斫于同时，出于同手，珉中兄定为中唐初期宫中所造，可谓标准器。盖内府乐器，每制不止一件也。

正如王世襄所说，现存"大圣遗音"唐琴不仅有其曾藏之"伏羲式"一张，还有当年他在故宫养心殿南库门后废弃杂物堆中挑拣出来的"神农氏"一张。如今，"大圣遗音"神农氏古琴依然珍藏在北京故宫博物院，而王世襄"鬻书典钗"所得之"大圣遗音"伏羲式古琴，已于2003年那场拍卖会上以中国古琴全球拍卖的最高价易主他人了。据见证当时拍卖盛况的业内人士介绍说，当这张古琴以250万元人民币底价起拍时，有一位买家根本没有按照竞价规则递进举牌，而是随即叫价高达600万元人民币，随后经过15个回合的激烈竞拍，最终被30号买家以891万元人民币的天价收入囊中，真可谓是稀世唐琴拍新高啊！

至于王世襄当初"鬻书典钗，易此枯桐"的往事，王世襄曾有细说：

所谓"鬻书典钗，易此枯桐"，乃以饰物三件及日本版《唐宋元明名画大观》换得黄金五两，益以翠戒指三枚。其一最佳，乃先慈所遗，实不知其值几许。当时以为唐琴无价，奉报又安能计值，但求尽力而已。而宝臣先生文孙章君泽川亦慨然同意，盖因荃猷从汪孟舒先生学琴，而孟舒先生乃其祖父多年琴友，故亦未尝计我之报是否相当也。

其实，王世襄虽然早已得知锡宝臣先生所藏之"大圣遗音"伏羲式古琴，遗留给了当年在西单商场摆设书肆的其孙章泽川先生，但是当年他并不敢妄想日后能够获此鸿宝，而是先于民国三十五年（1946 年）春季，在汪孟舒先生的引荐下，从章泽川先生手中求得了一张明"金声"蕉叶式古琴后，才逐渐萌生求取"大圣遗音"伏羲式古琴之意。不过，这一念头在王世襄心中一直埋藏了两年之久，才斗胆再次由汪孟舒先生牵线说合而终偿夙愿。

爱琴至深　花梨改制

因为古琴，所以我们完全理解王世襄在家具收藏类中将一张黄花梨琴案置于第一位的内心用意，虽然人们向来对其所藏明宋牧仲紫檀大画案和明黄花梨月洞门架子床等这类举世无双的"重器剧迹"侧目注重，但是这并不妨碍王世襄自己对家具收藏中这张琴案的偏爱。当然，王世襄之所以将这张黄花梨琴案置于家具收藏之首，其中情缘多多，故不揣偷懒之嫌，全文录下，以飨读者：

1945 年自渝返京，此为最早购得之黄花梨家具。入藏目的，并非作为明式平头案实例，而仅供弹琴之用。时荃猷从管平湖先生学琴，先生曾言，琴几之制，当以可供两人对弹之桌案为佳。两端大边内面板各开长方孔，藉容琴首及下垂之軫穗。其优点在琴首不在琴几之外，可防止触琴落地。师生对坐，两琴并置，传授者左右手指法，弟子历历在目，边学边弹，易见成效，一曲脱谱，即可合弹。惟琴几必须低于一般桌案，长宽尺寸以 160×60 厘米为宜。开孔内须用窄木条镶框，光润不伤琴首。予正拟延匠制造一具，适杨啸谷先生一家返蜀，运输不便，家具就地处理。予见其桌适宜改作琴几，遂请见让，在管先生指导下，如法改制。平头案从此与古琴结不解之缘。

平湖先生在受聘音乐研究所之前，常惠临舍间，与荃猷同时学琴者有郑珉中先生。师生对弹，均用此案。1947 年 10 月，在京琴人来芳嘉园，不曰琴会，而曰小集。据签名簿有管平湖、杨葆元、汪孟舒、溥雪斋、关仲航、张伯驹、潘素、张厚璜、沈幼、郑珉中、王迪、白祥华等二十余人，可谓长幼咸集。或就案操缦，或傍案倾听，不觉移晷。嗣后南北琴家吴景略、查阜西、詹澄秋、凌其阵、杨新伦、吴文光诸先生，均曾来访，并用此案弹奏。传世名琴曾陈案上者，仅唐斫即有汪孟舒先生之"春雷"、"枯木龙吟"，程子荣先生之"飞泉"，拙藏"大圣遗音"及历下詹氏所藏等不下五六床，宋元名琴更多不胜数。案若有知，亦当有奇遇之感。

多年来，予每以改制明式家具难辞毁坏文物之咎。而荃猷则以为此案至今仍是俪松居长物，端赖改制。否则定已编入《明式家具珍赏》而随所藏之七十九件入陈上海博物馆矣。且睹物思人，每见此案而缅怀琴学大师管平湖先生。一自改制，不啻为经先生倡议、有益护琴教学之专用琴几保存一标准器，可供来者仿制。是实已赋予此案特殊之意义及价值，其重要性又岂是一般明式家具所能及。吾题其言，故今置此案于家具类之首。

诚如王世襄所说，这张黄花梨琴案如果有灵性的话，一定会因结识了诸多琴人及名琴而产生奇遇之感，而促成这诸多奇遇的又完全是因为王世襄对原器的改制，这就不能不说是王世襄赋予原器的一种幸运或幸福了。

藏遣由我　琴缘不绝

在收藏家心中，心仪藏品能否归己所有，常常讲究一个"缘"字，即便与自己擦肩而过后又多经辗转之藏品，如果有缘的话早晚还是会为自己所得的，一时不得那是因为缘分未到，终未所得则是自己与这件藏品无缘，这样想来藏家亦就心中无憾了。比如，王世襄与宋"梅梢月"宣和式古琴，就是藏家与藏品之间拥有一种缘分之故，才最终为其所藏。对此，王世襄同样记述得很清楚：

"梅梢月"乃黄勉之先生遗琴，后为溥西园贝子侗所得，辗转归张荫农先生。先生得黄门之传，以一曲七十二滚沸流水享誉京师。哲嗣万里兄工写意花卉，笔法近陈白阳，亦喜藏画。数次往访，见琴悬画室，无弦久矣，曾萌求让之念而未敢启齿。一日告我宝古斋有谢时臣山水长卷，精极，惜居奇而议值难谐。予径往购之，当时实未知是否许以卷相易也。万里兄旋谂吾意，竟携琴枉驾相赠。不惜琼瑶，易我木桃。高谊隆情，永矢不忘。

当然，我们从中亦不难看出王世襄同样深解人意之真情，试想与这样的朋友相交往怎能不如畅饮琼浆之爽意呢？也正因如此，王世襄在收藏古琴过程中多有藏家不惜割爱转让之事发生，这岂不是王世襄与古琴有着前世今生之缘吗？在王世襄所藏古琴中，不仅有唐"大圣遗音"伏羲式之重器鸿宝，更不乏宋、元、明三朝所斫之古琴圭臬，比如"梅梢月"宣和式、朱晦翁旧藏仲尼式、"高山流水"仲尼式和联珠式这四张宋琴，以及当年随同王世襄游历欧美之元朝斫琴名家朱致远所斫的"金声玉振"仲尼式，至于刚才提及由章泽川先生见让的"金声"蕉叶式和郑珉中先生命名为凤嗉式，以及旷代女诗人顾太清所遗之"清梵"仲尼式这三张明琴，多在 2003 年那场拍卖会上露面，从而刮起了一场古琴收藏之旋风。

王世襄除了以上的琴人琴事之外，最与夫人袁荃猷在琴事上和谐共鸣。自幼在祖父身边长大的袁荃猷，从小就在家馆中接受传统国学的滋润和教养，还有幸师从汪孟舒先生学习书法、绘画和古琴艺术，后来又得到管平湖先生的悉心传授，因此培养了她热爱中华传统文化特别是书画艺术和古器物的浓厚兴趣。即便如此，王世襄却为夫人袁荃猷谦说没有接受过音乐学教育，只能做一些有关中国音乐史的资料工作，但是他没有否认当有外宾到中央音乐学院民族音乐研究所参观并想听一听中国的古琴音韵时，还是要邀请袁荃猷女士演奏几曲的。试想，民族音乐研究所领导邀请袁荃猷女士为外宾演奏古琴，岂是王世襄所说她"也能演奏几曲"的水准？其实，我们完全能够想象到，在一个天高云淡、月朗星稀的夜晚，王世襄与妻子袁荃猷在古老而清静幽雅的芳嘉园四合院里，彼此对坐在那张自制的黄花梨琴案前，在檀香袅袅中以"大圣遗音"伏羲式古琴，共抚一曲《潇湘水云》或《水仙操》之情景，那简直就是让神仙也要羡慕十分的眷侣生活。

聚散俪松居(四)

——王世襄的书画情缘

窦忠如

作为中国传统文化艺术之一，书法是以汉字为表现对象、以毛笔为表现工具的一种线条造型艺术。在数千年间，汉字经历了篆、隶、楷等发展阶段，可以说是技法日精，在文字书写的点画篇章之间，不仅表达出了作者的性格、情感、意趣、素养和气质等精神因素，而且逐渐形成了一门独立的艺术。至于书法之大要的用笔、结构和章法等，如果从商周甲骨文、两周金文、秦篆、汉隶，以及魏晋到唐宋楷、行、草来梳理的话，可以获知中国书体真是繁复多彩、流派众多，并涌现出了王羲之、颜真卿和怀素等这些伟大的书法家，也留下了《兰亭序》、《平复帖》和《自叙帖》等这样极为珍贵的书法文化遗产。至于与书法同源的绘画艺术，同样是博大精深、流派纷呈，名家如星、佳作浩瀚。而关于王世襄痴迷一生的书画情缘，则需要从其最初启蒙来开始梳理。

源自才女母亲的书画启蒙

从王世襄那张 3 岁时右手握笔描红的照片上，可见他自幼便接受中国书法之熏染，而王世襄在这一方面的启蒙教育，是由其母亲金章所完成的。作为民国初期中国最具艺术才华的女画家，金章那一手工整娟秀的书体，是幼年王世襄百临不厌的法帖，也是王世襄晚年时不曾淡漠的永恒记忆。对此，晚年王世襄在接受《中国书画》杂志采访时说："她确实是当时女画家中的杰出者。字也写得好，小楷完全是晋唐风韵。幼年时和舅舅们一起在家馆学习。一天他父亲对老师说：男孩子读书写字，请您多加管教；女孩子早晚出嫁，不必太认真。我母亲听了很生气，认为不应该重男轻女，所以读书、写字、作诗词等特别用功。后来除大舅外，几个舅舅都不如她。"由此，不难明白王世襄之所以能写一手古韵流溢的欧体字，实是幼时与母亲金章以其隽永书艺之墨香熏染有着极为密切的关联。

古语说书画同源，所以林语堂先生明确提出这不仅是指在使用工具、材料与技术上，更是指在批评精神与原理上。精擅书法艺术的金章，尤是以善画鱼藻而闻名于世的才女画家，其传世名画《金鱼百影图集》堪称同类题材中的经典之作。至于金章编撰的四卷本《濠梁知乐集》，更是被画鱼者奉为圭臬的理论著述。民国 33 年（1944 年），王世襄在四川李庄中国营造学社那极为艰苦的条件下，竟然手抄石印母亲金章的《濠梁知乐集》，1999 年又不顾 85 岁高龄病目在香港翰墨轩出版专著《金章》一书，随后被收入《中国近代名家书画全集》中。同样是在母亲金章的熏染和启蒙下，王世襄一生对书画情缘永怀深挚，不仅在燕京大学研究院以《中国画论研究》（先秦至宋代）这一跨学科论文而获得文学硕士学位，而且立志向学时也是要从从事中国美术史研究而开始的。后来，其学术研究方向虽然发生了变化，但从来也不曾稀释过心中对于书画的深情，还深藏若虚地画一笔古意盎然的山水花卉，这与画家母亲金章的艺术熏陶实在是难以割裂。

深受舅父影响的书画熏染

在王世襄接受中国传统文化艺术熏陶的氛围中，其四位艺术家舅舅的影响不容忽视。

王世襄上述其母亲金章不能与之相比的大舅，就是 20 世纪初中国北方画坛的领军人物金城（又名金绍城，字巩伯，一字拱北，号北楼，一号藕湖）先生。民国 9 年（1920 年），创办当时最重要的研习国画之组织——中国画学研究会的金城，工于山水、花鸟和人物等，且精于摹古，即对中国古代名家之画作都曾临摹或意摹过。遗憾的是，在其正当形成自己鲜明绘画风格的 40 多岁时不幸英年早逝。不过，这位传世有《藕庐诗草》和《北楼论画》著述的当时中国北方画坛之盟主，对中国近现代美术史有着十分重要的影响，对其外甥王世襄在书画方面的熏陶和教益也是极大的。这从王世襄在《自珍集——俪松居长物志》中对其所藏北楼先生 11 幅山水花鸟画的简短记述和评价中可以明了。

王世襄的二舅金绍堂（字仲廉，号东溪）、三舅金绍基（字叔初）和四舅金绍坊（字季言，号西厓），都对文物或博物馆学兴趣浓厚。其中，金东溪与金西厓两位先生因精于书画而在竹刻艺术领域中成就斐然，特别是金西厓先生一生刻竹不辍，留有诸多刻竹艺术精品和专著《刻竹小言》一书，被世人公认为是中国近代刻竹第一家。

大舅金北楼先生创建中国画学研究会伊始，便开始收徒授艺，其弟子中后来成为著名画家的有：陈少梅、陈缘督、刘子久、吴镜汀、李鹤筹和马晋等，至于接受过其绘画艺术指导的会员，则更是不在少数。与这种以亲自教学方式传播绘画艺术主张相类的，还有他任教于北平国立艺专和辅仁大学美术系等大专院校时，将自己的美术理论教授给他的学生们，从而使其艺术主张在中国北方画界产生了极为深远的重要影响。

深受金北楼先生绘画艺术濡染和影响的，还有他的弟弟、妹妹及子侄外甥等亲友们，比如20世纪最杰出的竹刻家金绍坊，濠梁知乐的才女画家金章，著名竹刻家、画家金绍堂，社会活动家、实业家、收藏家金绍基，中国炼油第一人、台湾石油事业创始人、竹刻家金开英，民国时期中国北方最大美术团体之一"湖社画会"的创办人、画家金开藩，台湾著名画家、杰出美术教育家金勤伯，还有画家金开义、金开华以及女画家金开福、袁寿瑜、温式如……真可谓是一门风流儒雅，堪称艺林名第。至于王世襄，他曾深情地回忆说："幼年立几案观诸舅父作画刻竹，情景犹历历在目也。"那时，王世襄因父亲王继曾出任驻外使节，而随母亲金章先是寓居上海其舅父家，后又迁居浙江南浔的"小金山"（承德堂）。在这里，王世襄度过了将近两年的美好时光，这不仅因为他得以游览了南浔诸多名胜古迹和园林豪宅，而且还和同龄表兄妹们在表舅刘承幹嘉业堂中看到了如山海一般的图书典籍，至于他晚年时仍能"脱口流"的南浔话也是在这时学会的。很显然，在这样一个艺术氛围浓厚的环境中，少年王世襄不能不接受濡染和熏陶。

痴心书画研究终有成

自幼接受书画艺术启蒙与熏染的王世襄，虽然青少年时耽于玩乐，但是他发愤知学就是从撰写《中国画论研究》开始的。随后，无论是为了撰写这一硕士论文时参阅大量古代画著典籍，还是不惮炎热心追手摹《高松竹谱》；无论是在四川李庄挑灯手录石印母亲金章的《濠梁知乐集》，还是就职故宫博物院后协助搜购散佚书画；也不论是到欧美考察博物馆期间观读流失海外的中国名画，抑或是归国后考释《平复帖》和《游春图》等法书名画；不论是屈就中央音乐学院民族音乐研究所，还是流放湖北咸宁"五七干校"；也不论是供职文物博物馆研究所，还是退居老宅芳嘉园或后来芳草地的新居，王世襄几乎从未忘记自幼就濡染上的书画之情。比如，有这样两件旧事可见王世襄对书画之痴迷，以及他为中国书画艺术所做出的独特贡献。

第一件：翔实考释和解析中国古代书画史上两件经典性作品——西晋·陆机之《平复帖》和隋·展子虔之《游春图》。

《平复帖》是西晋著名文学家、书法家陆机陆士衡所书。此帖为墨迹纸本，纵23.8厘米，横20.5厘米，共9行85字。然而，1000多年来即便面对这仅仅85个字，王世襄认为能够释读全文者当推启功启元白先生为第一人。众所周知，《平复帖》是一件"流传有绪"法书墨宝，但是其具体的传世经过如何，是否还有流传不清楚的地方，许多文章含糊其辞并没有梳理清楚，而王世襄则在《西晋陆机〈平复帖〉流传考略》一文中予以了翔实的考释和解答。在这篇文章中，王世襄首先以其广博的书画知识和见闻，根据宋·米芾的《书史》和明·张丑的《真晋斋记》中所载有关信息，不仅获知了《平复帖》是所谓《晋贤十四帖》中的一件，而且还与谢安的《慰问帖》同轴，并因其上钤有唐朝末年鉴赏家殷浩的印记，而推知《平复帖》流传之上限当为唐朝末年。随后，王世襄又根据诸多书画典籍所载，概略地得出《平复帖》由殷浩手中流出后，先是被著名学者、大收藏家王溥（字齐物）所藏，后由其孙王贻永转售与宋皇室驸马都尉李玮。而这时，酷嗜书画的宋徽宗赵佶不能不对藏于李玮手中的《平复帖》产生注意，这就为该帖入藏宋宣和内府提供了机缘。至于《平复帖》是何时从宋御室流出，并直到元朝初年仍流散民间的经过，以及元朝初年至明万历年间的流传往事，王世襄都实事求是地表示"尚待查考"。此后，即到了明朝万历年间，《平复帖》为大收藏家韩世能（字存良）所藏，并于此期间因有诸多名家题鉴，而使该帖声名隆盛。比如，才思敏捷的李维桢在《答范生诗》中就这样写道："昨朝同尔过韩郎，陆机墨迹锦装璜，草草八行半漶灭，尚道千金非所屑。"比如，大书法家董其昌曾先后两次在《平复帖》上题签，其中尤以"晋陆机平复帖手迹神品"这十个字最为赞美。遗憾的是，西晋陆机这件"手迹神品"由韩世能传给其子韩逢禧（字朝延）后，便于明崇祯元年（1628 年）转售给了好友张丑，而张丑于明朝末年逝世后，该帖遂有 17 年时间处于真空状态，直到清顺治十七年（1660 年）才在至今也不知其为何许人也的葛君常处现世，而这时该帖已经遭到了严重割裂，其被割裂的缘由则是时人多以为该帖是伪迹所致。其后，王世襄根据大文学家吴其贞的《书画记》、鉴藏家安岐的《墨缘汇观》及成亲王永瑆的《诒晋斋记》等书画著录中所载，基本上推知了《平复帖》在整个清季的流传经过。需要指出的是，通观王世襄对《平复帖》流传经过之考释，既有自己独到的精深见解，也有坦率的不妄谦辞，这是现今治学者亟需继承和学习的一种品质。

与翔实考释《平复帖》流传经过有所不同的是，王世襄对于隋·展子虔《游春图》的流传不仅有考释，而且对画面内容、构图布局和着笔设色等绘画特点，也进行了较为详细且不乏真知灼见的解析。1957 年，王世襄将自己对于《游春图》的解析成果，公开发表在同年第一期《中国画》杂志的创刊号上，向世人透露了其在书画研究方面的一些观点。在这篇题为《谈展子虔〈游春图〉》的文章中，王世襄以一个书画鉴赏家的眼光审视了这幅名画，既肯定了前代鉴赏家的一些论点，也提出了自己与众不同的看法。比如，王世襄对于明代鉴赏家詹景凤解析《游春图》的具体笔法时，就对其认为画中那山上小林木是"以水渖靛横点"的观点提出了异议，他认为詹景凤的观点与原画不符，而应该是先用墨笔画三五个细圈为一组后再填花青之法，这一结论是王世襄细细审视画面主峰右侧那一组未填色的小树圈中所获。很显然，王世襄对于

《游春图》的鉴赏不仅统观画卷全景，而且尽可能地不放过其中任何一个细枝末节，这就是其之所以能获知他人不易获见新观点之缘故。关于这一点，我们从王世襄在文章最后提出值得探讨的两个问题中，也可以获得他严谨细致治学精神的一种旁证。一是，王世襄根据《游春图》画面内容及相关书画著录所记载，明确否定了《石渠随笔》的著者阮元认为《游春图》即是唐·裴孝源《贞观公私画史》所著录的展子虔《长安车马人物图》的观点；二是，王世襄认为宋《宣和画谱》所录展子虔二十件画作中之所以没有《游春图》的原因，不是《游春图》入藏宋内府时《宣和画谱》已成，就是宋徽宗赵佶将《宣和画谱》所录展子虔《挟弹游骑图》题签成了《游春图》之故。

第二件：1959 年 5 月王世襄自费油印了《画学汇编》一书。在这部书中，王世襄对明清时期一些鲜为人知的画学著述，进行了有选择性的收录，并加以校对、评点和注释，虽然该书至今未能公开出版，所收录的这些画学著述也没有影印再版过，但是经过他的精心整理和汇编，依然让世人在一定范围内获知了这些画学著述的珍贵价值，特别是经过王世襄的解析之后，更让人们能够不费心智就汲取其精华剔除其糟粕，这对学画者来说无论如何也是一件有功德之善举。比如，王世襄在解析和评点明·邹德中（号静存居士）编次《绘事指蒙》的后记中指出，邹德中虽然是一位不知名的画家，在画史及地方志中也未能找到有关他的文字记载，他所编次的《绘事指蒙》更是一部为文人士大夫所不屑的专门阐述民间绘画技法之经验总结汇编，但是其价值则不容轻视和忽视。经过审读，王世襄认为《绘事指蒙》至少有这样几方面的价值：一是由于此书是画工经验之总结，故此为人们提供了一般画论中绝难找到的材料；二是此书不仅记述了绘画的一些具体技法，而且还有画工们在实践中提炼概括的一些绘画规律和窍门；三是此书的发现为探索画论和画谱的前后因袭及发展提供了极为难得的参照。再如，王世襄在解析和评点明·钦抑（字远猷）编撰《画解》的后记中比较客观地指出，钦抑在这部专讲绘画理论著述中，所阐发的"议论不因袭前人而自成体系，内容经过组织，规模体例，皆有可观，这在明清两代画论中是不可多见的"。特别需要说明的是，王世襄对钦抑在《画解》中一些论点的摘录和解析，让人们很清楚地就明白了《画解》及王世襄本人对绘画理论的观点。当然，对于钦抑《画解》中一些不全面或完全错误的论点，王世襄也毫不留情地予以指出，并提出了自己的看法和见解。又如，王世襄在解析和评点清·周济（字保绪，号介存，晚号止庵）大部分谈论山水画法的《折肱录》及洪朴（字凤章，号心园）辑录专论画牡丹的《胭脂录》时，在肯定其价值的同时并没有忘记提醒参阅者应该注意的流弊，这不能不说是王世襄对先贤一种不盲目的尊重和对后学的一种深层爱护了。

然而，令人感到不解和遗憾的是，对于《画学汇编》这样一部具有不朽价值的著述，出版界特别是美术出版界何以能如此地熟视无睹呢？

聚散俪松居(五)

——王世襄的佛缘雕刻

———

窦忠如

佛教造像是雕刻艺术中极为重要的组成部分,但并非雕刻艺术之始。另外,"雕刻"与"雕塑"虽有一字之差,在国人观念和认识中亦可相互替换,但如果细加区别的话,"刻"要比"塑"更讲究精雕细琢一些,也就是说"雕刻"属于精细类艺术手法,而"雕塑"似有粗放性的一面。王世襄之所以将其撰述取名为《雕刻集影》,而非《雕塑集影》,更多的是想从"刻"这一精细角度,对所藏和所见雕像进行欣赏和研究,这从其对收录于《雕刻集影》中那64件雕刻作品,逐一进行文化的、历史的、艺术的点评文字中可得以领略。

佛缘起于母亲金章

王世襄自幼对佛教造像产生兴趣,主要是源于母亲金章笃信佛教之故。那时,芳嘉园三号那座四合院内设有佛堂,佛堂内供有佛像以便女主人金章朝夕参拜，那种肃穆宁静而又充满神秘色彩的礼佛环境，使王世襄自幼及少乃至青年时期耽于玩乐的心性感受了一种安宁和静止，特别是那尊佛像渗透出女性特有的亲切和安适，让幼年王世襄很自然地产生了想接近的愿望。不过，随着年岁、阅历和见识的不断增长，王世襄对于佛教艺术的热爱，并没有使他转变为一名佛教信徒，而是从理性角度去欣赏佛教造像的艺术之美。

1950 年 12 月 11 日，王世襄前往东直门内羊管胡同极乐庵拜访宋云普先生，这位老居士因笃信佛教而常年四处搜求佛教雕像，供养在庵内的佛教雕像不下四五十尊之多。当王世襄步入极乐庵北房时，他发现三楹北房的中室内，无论是后壁条案上下，还是佛龛内外，都安放着大大小小的佛像。在这些年代不同、仪容妍媸也各异的佛像中，王世襄对一尊明铜鎏金雪山大士像有一种怦然心动的感觉，可初次造访使他没敢贸然启齿求让，而是请回了一尊明金髹木雕僧人像。时间到了 1951 年 12 月 21 日，一年间从未曾忘怀初与那尊雪山大士像相对时那种奇妙感觉的王世襄，再次怀着那个不曾启齿的愿望造访极乐庵。当他得知那尊雪山大士像，是宋云普居士多年前布施若干香火资费，从一座寺庙中请回的信息后，立即满面肃然地整理好衣衫，说母亲金章也是佛门弟子，如今虽然离世十年有余，但是家中佛堂一直保持原状。闻听此言，老居士宋云普面露欣喜之色，随即王世襄又进言道："（吾）久有祈求家中佛堂金光普照，法相庄严之意。为此恳求赐我此像，以偿夙愿。倘蒙俯允，铭感无涘，并当倍莚当年香火之资，以表虔敬之忱。"没想到，这一席话使老居士宋云普深为感动，当即就对王世襄之请表示许可，又取出洁白纸张将那尊雪山大士像包裹好后，亲手郑重地交给王世襄，并将其一直送到门外王世襄停放自行车处。如愿以偿的王世襄大喜过望，一时间竟忘记佛家忌讳，把雪山大士像倒转过来装进自行车横梁下的跨袋中。见此情景，老居士宋云普不由脸色突变，大声呼道："岂能如此不敬！"遂急忙把雪山大士像又倒转过来。自知犯了严重忌讳的王世襄，连说"罪过，罪过"，然后急速骗腿儿上车，疾驰而去。因为他深怕老居士宋云普醒悟其原非佛教笃信之徒，而索回那尊雪山大士像。

确实，王世襄对这尊明铜鎏金雪山大士像情有独钟，并非是他笃信佛教之故，而在欣赏其独具特色和韵味的雕刻之美也。比如，王世襄对这尊高二十点五厘米的雪山大士像这样评述道："铜像方面长耳，头很大，超过了和身体的比例，眉毛高出，在眉心与鼻准连在一起。颧骨隆突，偏下偏右，离开了一般的位置。唇上无髭，在口角之外却又蟠结成卷。相貌奇古，却含蓄浑成，所以趣味隽永，耐人晤对。此像面相不以传统的形式为依据，更不是传真写照，而是作者发挥了他的想象力，用一种夸张而近乎浪漫的手法来塑造。"对于作者充分发挥想象力雕刻而成的这尊明铜鎏金雪山大士像，王世襄不仅认为其艺术价值远在藏于美国芝加哥和费城两座美术馆中同时代同题材的佛教雕像之上，而且他在一年后还特意从地安门义古斋购回一具朱漆佛座，专门用于供奉这尊雪山大士像。如此，也算是没有辜负老居士宋云普对其虔诚之信爱了。

大师梁思成之导引

对于雕刻艺术之钟爱，王世襄曾在《大树图歌》中唱道：

往迹已粗陈，求知远未足。

美哉金佛容，慈祥降禔福。

仪轨诚浩繁，仅仅知大略。

制地与制时，纷纭待商榷。

天若假我年，研习当自勖。

　　关于王世襄自称对雕刻艺术"仅仅知大略"之谦说，夫人袁荃猷女士也有过中肯而类似的评述："世襄十分喜爱小型雕塑，包括藏传及亚洲各地的鎏金铜佛像。可惜过去这是一个罕有人敢问津的禁区，所以缺少可请教的老师和可供学习的材料。改革开放后，情况有很大的改变，但年老体衰，有力不从心之憾。他对佛像艺术始终认为是一门喜爱而又尚未入门的学问。"

　　确实，早在民国十九年（1930 年）建筑巨人梁思成先生就在《中国雕塑史》中指出，国人特别是文人士大夫对雕刻艺术向来缺乏足够的认识和应有的重视，认为雕刻不仅不能与金石书画等相提并论，而且还只能归于粗拙匠人所从事的雕虫小技之列。因此，国人对于雕刻艺术的研究，无论在时间上还是成果上都要远逊于外国人，梁思成先生当年就清楚地认识到"盖在先民穴居野处之时，必先凿石为器，以谋生存；其后既有居室，乃作绘事，故雕塑之术，实始于石器时代，艺术之最古者也"，所以他才费尽心血编撰了《中国雕塑史》。与梁思成先生编撰《中国雕塑史》所不同的是，王世襄在这方面的研究主要体现在他对所收藏品之简短而不乏精妙的评说，但两者之间多有契合之处，或者说王世襄对雕刻之研究盖源于梁思成先生当年在中国营造学社时之导引。比如，梁思成先生指出"我国佛教雕塑中最古者，其特征即为极简单有力之衣褶纹。……至于其面貌，则尤以辨别，南派（即印度风格）平板无精神，而北派（即中国特色）虽极少筋肉之表现，然以其筒形之面与法冠，细长微弯之眉目，楔形之鼻，小而微笑之口，皆足以表示一种庄严慈悲之精神"之论，我们从 1959 年王世襄受赐于朱家溍先生之母朱太夫人的一尊雕刻于北魏建义元年（528 年）之石佛造像上足以佐证，即便这尊石佛的"楔形之鼻"不幸有所损毁，但是那"小而微笑之口"确实表示出了一种庄严慈悲之精神。对此，王世襄也认为：这尊石佛为

"石黄色，有座及背光。佛右手作无畏印，左手垂膝上，面部略有伤残而无损其庄严"。至于这尊石佛雕像受赐之经过，王世襄记述道："朱、王两家有通家之好。先慈与朱太夫人均擅诗词绘事，有唱和之乐。先慈弃养，方逾中年，而朱伯母享高寿。每趋请安，必言尔母逝世过早，深以痛失老友为憾。1959 年某日于地安门古玩店内得佛像，顺道至炒豆胡同季黄兄（朱家溍，字季黄）家，为朱伯母所见。问曰：'哪儿来的佛像？'对曰：'近来想研究佛教艺术，所以收集佛像。'朱伯母曰：'好。'遂以此石像见赐。"

　　大唐王朝因与西域交往极为密切之故，致使雕刻艺术比隋王朝时有了极显著的变化。对此，梁思成先生既有宏观详述，也对具体实例进行过解析，至于佛教造像之特征，他认为虽然深受西域诸国之影响，但是"仍为中国之传统佛像也"。梁思成先生之所以有此论断，主要是针对佛教造像之"笔意及取材，殆不似前期之高洁。日常生活情形，殆已渐渐侵入宗教观念之中，于是美术，其先完全受宗教之驱使者，亦与俗世发生较密之接触"的缘故，遂使佛教造像更加趋向于人性化的写实。对此，我们从王世襄记述的几尊佛像上同样可以得到佐证。比如，1950 年12 月 5 日王世襄以若干银圆从家住北城永康胡同许以栗先生手中购得一尊唐石雕菩萨头像后，就曾这样评述道："石雕头可能取自胁像迦叶。刀法简练有力。重要部位如双眉、额上皱纹、口唇等，线条道劲快利，似未加思索，一凿而就。刻者有高度自信心，娴熟而准确的双手，故能毫不费力而将悲天悯人之心刻画出来，并达到完美程度。"而对藏于上海博物馆的一尊唐铜鎏金佛坐像，王世襄的描述也验证了梁思成先生的论断："这完全是攫捉人间日常生活的一刹那，用作素材来塑造思惟菩萨的一件精美动人的雕刻。名曰'思惟菩萨'，是因为佛像中一手支颐，仿佛进入沉思，是常见的题材。而此像以膝承肘，手指去面颊尚有一段

距离，俯首含胸，两足随意交搭，全身松弛，大有倦意。因此与其称之
为思惟菩萨，倒不如说她是一个工作劳累，睡眼惺忪，不由得想再打个
盹儿的少女。"

仅此可见，梁思成先生的《中国雕塑史》对王世襄收藏研究佛教雕
像的导引之功。

尘封至今的《雕刻集影》

藏传佛教雕像在拉萨随处可见，雕刻技艺也精妙绝伦。当然，以王
世襄收藏鉴赏佛教雕像之水准，可知其收录在《雕刻集影》中的那十九
尊藏传佛教雕像，同样都是"具有代表性的作品"。遗憾的是，王世襄
耗费多年心血对这些具有代表性佛教雕刻之研究成果——《雕刻集影》，
虽然早在 1959 年 5 月就撰述完成并付诸油印，但是至今也未能被世人
特别是出版界智者所识，而只好以束之高阁的方式尘封起来，至于其当
年费尽心血搜集珍藏的大量佛教雕像也都星散各方。如此，下面只好就
王世襄对藏传佛教雕像之研究列举一二，与有兴趣者共享了。

比如，对于一尊宋藏西古格铜释迦牟尼佛坐像，王世襄这样描述
道："天庭甚高，容貌古拙，肉身外露及衣裙蔽体处，分别用黄铜、紫
铜制成。座垫正中雕兽面，左右叶片卷叠，花纹繁缛。座底中坐男女供
养人，左右分列大象、狮子，雕刻精细而生动。"那么，王世襄是因何
论断此释迦牟尼佛坐像为宋代藏西地区的古格王国所制呢？对此，王世
襄首先在谢门李（Sherman E. Lee）编印的《亚洲美术图集》（Asian Art
from the Collection of Mr. and Mrs. john D. Rockefeller 3rd）中，发现收录有
美国洛克菲勒三世所藏的一尊释迦牟尼佛像，经比照两者之间极为相
似，故可以确定为同一时代同一地区的制品，但是该图集将其定为 11
世纪缅甸所造，其阐述理由不能让王世襄信服。于是，王世襄遂向亚洲

佛教造像权威帕尔博士（Dr. Pal Pratapaditya）进行请教，他表示说此类佛教造像之产地问题至今还没有定论，这不由使这一问题似乎陷入难解境地。不经意间，王世襄在偶然翻阅由台北故宫博物院编印新田集藏《金铜造像特展图录》时，发现该图录第三章中有葛婉章女士撰写的一段文字，她认为此类造像深具喀什米尔风格，是由11世纪后期藏西古格王国所造。那时，古格王国曾派遣僧众前往喀什米尔地区求法，后来请回了喀什米尔籍的一些造像工匠，这就使古格王国的佛教造像不能不受其风格影响。由此，王世襄深信这尊释迦牟尼佛坐像即为宋藏西古格王国时制品。再后来，王世襄在翻阅2000年第三期《文物》杂志时，被封面上刊登的一尊出土于古格王国遗址阿里皮央石窟杜康大殿中的铜佛像所吸引，他发现这尊铜佛像的黄色铜质及高浮雕人物、动物台座等，都与自己所藏的释迦牟尼佛铜坐像极为一致，这不由为其宋藏西古格王国所制的这一论断提供了有力佐证。

1951年7月1日，王世襄到东安市场丹桂商场内一名曰"乐天"的古玩商行淘宝，商行马老板知道他正在收集研究佛教造像，遂出示一件铜鎏金金翅鸟王背光，王世襄一见顿有爱不释手之感，他深知金翅鸟王在佛典中记载的典故，更为其精美的雕刻技法及异域风格所吸引。据《华严经·智度论》等佛典中记载，所谓金翅鸟王，即梵名迦楼罗，其往往飞行虚空，以清净双眼观察大海龙宫，如果发现有生命将尽之龙，它便以金翅拨开海水取而食之。金翅鸟王的这种行为与佛有着极为相同处，如佛眼在观察十方世界时，一旦获见善根已经成熟者，便出身死海为其破除障碍，这种接引众生的方式与金翅鸟王辟海取龙有异曲同工之妙。关于金翅鸟王的形象，《造像量度经》中记载说："人面、鸟嘴、生角，腰以上人身，以下鸟体……两角间严以牟尼宝珠，及具耳环项圈，缨络臂钏，双翅展而欲举之状。"而眼前这件金翅鸟王的姿态，与佛典记载完全一致，于是王世襄当即不惜以高价购之。满怀欣喜地携回家后，王世襄经过进一步细致的观察研究，写下了这样一段文字："此金翅鸟王亦为佛像背光饰件，不知何时与主像分离。飞天回身向外，一臂弯曲，一臂擎举，指似柔荑，眉目秀朗，于夭矫中见妩媚。头后有蛇首昂然，乃印度遗风，腰际以下，龙身蟠蜿，随势生出形似火焰之花叶。鸟王位居正中（龙身有榫，鸟尾有穿，可以安卸），臂展翼张，作搏风扶摇之势。头上花叶攒簇，形成饰件之顶巅。不难想象，与主像连属时，整体为如何富丽庄严。今虽分离，自身尚不失为一组完美动人之金工雕刻。"对于如此精湛之雕工，王世襄认为主要是这一雕刻题材历经长期艺术实践之故，否则难以达到如此成熟之程度。

在王世襄所藏藏传佛教雕像中，有一尊明青铜米拉日巴尊者像不能不提，因为这尊尊者像所表露出的人生灵性实在让人叹为观止。对此，我们还是来看看王世襄的描述吧：

以座几锦垫为佛座，藏传铜像不为罕见。惟覆几羊皮，角棱旋卷，两眼干枯，鼻陷吻裂，蹄脚下垂，均经精心刻划。锦垫重叠，同施六出图案，而纹理一阴一阳，有疏有密。如此佛座，自觉不凡。

身躯欹侧，重心在左股几按几左手。右股拳屈，膝承臂肘。头微倾，右手掩耳及鬓角。发分五绺，搭肩背上。唇薄、鼻高、目朗、眉清。内心纯洁、智慧圆通者，理应有此庄秀仪容，恬静气度。

单衣外露右臂前胸，下襟贴身，感觉到织物细薄柔软，肌体有弹性。左足脚心朝上，指分如掌，而拇指微拗，并非静止。右足拇指上翘，似拨动有声。两手圆婉自如，姿态优美。可见所有细部，均经刻意塑造。

言其整体，身材如此匀称合度，形态如此生动逼真，情致如此安适祥和，实已具有生人性灵。不禁起感谢之情，造像者将生命注入冰冷的顽铜。

　　更为精绝的是，王世襄以其深谙佛典之博识，仅凭一手掩耳之仪轨便断知此为米拉日巴尊者之像，这不能不让人肃然尊仰。

聚散俪松居（六）

——王世襄的漆器世界

窦忠如

王世襄曾在《大树图歌》中吟哦道：

> 蜕公授漆经，命笺《髹饰录》。
>
> 两集分乾坤，字句读往复。
>
> 为系物与名，古器广求索。
>
> 为明艺与工，求师示操作。
>
> 始自捎当灰，迄于洒金箔。
>
> 款彩陷丹青，犀皮灿斑驳。
>
> 更运剔厕刀，分层剔朱绿。
>
> 十载初稿成，公命幸未辱。

由此可知，王世襄步入鲜为人知的漆器世界，应该是从解说《髹饰录》开始的。

蠖公授命

由明隆庆年间（1567—1572）著名漆工黄成（号大成）编撰的《髹饰录》，是中国现存唯一一部关于古代髹漆工艺的专书。该书分为乾、坤两集，"乾"集讲述漆工的原料、工具、设备和髹漆过程中容易产生的毛病及其原因，"坤"集则讲述髹漆的品种、分类、技法及制作程序等，堪称是黄成对自己及前人髹漆经验较为全面的总结。明天启五年（1625 年），该书经嘉兴西塘精通漆工技法的杨明（号清仲）加以逐条注释并撰写序言后，遂使其内容更加丰富翔实。

然而，这样一部如此重要之著述，国人最初得见却始于东洋日本的传抄本，而追溯《髹饰录》传抄本在日本之源头，最早也不过是在日本"以博识多藏闻于世"的知名学者木村孔恭（字世肃，堂号兼葭）所藏的一部抄本而已。享和九年即清嘉庆二年（1797 年）木村孔恭逝去七年后，他的这一藏本被昌平坂学问所（注：日本德川幕府创设的儒教大学）收购，在这期间寿碌堂主人（注：至今不知其为何人，疑是该所一笃学者）因《髹饰录》历经多次传抄以致舛误连连的状况，遂"博引群书"对该抄本"加以疏证，推绎数四"，最后才达到"卒读"的程度。到了明治维新时，经过寿碌堂主人校正的《髹饰录》抄本，又先后为浅草文库和帝室博物馆等机构所收藏，最后被日本著名学者大村西崖购藏并"珍如枕秘，赞美不置"。

民国十六年（1927 年），朱启钤先生（字桂莘，号蠖公）辗转获见大村西崖所藏《髹饰录》传抄本后，遂出资自费刊刻了 200 部，一半作为酬谢寄给了日本收藏原书者，另一半则分赠国内友好人士。不久，因《营造法式》版权之故在将该书印刷木板装箱运往上海时，仓促间竟将《髹饰录》印刷木板一并捆载而去，随后两书的印刷木板不幸都在

"一·二八"战事中化为灰烬。再后来，客居大连的安徽合肥人阚铎（字霍初）先生根据朱启钤先生之授命整理了董以成的《漆书》之后，又对朱启钤先生之《髹饰录》刊印本进行了缩印，而这些缩印本后来大多流散到日本，就连朱启钤先生也未曾获见。对于哲匠名篇《髹饰录》虽两度刊行，却因乱世而"渺不可得"之状况，朱启钤先生每每想起就"中心悻悻，不能已也"。

民国三十四年（1945年）秋，王世襄自四川回到北京后，遵照梁思成先生嘱托前往拜访朱启钤先生，并详细汇报中国营造学社在四川开展工作情况，这次朱启钤先生曾问起王世襄是否见过《髹饰录》一书，并希望他在追缴损失文物时注意该书的重要性。转眼间到了1949年秋，当王世襄自欧美考察博物馆归来再次拜访朱启钤先生时，因其"备道海外博物馆对吾国髹漆之重视"，这不由又引起了朱启钤先生深藏心中多年之夙愿，遂取出自己珍藏的《髹饰录》木板刻本，以及多年搜集整理或辑录的相关资料如《漆书》等，一并郑重地交付给了王世襄，希望他能够对《髹饰录》进行解说，并语重心长地予以指导和嘉勉说："欲精研漆史，详覈髹工，舍此无由，而将来解说与本文同刊，化身千百，使书易得而义可通，其有功漆术，嘉惠艺林，岂鲜浅哉！"

从此，王世襄开始了历时十年铸造《髹饰录解说》这一"剑"及随后数十年不断打磨之漫漫历程。

诠释"天书"

面对记述中国古代髹漆工艺这一极为难得的专书——《髹饰录》，王世襄可谓欣喜若狂，而当书中那古奥生涩的名词术语映入眼帘时，又让他犹如面对"天书"一般感到茫然失措、苦恼不已。不过，以王世襄擅研古籍的功底及敢于钻研之精神，对于解说《髹饰录》之挑战还是很快就找准了突破口。

对此，当时与王世襄同处故宫博物院古物馆一间办公室的朱家溍先生后来揭示说："世襄是先把《髹饰录》中的名词、术语摘录出来，编成索引，这样就能知道每一词语在书中出现若干次，通过综合比较来探索其意义。"这种被王世襄称之为"别人不肯做的笨功夫"，使其逐渐摸索到了解读这部天书的门径，那就是观察实物、请教匠师和参研文献这"三位一体"的治学方法。比如，由于《髹饰录》中所述漆器名称往往与文献资料及当时工匠口中所说不相一致，于是王世襄在强化记住该器物名词及花色形态和制作方法等文字描述后，便开始留心随时与所见之物进行对照比较，以便用这种"对号入座"的方式加以印证和确认。关于这一点，王世襄曾举例予以说明：

例如《髹饰录》对名为"款彩"的漆器有十分形象地描述："阴刻文图，如打本之印板而陷众色。""打本印板"就是印线装书的木刻板片。所云和常施于插屏、屏风，图像留轮廓、铲地子，地子填彩色，被古玩业称为"刻灰"或"大雕填"的完全吻合。可断定名称不同，实为一物。现在学术著作已普遍采用"款彩"一称，古玩业也开始放弃俗名。又如"雕填"一称，明清以来被广泛使用，但在《髹饰录》中却找不到。它的外观是彩色图像，沿外廓勾画填金，统称"戗金"。廓内亦常用戗金勾纹理，一般都有锦地。如仔细观察实物，会发现有的图像花纹是用彩漆填成的，有的是用彩漆描成的。因不论填或描，花纹边缘都戗金，效果几乎一样，不宜分辨，故一律统称"雕填"。

关于"雕填"以上之特性，王世襄针对黄成在《髹饰录》中对器物命名要求能够准确反映技法这一严谨之特点，遂对以上所列举两种技艺方法予以分别命名为"戗金细勾填漆"和"戗金细勾描漆"，由此亦可见王世襄解说《髹饰录》之严谨细致。

治学严谨的王世襄当时就职于故宫博物院，能够有条件随时注意到其中所藏诸多漆器，后来被开除出故宫博物院后，便不得不常到古董店、挂货铺或鬼市冷摊上去寻找搜购漆器标本了。一次，王世襄经过德胜门后海河沿边的一晓市时，突然发现一家杂货铺前用条凳支架起的木板，在被风吹起覆盖上面那破旧蓝色床单后露出了一角木板彩画，他急步上前撩开床单俯身细看，见这木板竟是两扇雕填漆的柜门。当即，王世襄找到摊主表示要购买这两扇柜门，那摊主闻听竟欣喜地说，他正嫌木板太小不敷摆放货物，如果王世襄不小气的话就买一块大木板来和他交换这两块小木板好了。于是，王世襄随即购买了一块大木板，与摊主交换回了那两块小木板，双方各得其所皆大欢喜。那么，这是怎样两扇雕填漆柜门呢？王世襄这样细述道："柜门以方格锦纹作地，格子用朱漆填成，格内卍字用黑漆填成。龙纹一为红身黑鬣，一为黑身红鬣。锦地上压缠枝花纹，疏叶大花，柔枝回绕，更有火焰穿插其间，显得格外活跃飞动。从漆面剥落及断纹开裂处，可以看到填漆色层的厚度。龙身、花叶等面积较大部位，填漆厚达一至两毫米，锦地框格则漆层很薄，说明花纹大小相同，剔刻深浅也不同，填漆也自然厚薄有异。大柜款识已无从得见，从图案风格及雕工填法来看，当为明中期制品。"

至于到古董店搜购漆器标本，王世襄在文章中曾提及琉璃厂的翠珍斋、振寰阁和东华门的宝润成及地安门东不压桥德国商人吴履岱开设的古玩店，等等，真可谓是广肆搜罗不遗余力。当然，除了搜购之外王世襄还不忘寻访故旧家中所藏漆器珍品，这从《髹饰录解说》中所收录的一些实物图片上可以窥知。对此，著名外交家、学者、收藏家李一氓先生曾记述说："他在《解说》中提到有两三种实例，我猜想就是指的我的几件藏品；他曾借去过，拍了照片，搞了拓本，还拿米达尺量过大小尺寸，还东倒西翻，详审了漆胎，这才得出结论。"

观察实物、对照文献，也许能弄清一些髹漆器物的名称，而对于一些工艺技法则需要向匠师进行请教，否则极难明白其中的具体做法和工艺流程。为此，王世襄遍访北京城里的漆艺匠师，而一般只在师徒之间口传心授的这种漆工技艺，许多匠师都是秘而不宣，轻易不会向外人讲解和传授的，所以我们不难想象王世襄在这一过程中也不知遭遇了多少拒绝和尴尬。不过，以王世襄青少年时就善于与北京各色老艺人结交之脾性，使他很快就结识了一位名叫多善（字宝臣）的蒙古族漆工，并因对其执弟子礼而得到了这位老匠师的悉心传授。出生于清光绪十四年（1888 年）的多宝臣师傅，从 18 岁起就师从其妻叔著名漆艺匠师刘永恒学习彩画及漆工技艺，曾跟随刘永恒匠师承应过朝廷营造司定制宴会所用桌、箱和匣等器物的制作，从而在实践中很快掌握了彩绘、描金、雕填和堆漆等多种漆艺技法。大约自民国九年（1920 年）以后，多宝臣师傅开始在东华门明古斋雕漆局及灯市口松古斋古玩铺做彩漆和雕填等仿古漆器工作，他所制作的仿古漆器不仅不失古法古韵，还擅长修复残损的漆器，经他修复的漆器简直达到了修旧如旧的高妙境界。最重要的是，这位"技艺最精，所知最广"的漆艺老匠师多宝臣师傅，还是一位"毫不保守，乐于教人"者。因此，在那两三年间王世襄"几乎每星期日都去多先生家，看他操作示范，不厌其详地提问题，写笔记"，还多次请其到家中帮助修复漆器残物，自己则在一旁打下手并随时记录具体的操作技法及过程。

至于参研文献，我们从《髹饰录解说》中可以非常明晰地看出那确实是旁征博引、语出有典，无论是中国古今图籍，还是国外文献资料，他都尽力做到无一文无出处的完美境界。即便是参阅或引用当代考古发掘报告或文物鉴赏文章，王世襄也因当时不能亲临现场访问而心怀忐忑："除非参加发掘，或曾前往采访，目见实物并聆听主其事者讲述介绍，不可能获得第一手材料。若仅凭读报道、看图片所得，只能算是获自第三个来源——文献记载，片面、错误都难免。我常为此对解说缺乏自信。"当然，王世襄如此自谦之说，也确实有那个时代不得已的客观原因，别说不可能让他外出调查采访，就连夜晚撰写《髹饰录解说》文稿时也必须"拉上窗帘，围好灯罩，像'做贼似的'，因为这一旦被好事者发现，将被扣上"白专道路"的帽子，声势浩大的批判会自然也就不可避免了。

1958 年，历经十年完成的《髹饰录解说》一书，终于由王世襄自费油印出版了。对于该书之出版，朱启钤先生在其欣然所作之序中这样赞许道：

解说之稿，前已两易，予每以为可，而畅安意有未惬。项读其最近缮本，体例规模，灿然愈备。逐条疏证，内容翔实而文字浅易。引证实物，上起战国，下迄当代，多至百数十器。质色以下十四门，为详列表系，可一览而无遗。更编索引，附之篇末。予之弁言，不亦云乎："今高丽乐浪出土汉器，其中铜扣、铜辟、铜耳诸制，即为黄氏所未经见而未载之斯录者。又清宫秘藏历代古器，近亦陈列纵览，均可实证古法，辅翼图模，足资仿效，他日裒集古今本器，模印绘图，附列取证，即填嵌、描饰、创划、斑斓等名色。亦拟以类搜求，按图作谱，其与墨法可通者，并取诸家墨谱，附丽斯篇，以为佐验。"是予曩所虑及者，畅安已悉为之，曩所未虑及者，今畅安亦为之。不期垂朽之年，终获目睹其成。卅年夙愿，此日得偿。平生快事，孰胜于斯？

众所周知，序言向来多用粉饰溢美之词而不为人们所信重，而朱启钤先生在近米寿高龄亲为《髹饰录解说》撰此洋溢夸美之序言，恐怕不仅仅是对王世襄的赞美和夸艳吧？确实，正如朱启钤先生在序言中所言，王世襄在这十年间"或携实物图片，就予剖难析疑。或趋匠师，求教操作之法，口询笔记，目注手追，必穷其奥窔而后已。或寻绎古籍，下逮近年中外学者之述作"，否则何有朱启钤先生上述真诚之羡美？

艰难出版

《髹饰录解说》公开获得好评时，距离王世襄完成该书初稿已有20多年之久。

在这20多年间，正式出版《髹饰录解说》事宜可以说是多历波折，除了由郭沫若先生致函科学出版社推荐出版未果之外，还有1962年之后的一些揪心旧事。这一年，王世襄成为"摘帽右派"从民族音乐研究所调回文物博物馆研究所工作后，遂将《髹饰录解说》书稿送到中华书局。就在中华书局赵守俨先生表示同意出版即将签订合约时，在那种时代背景下的王世襄慎重地想到应该向文物局领导作一汇报，而时任局长则指出根据这部书的内容应该由文物出版社出版为宜，于是王世襄便将书稿从中华书局取回送交给了文物出版社。不料，文物出版社因一时难以安排编印，而王世襄在这等待过程中又认为书稿完成有年，考古出土的一些新材料应该补充进书中，遂对书稿进行了一次修改，可当王世襄将有关漆器新材料补充完毕再送交到出版社时，"文革"运动已经开始，该书稿就此被束之高阁。到了1973年夏，王世襄自湖北咸宁干校回京后，又历时十年对《髹饰录解说》一书作了第二次较大的修改和补充，不仅将原先征引的实例由100多件增加到了200多件，还从清代匠作则例中寻找材料予以补充，并对近年国外相关论著提出了诸多值得商榷的意见。与此同时，王世襄为了方便青年读者阅读，将索引原本笔画检字编排改换成了汉语拼音编排，这些修改都为《髹饰录解说》一书更广泛流传添加了助力。遗憾的是，即便到 1983 年出版该书时，文物出版社领导因为担心该书专业性太强可能滞销蚀本之故，竟然撤掉了书中本应该附有的诸多彩色图片，使原本绚丽多彩的漆器变得黯然失色，也因此引起了一些读者的抱怨。而待到该书出版后在短期内销售一空时，出版社领导竟然大感意外，只好安排再版加印。对于文物出版社领导不懂文物书籍出版之事，笔者自王世襄老 2007 年 5 月又当作笑话讲述中，感受到那个时代所创造悲哀的一种反思。拖延了 15 年后，当文物出版社再版印刷时，我们终于在该书正文之前看到了 41 幅印刷精美的彩色漆器图片。更为可贵的是，当时已经 84 岁高龄的王世襄老竟提出了又一"遗憾"："自 1995 年我左目失明，已不可能把这些年的有关书刊查阅一遍；出外采访调查，更感困难。"为了弥补这一"遗憾"，王世襄老不仅在书中增补了 41 幅彩图、3 篇著述文章和 2 篇书评，还特意增补了四川美术学院漆艺系教授何豪亮先生对《髹饰录解说》所作的 97 条批注。对于这 97 条批注，王世襄在"说明"中写有这样一段文字：

　　我打开书一看，有不少页的上下左右，小字写得密密麻麻。其中有的指出《解说》的错误失解，更多的是增益补充。我没有想到竟有一位亦师亦友的同志对拙作如此关注，不惜费力耗时为我改正错误，补充缺漏，真使我感激莫名！今仅将批注录出，逐条编号，收入再版。除去重复，得 97 条，近 6000 字。批注条目首标批注编号，与《解说》的页左右两侧批注编号对应；在批注编号之后标页号，使前后呼应对照，以便检阅。

以王世襄老在漆艺方面的学养及权威，竟能如此谦逊虚心地接受他人不同之意见，并在书中如此特别郑重地指出来，这种不掠人之美的学术品操岂是今日一些所谓学者所能企及？正是因为在漆艺上有如此精深独到之理论见解，王世襄随后被邀请参加大型图录《故宫博物院藏雕漆》的编选工作，负责编写元明部分共 266 条图版的说明。打开 1985 年 10 月由文物出版社出版的这一大型图录，我们不能不对王世襄极具专业学养与文采飞扬的绝妙点评所折服，即便是短短百数十字也可见其极为深厚的漆艺功底。

仅此，王世襄几乎成为中国髹漆研究方面唯一的权威。

徐邦达：一个完全为字画而生的人

———

梅　辰

筹建故宫绘画馆功不可没

徐邦达，1911 年出生于上海。父亲是个做丝绸生意的商人，很喜欢收藏字画，家藏颇丰。受家庭环境的熏陶，徐邦达从小就喜欢上了字画。父亲看他喜欢，就在他 14 岁的时候，为他请了当时赫赫有名的老画家李醉石、赵叔孺等先生教他诗词歌赋及绘画，后来又入了上海著名书法家、画家、鉴赏家吴湖帆之门学习书画鉴赏。由于天资聪颖和兴趣盎然，他在名家的指点下很快就脱颖而出，不到 30 岁就以擅鉴古书画而声名远扬。

回忆起自己 18 岁时买第一幅字画的情景，徐邦达笑着说："我一直偏爱清代王原祁的画，18 岁时我买的第一幅字画就是王原祁的。当时我看到那幅画时，立刻就动了心，经过仔细辨别，认定它是真迹，就以 20 两黄金的价格买下了，后来经权威专家鉴定'此画为赝品'。20 两黄金买了个赝品，真是教训深刻。"

新中国成立初期，已在上海小有名气、渐成气候的徐邦达和好友张珩一同被上海文物管理委员会聘为顾问，继续从事文物工作。张珩到北京工作后，向当时的国家文物局局长郑振铎推荐了徐邦达，郑便将徐也调来了北京，在中央文物局文物处做业务秘书，专门从事古代书画的收集和鉴定工作。虽说人调北京了，可徐邦达心里却有些奇怪，他想自己一直生活在一个比较优越的环境中，共产党是领导穷人闹革命的，"怎么会看中我了？我在他们眼中应该是个'纨绔子弟'呀"！后来郑振铎的一番话为他解开了疑惑："我们怎么不了解你？当年汪精卫过生日，你的老师吴湖帆让他的八个弟子每人做一幅画敬献汪精卫，只有你一个人没画，你说汪精卫是汉奸，我不画……！我们都很佩服你的勇气和气节。"徐邦达说他之所以没画，是因为小时候"岳母刺字"的故事给他留下了深刻的印象，是男儿就当精忠报国，人是要有尊严和节气的，怎么能当汉奸呢！"所以我就坚决不给他画。"而且从那以后，他不再愿意和老师来往了。

当时文物局设在北海的团城里，徐邦达的主要工作就是收集字画。有一年冬天，他在收字画时，由于太过专心，所穿的棉大衣后背被炉子烧着了都毫无所知。为筹建故宫博物院绘画馆，徐邦达遍访了各地收藏家，历尽艰辛，筚路蓝缕，为国家收得了一大批稀世珍宝。"那个时候刚刚解放，有百分之九十的字画都让国民党给带走了，所以我们就要把散落在民间的字画一点点地收上来。由于解放前我经常到各收藏家家里去看东西，所以谁家有什么东西我心里大概有个数。因此到了1953年的时候，差不多收上来3700多件东西，这里面有的能捐的我就动员他们捐了，能献的献了，实在不行的就只好买了。这些字画后来都划归故宫博物院。"1954年国庆节，北京故宫博物院绘画馆正式开馆了，人们说徐邦达功不可没。

在故纸堆里发掘国宝

20 世纪 70 年代，已近古稀之年的徐邦达与故宫博物院人员不辞辛劳，到全国各地巡回鉴定。当他们在青岛博物馆完成了几天的鉴定工作后，一行人准备要离开时，他问馆里的工作人员还有没有其他未曾看过的字画了，工作人员说没有了，只剩下一堆要处理的次等文物了，他说那也看看吧。就在这堆待处理的废物中他发现了释怀素的唐摹本《食鱼帖》，这是一件国宝级的稀世珍品。释怀素，长沙人，幼年出家为僧，俗家姓钱，后来到长安学习书法，专攻草书，经过勤学苦练终至大成，成为唐代有名的书法名家。相传他因为没有纸写字，就种了许多芭蕉，以叶代纸练字。《食鱼帖》是他所书的有关食鱼内容的一幅字。

徐邦达马上派人把《食鱼帖》拿到北京进行装裱，媒体随后也报道了此事。它的主人看到报道后，就找到青岛博物馆。原来这是当年"文革"抄家时，从潍坊一户人家中抄来的，主家现在找来了，它也就只好物归原主了。在此之前，它的主人并不一定知道它有这么高的收藏价值，经过这次鉴定后主家就想把它卖掉，要价是 35000 元。徐邦达有意让山东博物馆买下来，他想，假如山东博物馆不买的话也可以让故宫买下来，但最后却因主家不知何故又拿了回去而失之交臂。后来据说市场价达到了 1000 多万元，现在则传说它被香港收藏家收藏。

同是在这次全国大巡回中，元四家之一黄公望的《雪夜访戴图》也是沙里淘金，被徐邦达"淘"出来的。当时是在云南省博物馆，那天临走时徐邦达照例像往常一样问了一句还有没有没看的东西？同样在一堆要处理的次等文物中他发现了元代黄公望的《雪夜访戴图》，而元代以上的作品都属于国家一级文物，都是国宝！于是他马上让助手退掉了机票。这件稀世之作现在成了云南省博物院的镇院之宝。

早在 20 世纪 30 年代，徐邦达还发现了曾经乾隆皇帝御笔亲题为真品的黄公望的《富春山居图》，实为赝品。《富春山居图》是元代著名书画家黄公望脍炙人口的一幅名作，世传乃黄公望画作之冠。此画卷为六接的纸本，即是由六张纸连成的画卷。清顺治年间，此卷藏于宜兴收藏家吴洪裕手中，后来吴病入膏肓时，因为非常珍爱此卷，就准备把它付之一炬用来殉葬，吴的一个侄子不忍心将此名物化为灰烬，于是在烧画的时候趁吴不备，用偷梁换柱的方法把别的画卷扔了进去，把这幅给抢了出来，但是首段的一小部分（大约有四尺）还是被烧损了（只烧了六张中最前面的一张，剩下的五张没烧）。后来有收藏家将此损卷烧焦部分细心揭下，重新接拼后（大约有五六寸长）居然正好有一山一水一丘一壑之景，几乎看不出是经剪裁后拼接而成的，真乃天神相佑。于是人们就把这一部分称做《剩山图》。值此，原《富春山居图》被分割成《剩山图》和《富春图》两部分，身首各异。在此之前，乾隆曾将伪作《富春山居图》收进宫，他以为是真的便大加叹赏，屡屡题赞，甚为喜欢。后来上面讲到的那个真画进了宫，乾隆觉得特别没面子，他就让别人在这个真图上题字，硬把真的说成假的，故意颠倒是非。20 世纪 30 年代，故宫重要文物南迁，万余箱的珍贵文物分 5 批先运抵上海，后又运至南京。文物停放上海期间，徐邦达在库房里看到了这两幅真假《富春山居图》，尽管一真一假早已有了定论，但徐邦达经过仔细考证，发现乾隆御笔题说是假的那张，实际是真的，而乾隆题了很多字说是真的那张却是假的，推翻了先人的定论，还它了一个真实的面目。现在，《剩山图》收藏在浙江省博物馆，《富春图》收藏在台北故宫博物院。

最好的字画应该在故宫

《高呼与可》是清四僧之一石涛的墨竹图卷。因为过去有北宋画家文同专门画竹，其飘逸洒脱之意境表达了文人墨客的一种情怀和理想，又因文同字与可，石涛就借用此意在卷首自题为《高呼与可》。《高呼与可》是石涛既精又少的作品之一，高40.2厘米，长518厘米，属于高头长卷，而且保存完好，是文物中罕见的珍品。

1987年，有天津人拿来给徐邦达寓目，据说当时是那个收藏的人想拿出来卖，要价是3万美元，确实有点让人望而生畏，因此只得无果而归。后来它便石沉大海，杳无音信了。到了1995年，它突然出现在了嘉德秋季拍卖会上，徐邦达非常激动，他一心想让故宫买，但终因各种原因与之擦肩而过，未能如愿，结果被一个收藏家买走了。直到后来的一天，这位买主找到徐邦达，希望他能够帮其把这幅画转手，他听后立刻就说我建议故宫买吧。徐邦达担心这幅传世精品再度流落民间，他始终认为"最好的字画就应该在故宫"。

当时，徐的夫人因为房子的问题正准备找全国政协李瑞环主席，并已约好了第二天要去李主席家。晚上徐邦达因为心里想着《高呼与可》的事，翻来覆去睡不着觉，他和夫人商量想让她第二天把《高呼与可》的事跟李主席说一下，"要说你自己去说"，夫人答道，他说如果我去的话你就不要提房子的事，我只谈画。

第二天，李瑞环主席听了《高呼与可》的事后很痛快地就答应帮忙解决，并想了三个办法来解决这个问题：一是让故宫买；二是如果故宫没钱，就向国家请款，由国家出面买；三是再不行，他就准备动员全国政协里有实力的委员买，买下后再捐给故宫。李主席对徐邦达说，"你放心吧，我会尽力而为"。徐邦达闻听此话，真是别提多高兴了！连李主席本来要留他们夫妻吃饭的事也不顾了，急忙告辞出门。他拉着夫人的手兴奋地说，"走，咱们去昆仑饭店吃上海包子去"。未曾料到李主席工作起来雷厉风行，在他们吃饭还没回家时，李主席的电话就打了过来。等他们回家后，马上又接到文物局的电话，说李主席已经把这个问题解决了，同意由国家拨款买下这幅画。为此徐邦达对李主席充满了敬佩："他热爱祖国文化的挚热情怀让我深深地感动。"时至今日，说起当年购买《高呼与可》的情景，徐邦达仍激动不已。房子的事自然也就没提。

2003 年，故宫博物院花 2000 多万元巨资买下了千年法宝《出师颂》，在社会上引发了一场沸沸扬扬的争论。有人说真，有人说假；有人认为值，有人认为不值，一时间议论纷纷。"当时我和其他几位专家都看过，大家都认为是真品，所以故宫就买了。买了以后社会上有人提出异议，说它是假的……鉴定是科学，要以科学说话"。徐邦达如是说。

关于《出师颂》，徐邦达说"我已经关注它很多年了，这话得从头说。我有一个小本子，里面记录了末代皇帝溥仪让其弟溥杰带出宫的字画名录，是我的一个好朋友送给我的。他的父亲在清宫里曾专侍字画保管，其父死后就将小本子传给了他，他生病后又把这个本子交给了我，他对我说：'徐公，可能这个本子对你有用，送给你吧。'从那个时候起，我就很留意它上面所记录的东西，每找到一件我就用笔画个钩，《出师颂》就在这个名录上。但解放后它就从未露过面，一点线索都没有，只是大约六七年前在北京嘉德拍卖会上拍卖过它上面的题跋。题跋是那些看过该字画或收藏过该字画的人在字画的后面所题的字，与字画既可以分也可以合，是可以割下来的。因此《出师颂》真迹多少年来一直未见。直到这次嘉德拍卖行要拍卖《出师颂》，拿它给我看时，我才算是真正见到它。我当时顿觉眼前一亮'绝对的好东西'。然后我就给故宫写信、给有关部门写信，建议故宫一定要买下它。《出师颂》之所以有那么高的收藏价值，一是因为它是隋人书，为千年法宝；二是因为它上面的鉴藏印记有唐太平公主的收藏印章及米友仁鉴题的'隋贤书'，此本在清乾隆时收入内府，民国十余年间被溥仪带出，后流落民间没有音信，直到这次才浮出水面"。

被台湾媒体称为"徐半尺"

1991 年，两岸文化交流刚刚开始萌动，徐邦达就作为第一个到台湾访问的大陆文博界学者应邀访问了台湾。作为中国知名的鉴定家之一，他提出要看看台北故宫博物院的藏品，被破例获准，并且没有一次只能看一两件的限制。他非常珍惜这次难得的机会，在台湾的一个月，他几乎每天都是三点一线：酒店、台北故宫博物院和饭店，整整看了一个月，哪儿都没去。他说"尽管有些东西以前也都见过，但就是想再看看"。

这次台湾之行，他被台湾媒体称为"徐半尺"，因为"画轴刚展开半尺，徐邦达就已辨出真伪"的功夫着实让他们震惊。在台北故宫博物院，有些字画刚一打开，徐邦达即从展开的裱边上看出它是假的，此举让在场的记者惊叹不已。"有些假画，实际上只需打开一寸就知道了，但是鉴定是一门科学，往往一幅画的鉴定需经反反复复地研究、仔仔细细地查看才能下定论，只看半尺怎么够？"徐邦达很认真地说。

曾经有人说许多很有价值的字画藏品都在台北故博院，徐邦达却认为不完全如此："就字画来讲，大的、挂幅的台湾较多，小的、卷册的北京多一些。为什么呢？因为当初溥仪通过他的弟弟溥杰偷偷拿出宫的古籍字画珍品都不可能太大，能偷着拿出去的多是些手卷、册页之类的小东西。这些东西先是被带到天津，后又散落到东北，大多被当地的一些收藏家所收购。另外还有一些被国民党军人私抢的东西，也都在私人手中，这其中有很多东西陆陆续续被故宫所征得。因此不能说台北故宫博物院的藏品就比北京故宫的多和好，各有千秋。"有人问他在台北故宫看到那么多珍贵的字画，是不是觉得这些文物如果是在北京故宫就好了，他深情地说"好东西只要能回到博物馆就好"。

"只有小家没有，大家才会有"

作为古书画鉴定界的权威，许多人用重金来收买他，希望他把假的说成是真的，他都断然回绝。他说"假的就是假的。就连我父亲收藏的东西，是假的我也照样说是假的，绝不含糊"。对于是否会因此得罪人，他说"那也没办法"。他把"实事求是"当作自己的座右铭，当作行为的准则，即使是一些很高级别的领导拿来的字画，那也一视同仁，假的就是假的。他说这跟权势地位没有任何关系，我只认字画不认人。在徐夫人眼里"他这个人从来不管字画以外的事，从不趋炎附势，而且还专门哪壶不开提哪壶，他就根本没有这种人情世故的概念。有时候我都觉得有点碍于情面，不好意思的，他可不管这些，实事求是，是非分明。在他心里就只有书画，什么柴米油盐一概不知，只爱字画。人家是爱到入骨三分，他是爱到入骨百分之二百，连做梦都离不开字画"。说到做梦，徐邦达还真有一段梦中挂画的有趣故事。有一天晚上他梦中大喊"挂，挂"，夫人问他挂什么？他用手指着墙梦中回答"从这边开始挂，唐、宋、元、明、清依次挂"。还有一次，晚上正睡着觉，忽然他就伸着手在被子上来回摸，夫人问他："你摸什么呢？"他迷迷糊糊地说："我刚才放在这儿的那卷黄庭坚的手卷怎么没了？"这就是徐邦达，一个完全是为了字画而生的人。夫人说他是字画第一、生命第二的人，是一个说出来别人都不信——连钱都不认识的人……每逢此时，徐邦达会笑着反驳道："我知道一百元是红的。"

2004年春节前后，徐邦达给老朋友王己千（国际著名的中国字画收藏家、书画家，曾和徐邦达同学于吴湖帆门下）写了一封信，虽说是两位耄耋老人之间的通信，但信的内容却是除了画还是画。他希望王己千能把其收藏的《朝元仙仗》（北宋）及一些好的书画拿回中国。实际上他写这封信的时候，王己千早已驾鹤西去了，这已经是一封无法发出的信了，家人为了避免他过于悲痛才没有告诉他这个噩耗，他还在天天盼着王己千给他回信呢。

王己千曾说："徐邦达关于鉴定字画的学说，是前无古人后无来者的。"

在字画的鉴定中，徐邦达一直恪守实事求是的原则，遇到有人拿着假画请他题跋，他会毫不留情地直说"假画不能题"。使人在"失望"之余不得不敬佩他的人品。碰到别人的鉴定意见与他不同时，他也会仔细听取对方的分析意见，哪怕是年轻人，只要对方说的有道理，他都会心悦诚服地尊重他人的意见。如果他自认为没错，那也会坚持到底，任何人也不能改变他的看法。

除了鉴定之外，徐邦达在书画方面有很深的造诣。他认为自己最为满意的作品是那张临（清）华嵒的《临新罗山人秋艳禽兔图》（原作现在浙江海宁徐邦达艺术馆内）。当别人问他在心目中哪一幅中国画（字）最价值连城时，他说中国字画很多都是无价之宝，看到好的画常常会让人爱不释手，有时竟到了教人夜不能寐的地步，没法说哪一幅字画最价值连城。

他还是一位痴迷的京剧票友。从年轻时起他就酷爱京剧，擅唱老生，20世纪50年代还曾在故宫的小舞台上唱过《洪洋洞》，与荀慧生、张君秋、老王玉蓉等许多名家都是密友，常常在一起谈天说戏。他喜欢余派唱腔，最喜欢余叔岩的老生，平时在家也经常是自娱自唱。2002年底他不慎摔坏了腿，在床上打牵引期间，李瑞环主席还送了一大盒音配像的京剧影带给他……

都说笔墨丹青可以修身养性，吟诗赋画有益健康长寿。而93岁高龄的徐邦达却认为除了生活有规律、饮食有节律外，最重要的是心态。他说一个人心态要平和，很多问题都出在过分追逐名利上，贪欲、私欲过度就会导致心理失衡。如果经常心理失衡就会伤身，身体健康最重要的是心理健康，心理平衡了，身心就和谐。一个人非淡泊无以明智，非宁静无以致远。

古建筑学家罗哲文治学的四个支点（一）

——古建筑摄影园里的耕耘者

窦忠如

  能够保持将照相机挂在胸前长达数十年不变的形象，恐怕不能仅仅归结于他对摄影艺术的爱好——罗哲文民国29年（1940年）考入中国营造学社便开始接触照相机，并对摄影艺术产生浓厚兴趣。后来，摄影成为其从事文物古建筑研究工作的一种专业技能。如今，将照相机挂在胸前已成为他留给世人的一个标志性形象。

  七十多年来，罗哲文经历了太多的故事，享受了太多的乐趣，也积累和总结了诸多理论与实践经验，从而在不经意间成为中国古建筑摄影领域最勤奋的耕耘者。

学而能思

在古建筑摄影方面，罗哲文可谓学无定者、学而能思。

1956年，来自捷克斯洛伐克的国际文物摄影家富尔曼兄弟两人来华访问，罗哲文作为陪同人员，抓住这一难得机会，从他们的拍摄过程及交谈中学到了许多关于文物与古建筑拍摄的方法与理论。有一次在拍摄古瓷器时，由于瓷器强烈的反光性，一些摄影师往往想出各种方法来消除器物上的光点，而富尔曼兄弟俩却主张保留光点，认为只有这样才能真实表现出瓷器本身所具有的质感。对此，罗哲文表示认可，却没有生搬硬套，而是分析具体情况后再采取具体办法，"如果有的光点正是重要花纹所在，而又无法移去，稍微涂一点薄糊、肥皂水之类即可"。至于古建筑摄影应该如何保持质感的问题，罗哲文根据多年从事文物古建筑研究的经验，认为构成文物古建筑的材料都有独特的质感，在拍摄时"必须抓住材料质地的特点，如木雕、木质材料，木材的纹理是重要的特点之一，就要突出它"。

除了要拍出古建筑主体构成材料的质感外，其附属的雕塑和壁画等也是拍摄的重要内容。1956 年，罗哲文跟随文物出版社摄影师彭华士，前往山西永济拍摄元代建筑永乐宫时，就从这位最擅长拍摄雕塑和壁画的摄影师那里大获教益。但是，在拍摄实践中善于思考的罗哲文，又不乏自己的独到见解："在拍摄建筑物内部的雕塑、壁画的时候，还应拍摄一些反映雕塑、壁画与建筑物有关系的照片。因为它们在开始创作的时候，就是同建筑物一起设计、布置的。"很显然，罗哲文是从古建筑研究者的专业角度探索摄影的，并没有跟随彭华士的言行亦步亦趋。

1959 年，罗哲文在参与大型画册《中国》的拍摄工作中，既向比他年长的著名摄影家刘旭沧、黄翔、吴寅伯和敖恩洪等学习拍摄静物与风光的实践经验，以及照片冲洗加工等一些特殊技巧（笔者注：罗哲文的暗房放大加工技术就是 20 世纪 50 年代向北京一家普通照相馆的暗房小师傅学习的），更注重学习他们在拍摄时仔细观察和精心琢磨的敬业精神。对于半个世纪前的那次拍摄经历，罗哲文记忆深刻："我和已故的上海老摄影家刘旭沧一起拍摄文物。当一件文物拿出来，他总是首先仔细观察，绕着文物转，从轮廓、细部、花纹、质地、色泽等方面观察许久，然后才请保管同志摆定位置。打灯光、用背景等都考虑得非常仔细。"

重要而可贵的是，罗哲文从老摄影家那里学到的严谨作风和敬业精神，随后又传给了比他更年轻的人。1961 年，国务院发布了《文物保护管理暂行条例》，主要参与制定者罗哲文在指导北京市文物主管部门贯彻这一条例时，为了帮助他们做好文物保护单位的"四有"（笔者注：有保护范围、有标志说明、有记录档案和有专门管理机构）工作，每天奔忙在天安门至卢沟桥间。有一次，为了拍摄卢沟桥全景，罗哲文竟然连午饭也顾不上，终于拍出了迄今最美的一张 11 孔卢沟桥全景照片。对此，当年与罗哲文一起工作的大学生吴梦麟感慨地说："这种忘我的工作精神给我留下了深刻的印象，使我在刚踏上工作岗位之时就得到了一位好的导师。"

巧思笃行

既然罗哲文如此善于学习和总结古建筑摄影经验，现在再讲学习古建筑摄影需要掌握哪些基础知识，似乎是一个多余或倒置的话题。其实不然，古建筑摄影不是一门纯粹的摄影技术，它具有自身的独有特点，即与古建筑本身特点紧密相连。因此，罗哲文在谈到这个问题时，除了阐述摄影器材配备这一摄影行为应该具有的最基本前提条件外，还重点对古建筑本身在摄影中的地位和特点进行分析。

比如，在拍摄中如何体现古建筑的平面布局。罗哲文认为，要想拍出能体现中国古建筑复杂多变平面布局的鸟瞰照片，就要选取一个大的拍摄角度，而这除了利用比较理想但又难得的飞机或热气球外，更多时候需要拍摄者具有攀梁上柱、爬屋登高的胆量和能力。有一次，罗哲文在拍摄中因为攀梁上柱差点摔下来，可他却镇定自若、一笑了之。

比如，在拍摄中如何体现中国古建筑优美的艺术造型。中国古建筑造型非常丰富，有亭、台、楼、阁、殿、堂、廊、轩、榭、塔等多种形式，且各有特点，各有变化，但几乎所有古建筑造型都由三个基本部分组成，即台基、墙壁门窗和屋顶。特别是中国古建筑特有的所谓"大屋顶"，从实用功能上讲，有便于排水和隔热保温等优点，从艺术上讲，"呈反曲的抛物线，伸出很远，有大鹏展翅之势"。因此，罗哲文强调："在拍摄一座大殿的时候，一定要把高大的台基、宽广的门墙和屋顶照下来；拍一座古塔的时候则一定要把握住它划破云天、直冲霄汉的气势；拍摄园林的照片一定要把它的曲径通幽、亭榭凌波、游廊折转、假山静谷、花木相映等特点拍摄出来。"

比如，在拍摄中如何体现中国古建筑独特的结构体系。古建筑摄影不同于风光艺术摄影，它具有为文物作科学记录档案和研究参考的功能，因此反映古建筑在工程技术上的价值，是非常重要的摄影内容之一。对此，罗哲文可谓参悟深透、了如指掌，故在拍摄时能够做到游刃有余。在拍摄中国古建筑结构中最重要的一个特征——斗拱时，罗哲文强调至少要拍摄正面、侧面和仰面三张照片，否则不足以完整记录其复杂又极具装饰性的结构特点。

比如，在拍摄中如何体现中国古建筑丰富的色彩与雕饰艺术。诚如罗哲文所言，中国古建筑是一门综合性艺术，它包含诸如绘画和雕刻等多种艺术内容。因此，在拍摄时不能忽视这些看似附属古建筑主体上的艺术形式及特点，否则也是不完整、不真实的。

比如，在拍摄中如何体现中国古建筑与周围环境密切结合的特点。中国古代匠师在古建筑营建和设计之初，总是预先对周围环境因素加以充分考虑，并巧妙利用其作为烘托主体氛围的一种"借景"。因此，罗哲文举例说："在拍照颐和园的时候，一定要拍一个西山峰峦、玉泉塔影与万寿山、昆明湖相辉映的镜头；拍一张山西浑源悬空寺的照片，如果只拍它的局部殿阁，没有四周的绝壁悬崖，就看不出这组古建筑悬险的特点了。"

比如，在拍摄过程中如何使用曝光表的问题。罗哲文没有依赖测定标准曝光的现代仪器，而是根据具体情况琢磨总结出一套独特经验，并在参加长沙马王堆汉墓考古发掘拍摄实战中得以检验。对此，罗哲文毫不吝啬地贡献出了自己的经验：

1973 年在长沙马王堆拍摄三号墓发掘过程的时候，需要拍摄一张椁室全部揭开的俯视照片。由于此照片太重要了，又不可重拍，所以费了很大的事，还搭了 10 多米高的棚架。椁内文物主要是漆器、丝绸，颜色大都深暗，用曝光表测得的曝光为十分之一秒，量了几次都是如此，我心里十分忐忑不安，因为与我感性经验相差甚大，于是我决定不按曝光表曝光，而用经验推断的十六分之一秒拍摄。拍的是 4×5" 柯达反转片，结果按曝光表拍了两张，几乎看不出来，按经验拍的却恰到好处。过后心里还后怕了好几天，万一都按曝光表拍了，就砸了，因为拍完之后立即把各箱文物起出，不能再拍了。至于如何差了 10 倍，我想可能是拍摄主题暗，周围亮，或是周围灯光干扰所致。

求美存真

古建筑摄影作为一种艺术表现形式，在讲求真实完整和主题明确外，还应当注意艺术效果。对此，罗哲文认为古建筑摄影艺术性必须建立在适用的基础上，否则这张照片便失去古建筑摄影的主要功能和作用。反之，古建筑摄影除了要达到使用目的外，还应该拍摄得好看些，以满足人们固有的对美的需求。那么，罗哲文在古建筑摄影中是如何做到科学性和艺术性相统一呢？

对此，罗哲文总结出了"勤跑、细观察、耐心等待"这三条基本经验。

关于勤跑，罗哲文有几则事例足以说明其重要性："记得我在选择承德普陀宗乘之庙、须弥福寿之庙的拍摄点时，上下狮子沟对面高山好几次，后来找到从离宫里面上宫墙的道路，在墙上又来回走了好几次，还拍失败过几次。从1953年开始，凡去承德，我都争取到那里去一下。如果有车上山要快得多，没车时一去就是半天。有时为拍摄一组建筑群中的一座建筑，还得上下周围的楼层或房顶。如山海关的天下第一关城楼，比较全而稍侧的较好拍摄点，是在旁边一座高楼的房顶上找到的。"

关于细观察，罗哲文强调两点：一是了解一座古建筑的朝向问题，以便选择最佳拍摄地点；另一个是观察古建筑本身形态，以便找准最佳拍摄角度。对此，罗哲文曾谈到光线和角度对表现古建筑立体感具有重要影响的一则事例：

我曾经拍摄过一张河南登封嵩岳寺塔的照片，20多年间，拍了四次，最后一次才算比较满意了。此塔是一个十二角形的近似圆锥体，本身立体感很强，如果光线角度选择得好，拍摄效果就非常优美，反之就很平淡。其关键是能否表现它的立体感的问题。我第一次去是在50年代，当时碰上天气不好，第二、第三次去是光线角度不行，照出的照片几乎是平面的，虽然用的是彩色片，但拍摄的效果还是不佳。还有一个原因就是此塔只有一个很小的角度能照到全景，天气虽好，但错过那个时间就不行了。因为我不是专门去拍此塔的，所以不能住下等。如果在那里住上一段时间，等天气、阳光照射的角度合适，就可能一次拍成。最后拍的一张与前几次相比，效果不言而喻。一张平淡无立体感，好像贴上去的一样，分辨不出塔的轮角来，另一张则明暗转换清楚，立体感强，且有中间色调。

这一事例足以"说明拍一张好的古建筑照片是件很不容易的事"。

关于耐心等待，罗哲文在拍摄登封嵩岳寺塔时等待合适阳光就是一例。当然，等待的内容不仅是阳光，还有云彩和恰当的人物等。

由此可见，古建筑摄影是一项极端重要的工作。对此，罗哲文曾开宗明义地指出："古建筑摄影是文物摄影中的一个重要组成部分，它以科学的方法，忠实而又形象地再现出古建筑本身的总体布局、艺术造型、建筑装饰等。古建筑摄影本身也是一门科学和艺术。一张好的古建筑照片，不仅是一份科学记录资料，而且是一件艺术作品。"罗哲文在关于古建筑摄影方面留下的著述文字虽然不多，但是对于伴随新中国文物古建筑保护和维修事业发端而诞生的古建筑摄影来说，开创、参与、组织和见证了新中国文物古建筑保护事业全过程的罗哲文，毫无疑问地成为中国古建筑摄影领域极为重要的耕耘者和见证人。

古建筑学家罗哲文治学的四个支点（二）

——笔墨春秋成追忆

窦忠如

一位文化学者曾这样说：中国的历史和文化艺术博大精深，源远流长，任何人只要步入其中或者偶有涉足，都不会也不能更不忍拔腿离去，因为那种无限隽永的魅力使人永生享受不尽。当罗哲文将书法艺术运用到古建筑学术研究中时，便演绎出了别样的人文情怀。

书法童子功

众所周知，中国的书法艺术千古芬芳、魅惑诱人，特别是当一个书法家懂得将目光转向大自然中的生灵万物时，必将使其艺术灵感得到最为淋漓张扬的喷发。比如，北宋画竹名家文同就是从两条正在绞斗的长蛇身上，第一次领悟了书法艺术讲求律动的原理。确实，大自然中无论是雄狮猛扑奔跑时显示出的力量之美，还是麋鹿轻巧跳跃时展示的灵动之姿，抑或是大象之笨拙与长蛇之迅疾，都非以毛笔这一中国传统文人的握具而不能表现其美妙。所以，书法作为中国旧时儒者必修的一门功课，即便才高八斗者，如果逸笔草草的话，那也是极为难堪丢失颜面的事。据说，清代著名诗人龚自珍当年就因卷面书法不合规范而屡试落第。

到了罗哲文求学时代，书法虽然不再成为一门必考科目，但是描红临帖至少还是"选修课"。因此，罗哲文在书法艺术上的功底，就是幼年就读私塾和少年进入新式学堂时打下的。对此，罗哲文后来回忆说："我小学读的是那种老学，一入学就开始练字。当时就是练字、背古文，旧学校嘛，就教这个。"正是这种旧式的学校教育，在培养了罗哲文对书法艺术的浓厚兴趣时，也为他中学毕业后顺利考入中国营造学社提供了助力，进而在工作中将书法转化为必不可少的一种技能，直至晚年再成为怡情养性的一种生活方式。由此可见，书法艺术对于罗哲文从事古建筑研究及日常生活都大有裨益。

学以致用

民国二十九年（1940 年）年底，罗哲文刚进入中国营造学社时，每天主要工作就是帮助刘敦桢先生抄写古建筑调查报告，并学习在调查报告中绘制一些建筑插图。这些"图本身要有艺术性，写的字也要有艺术性。一般的图注要求用仿宋体就可以了，而营造学社的要求还要有一点书法"。于是，罗哲文在工作之余，开始用心学习书法，先是一遍遍地临摹《张猛龙碑》等魏碑字帖，然后又练习隶书。当然，在这一过程中对颜、柳、欧、苏等各家书法艺术都有所涉猎，最后更是对"二王"书体特别是书圣王羲之的《兰亭集序》情有独钟。

不过，今天人们能够欣赏到罗哲文那笔画清秀爽朗、墨色浓淡相宜的"罗氏书体"之魅力，除了他在中国营造学社期间勤学苦练外，在宁静清华园里也是其书法艺术大为长进的一个重要阶段，因为清华大学在"解放前那时不管教师也好，学生也好，都研究写字、篆刻，研究木版画"，还有许多书法功底极为深厚的专家学者经常到校园里来教授。于是，风华正茂的罗哲文是"见人就学"，从而使自己的书法艺术突飞猛进。正因如此，当梁思成应邀为人民解放军编制《全国重要建筑文物简目》这一重要文献时，就曾特别将该简目的文字刻版和油印工作，全部交给具有书法专长的罗哲文负责。今天，如果有人能够幸运获见这册已经成为珍贵善本的《全国重要建筑文物简目》时，不仅能够从数十年前油墨所散发出的那种特有浓郁芳香中，感受到梁思成等先辈们编制这册简目时的科学严谨，也可以在经过岁月沉淀而发黄发脆的陈旧纸张上，获得罗哲文那工整清秀书法艺术所给予观者眼目上的美的享受。

1950 年年底，罗哲文作为最年轻古建筑专家进入国家文化部文物局后，因为工作机缘得以与诸多书法艺术高妙的专家学者朝夕相处，比如郑振铎、张珩、徐邦达、启功和王世襄等，都成为他在书法艺术方面虚心请教和学习的对象。另外，当年在文物局等国家部委办公时，基本上都是使用毛笔来书写文稿，这也为业务秘书罗哲文在书法艺术追求上提供了一个不间断的锤炼平台。

至于随后在从事古建筑勘察、维修和保护的实践中，善于学习的罗哲文又找到了学习和提高书法水平新的切入点，那就是几乎所有古建筑上都悬挂有古人书写的书法艺术极为高妙的匾额和楹联等。关于这一点，罗哲文深有体会：

因为从小就学古建筑，我就从古建筑的本身来体会书法。学古建筑为什么能与书法、绘画接上关系呢？因为一是古建筑本身是这些东西的一个载体，每一座古建筑上都离不开书法，如故宫、颐和园那些匾额、楹联、碑刻等都有丰富的书法内容。即使在老百姓家里也都有对联，有书法，有绘画。古建筑本身与书画是分不开的……可以这么说，匾额、楹联是我国古建的特色，外国是没有的，而且内涵丰富。古建筑是集大成者，壁画、书法、雕刻、塑像都有……故宫里面，颐和园中，那都是皇家经典，都是很不错的。比如乾隆自己编，自己写，是很不错的，那个字还是真下功夫的。当时好多大臣也在写。民间的就更多了，如昆明大观楼天下第一长联，如成都武侯祠的著名对联等。

数十年来，"古建徐霞客"罗哲文几乎踏遍了中国所有珍贵文物古建筑所在地，他到底见识了多少书法艺术风格各异的匾额、楹联和碑刻，从中又汲取了怎样丰厚渊深的书法艺术养分，恐怕连他本人也无法数得清楚、谈得明白。

特别"润格"

性情随和、广结善缘的罗哲文，除了应邀为许多文物建筑、古迹遗址和风景名胜等题写匾额、楹联外，还为一些专业人士或业余作者撰写与文物古建筑等相关著作题写书名或题词推介。而他对登门求字者，无论是达官显贵还是平民作者，几乎都是有求必应、从不推辞。正因如此，前往罗哲文家登门求字者，可以说是道路相望、络绎不绝。对此，罗哲文曾笑着说："一个名胜古迹要写个对联就找我来写，要写个匾就找我来写。有的博物馆、一处风景名胜区，他要找人题字，就找我来写。我不收费，找的很多，很多都是朋友关系，因为我跟他们比较熟，写得也就比较多。"

其实，罗哲文有时题字也是要收取"润格"的，甚至价格不菲。比如，有一次笔者与曹南燕女士、张幼平先生一同访问罗哲文时，他正躲藏在新房中挥毫泼墨，所写内容是梁思成一生中的唯一诗作，它的"润格"要经过拍卖行才能成交确定。试想，这样一幅凝结了中国古建筑学界最顶尖师徒两人心血的书法作品，岂是一般买家敢问津的？而当罗哲文向我们展示他刚刚书写的这幅作品，并透露他书写这幅作品的原因和用途，以及其背后蕴藏了数十年的那则真实故事后，不禁使我们油然而生一种敬仰之情，恐怕买家在拍卖会上获知其中缘由时更会频频举牌参与竞拍。

原来，在那次访问前不久，罗哲文获悉日本有关人士准备在古都奈良为梁思成树立铜像的消息，而他作为最早得知这一消息及其缘起的中方人士，当然表示由衷赞赏，并责无旁贷要为此贡献自己的力量。关于此事最根本的缘起，要追溯到"二战"期间梁思成向盟军建议不要轰炸日本京都和奈良一事。关于此事的真实状况，罗哲文曾撰有文章在诸多报刊上陈述过，在此只想摘录其发表在 2008 年第七期《中国政协》杂志上，那篇题为"中日友好史上光辉的一页——为日本古都奈良树立梁思成先生雕像而作"文章中的几个段落，作为透析日本准备在奈良树立梁思成先生铜像一事之根源吧：

梁思成先生对出生地并在那里度过了 11 年欢乐童年日本"故乡"的深厚感情、对文物古建筑的钟情热爱，提出要保护日本京都、奈良两座拥有大量珍贵古建筑的古都，在战争中不要破坏是必然的因缘所系。在 1944 年出版的《中国营造学社汇刊》上，梁思成先生的夫人、著名文学家、诗人、古建筑专家林徽因女士在她的《为什么研究中国建筑》一文中还特别提到了"即如此次大战，盟国前线部队多附有专家，随军担任保护沦陷区或敌国古建筑之责"，她所指的盟军即是当时太平洋战区的中、美盟军，所指的专家即是时任"战区文物保护委员会"副主任的梁思成先生和中、美文物专家。

众所周知，在中日、中美尚未邦交正常化的情况下，美帝国主义是头号敌人，日本军国主义是侵略者，梁思成先生既生长在日本，学成于美国的美国通，是万万不能提及此有关当时军事秘密之事的。好在 1947 年梁思成先生在北京大学讲课的一次小会议上曾经讲到了保护古都京都、奈良的事，1984 年北京大学宿白教授访日时谈到了他在 1947 年是声闻者，这才引起了为什么在盟军轰炸日本时，这两座古都能完好保存的原因的追溯，次年（1985 年）在参加奈良古都保护与发展的国际学术研讨会上，我和郑孝燮先生对此也作出了证明，日本的专家学者从梁思成先生的身世经历和对古建筑保护研究的成果与爱护各方面，得出他提出在战争中保护两座古都的必然性，《朝日新闻》夕刊立即以"古都の恩人ほ中国人学者"的大标题报道了此事。

1991 年，日本《朝日新闻》在"开战 50 年"的专题中，又专门采访了我和宿白教授，宿白教授详细讲述了 1947 年他听到梁思成先生在北京大学博物馆专科讲演时的情况，该刊把梁思成先生称为：日本文化の恩人。

正是基于这一原因，罗哲文于 2007 年 11 月下旬访问日本期间，来到他的老朋友，日本著名艺术家、画家，国际著名和平使者、社会活动家，日中友好协会会长，文化财产保护·艺术研究助成团理事长平山郁夫先生家里做客时，"同他谈到了中日文化交流，两国的交流源远流长，许多杰出的人士为此做出了不朽的贡献，但一说起其中的代表性人物，大家仅仅限于知道唐代的鉴真大师，事实上为此做出努力并为两国人民有目共睹的人还为数不少，我们不约而同地想到了我的恩师梁思成先生"。于是，2008 年平山郁夫先生来到中国访问时，便提出在奈良为梁思成先生树立铜像的建议。

对于这一对中日友好具有深远意义的建议，全国政协主席贾庆林在会见平山郁夫先生时，既代表中方表示了支持和感谢的积极态度，又作出重要评价：中日合作为梁思成先生在日本奈良树立铜像，不仅可以体现纪念和表彰梁思成先生在"二战"时期为保护日本古都所作出的贡献，而且对增加中日友谊、促进两国关系的发展有着现实意义。同时，国务委员刘延东亦批示文化部、国家文物局与外交部相互沟通，把这件对中日友好有现实意义的事情做好。不久，平山郁夫先生委托其画友、曾沿玄奘弘法路线考察并写出专著的安田顺惠女士专程来到中国，再次"表达了日本国内京都、奈良两市同时愿意为梁思成先生树立雕像的愿望"，并表示她"回国后将立即与奈良县负责人及相关寺院联系，积极推动这件寄予了两国人民美好愿望的事情"。既然中日双方对此都表示出自己的积极态度，作为梁思成的弟子罗哲文便遵照中国政府有关部门委托，开始积极行动起来。当然，即便没有中国政府有关部门的委托，罗哲文也表示自己绝不会"袖手旁观"、"坐享其成"。而有关部门出言不出钱的一贯做法，却使罗哲文为筹集相关经费不得不接受建议"操笔上阵"，希望多写几幅书法作品在拍卖会上能多募集一些资金，以便尽快促成这件"对增加中日友谊、促进两国关系的发展有着现实意义"的大事得以实现。闻知这一内情，想来读者一定也和我们当时的心情一样——百味杂陈吧。

记述罗哲文在书法方面的往事，却拉杂出这些看似不着主题的内容，其实只想就其在书法方面的造诣作一结语。记得曾有人问罗哲文最满意的书法作品是哪一幅，他回答说："因为太多了，我一时想不起来。像阆中的张飞庙，张飞在那里当巴西太守。我给它编了一副对联：为民作主巴西守，世代香烟桓侯祠。大家对此都很满意。"常言说：文为心声。如果说罗哲文编撰这样一副对联，表达了他关注民生这一思想理念的话，那么他书写恩师梁思成旧作以募集资金，想尽快促成这件"对增加中日友谊、促进两国关系的发展有着现实意义"大事的举动，就不难解释为他与恩师梁思成都是具有国际主义精神的人了。因此，"字如其人"一说，在这里也就不能简单按照固有习惯，理解为书体风格代表书者性情之说，似乎还应该将书者所书内容也是体现"字如其人"的一个重要方面来理解，何况罗哲文书写恩师梁思成之旧作，还是那样地催人奋进呢：

登山一马当先，岂敢冒充少年。
只因唯恐落后，所以拼命向前。

另外，这肯定不是一种巧合——今年是中日邦交正常化 40 周年，中日双方有关人士树立梁思成铜像的愿望还没实现，罗哲文却已经仙逝了。

古建筑学家罗哲文治学的四个支点（三）

——诗词记史亦抒怀

———

窦忠如

在中国营造学社时，林徽因曾教导罗哲文说："你必须要学古文，读诗词，这对你将来有用处。"

诚如斯言，罗哲文幼年就读私塾培养出对古典诗词的兴趣，在进入中国营造学社后得到了淋漓尽致的发挥。中央大学建筑系毕业生卢绳来到学社后，因为他对古典诗词颇有造诣，林徽因便要求学社成员每天跟他学习古典诗词。一时间，学社内学习古典诗词蔚然成风，与卢绳同住一个宿舍的罗哲文更是近水楼台，几乎每天晚上都要向卢绳请教这方面的学问，使自己的古典诗词水平大有长进。喜爱古典诗词的罗哲文还善于自学，在当年那么艰苦的条件下，他购买了许多有关书籍，一有空闲便捧读不辍、吟哦不止。另外，当年中国营造学社研究古建筑，主要是从文献和法式两个方面着手，查阅文献是必不可少的一项内容，也就是要能够从汉赋、骈文、唐诗、宋词、元曲及各种史料中，爬梳出描述古建筑方面的文字，从而考证有关古建筑的形制和历史等。因此，在中国营造学社期间奠定了坚实的赋诗填词功底的罗哲文，在后来从事古典诗词创作方面，更多的是对古建筑等以诗为证、填词留史或纪实写事、借景抒情。

古建诗词唱赞歌

从广义上说，罗哲文创作的古典诗词几乎都与古建筑密切相关，且具有纯朴清新的纪实风格和与时俱进的时代特征。罗哲文在创作每首诗词时，多有"小序"记述当时经过，这对于人们理解其诗词内涵以及具体创作过程大有助益。

比如，罗哲文创作的《屹立神州九百年》，歌赞的就是名震寰宇的山西应县木塔：

> 十极巍巍穷碧落，班门弄斧入云天。
> 环球木构高第一，屹立神州九百年。

关于这首诗，罗哲文写有这样一则小序："1952 年'三反'结束，古建筑保护维修面向全国，许多重要古建筑需要抢救维修，受郑振铎局长之命和'文整会'杜仙洲及察哈尔省'文管会'张正模同志到雁北地区实地考察，拟制修缮计划，应县木塔即是其中之一。在学社和清华时期虽然学习应县木塔的资料，但毕竟未能亲临，难以感受其雄伟之价值。当此次来到现场，确实为之震撼，深感中国木结构之伟大。"

河北蓟县（今属天津）独乐寺观音阁，是梁思成加盟中国营造学社开展古建筑野外调查的第一个实例，它是中国古建筑中"现存最早之高层楼阁，最大之寺内泥塑，最早之现存屋顶鸱尾，尤以观音阁结构之精巧，冠盖群芳"，在长达千年历史中经受多次强烈的地震灾害，依然巍巍屹立、岿然不动。特别是在 1976 年唐山大地震中，蓟县城内许多新旧建筑都受到很大程度的破坏，唯独观音阁受损不大，当地传言说有人看见观音阁在大地震中来回摆动，但过后又恢复了原位。对此，罗哲文与孟繁兴、吴梦麟、魏克晶等人在大地震后，专门进行实地考察，并针对其抗震性能写出专文加以论述。罗哲文认为：观音阁"双槽构架、斜撑支顶、井口斜梁等皆为抗震结构的重要措施"，且设计十分精审。这使罗哲文不由不赋诗礼赞：

独乐寺观音阁赞（七律）

魏巍高阁耸渔阳，独乐声名震朔方。

构架双槽撑护绕，斜虹井口力分当。

重檐远出斯飞翚，斗拱梁枋精审量。

地动山摇何所惧，千年不损胜金刚。

与礼赞山西应县木塔和天津蓟县独乐寺观音阁所不同的，是罗哲文为北京紫禁城建福宫重建时所写的一则祝词。原来，建福宫花园这处曾珍藏清乾隆皇帝数以千万计古代书画和古玩玉器等文物的储藏室，早在嘉庆年间就封存不曾开启。不幸的是，民国十年（1921 年）却被逊帝溥仪因小朝廷生活入不敷出而下令启封，不久便遭到一场莫名其妙的火灾而荡然无存。据有关史料统计，当时被大火焚毁的金佛 2665 尊、古代字画 1157 件、古玩 435 件及数万册古书典籍，同毁于那场大火的还有静怡轩、慧曜楼、吉云楼、碧琳馆、妙莲花室和延春阁等储藏这些文物珍宝的建福宫花园所有建筑。至于 80 年后重建建福宫花园延春阁时，人们从罗哲文所写的这则祝词中，对重建过程有了另一方面的了解。在这则祝词小序中，罗哲文写道：

　　建福宫花园是明、清故宫紫禁城中具有高度历史、艺术价值的皇家花园。不幸于1923年（笔者注：实为1921年）被焚毁。在专家学者们的不断呼吁，在香港中国文物保护基金会的支持下，经国务院批准，在国家文物局、故宫博物院领导的关心和院内外专家学者、工程技术人员的共同努力下，建福宫花园复建的一期工程，中心建筑延春阁主体木构，将于2001年4月下旬，如期封顶，并在新世纪第一春的4月3日举行延春阁复建上梁仪式。欣逢盛世，政通人和，如此重大之文物复建工程，不能无文以记之，乃略记其始末并为词曰：

北京故宫建福宫花园重建延春阁上梁祝词

> 建福精构，御苑煌煌。
>
> 华堂丽屋，稀世珍藏。
>
> 遽遭祝厄，殿阁雁殃。
>
> 霎时焦土，玉石俱亡。
>
> 百年残址，行将沦丧。
>
> 欣逢盛世，纲目同张。
>
> 士人学子，协力齐倡。
>
> 输资献智，再造辉煌。
>
> 鸠工遴材，斧凿铿锵。
>
> 上梁之日，共献华章。
>
> 大安大吉，钟鸣鼓响。
>
> 书以纪盛，万世流芳。

新千年新世纪辛巳新春

公元2001年4月3日

长城诗词有源流

任何一种文学流派的创建，都可以寻找到其中根源。长城文学是否属于一个流派姑且不论，但其别具风格的特色和不同凡响的气势，似乎还没有哪种文学流派堪与媲美。所以，长城文学在中国诸多文学流派中独树一帜，具有一种无法言喻、撼人心魄的魅力，何况向来还有"长城诗词浩如海"的赞誉呢。

确实，上下两千年、纵横十万里的中国长城，是一部源远流长的中国古代文化史，是中国封建社会最辉煌、最丰富的历史篇章。古往今来，不知有多少帝王将相、文人骚客、征旅戍卒为它写下不朽的诗词颂歌，如果用浩如烟海来形容其数量，人们应该不会有异议。当然，以长城宽广无边的胸怀以及无比丰厚的历史文化积淀，它从来也不曾拒绝世人接力创作出的大量诗词颂歌。其中，作为"万里长城第一人"的罗哲文，他不仅是新中国长城维修保护事业的开拓者和奠基人，更是新时期长城文学的奠基人和开拓者之一。因此，长城文学欢迎罗哲文的加盟，世人也欢迎并愿意享受他的长城诗词。不过，数十年来罗哲文创作的长城诗词有很多，这里只能摘录其中几首以供欣赏：

山海关长城礼赞（三首）

1978 年 8 月为协助秦皇岛文化局编写介绍山海关长城及北戴河等文物古迹的材料，随王冶秋同志住北戴河别墅半月。与秦皇岛市文化局长王岳辰及山海关文物保管所的同志们驱车并步行登山涉水，考察了山海关附近的许多长城遗址和文物古迹。除山海关关城内外的关城、东罗城、西罗城、南翼城、北翼城、城墙、城楼、角楼等之外，还到老龙头、角山、姜女坟、姜女庙、八里堡、威远城、石河水库、丰宁山、锥子山、九龙口、万之草……作了实地考察。写成了"山海关长城考察简记"一文和《秦皇岛山海关·北戴河》在文物出版社出版。对山海关长城又有了进一步的认识，成小诗数首：

一、登山海关东门城楼

明祖雄图拒鞑顽，长城万里布烽烟。

燕山北枕设重险，渤海南濒浪接天。

突兀墩台逐岭转，连云雉堞随峰翻。

幽燕险固凭何峙，蓟镇东来第一关。

二、山海关老龙头

长龙拔地起临洮，越过千山万水遥。

直下燕山连险塞，飞奔宁海逐惊涛。

环球众说称奇迹，宇宙航观见峻标。

秦皇明祖今安在，唯有民功永不凋。

三、长城抒怀

三十余年蓄意豪，几从东海过临洮。

累登九镇三关险，踏遍长城万里遥。

有山海关，自然不能少了嘉峪关，罗哲文曾以不同词牌，吟哦出了《嘉峪关十唱》，只是限于篇幅之故，在此只能摘录"十唱"前的一则总序，仅此也足见罗哲文痴爱长城之深情了：

嘉峪关为明代长城的西头重要关口，是现存长城关口中保存最为完整者。关城、关楼、角台、角楼、敌台均仍保存完整，确属长城现存的一座雄关，与河北秦皇岛山海关东西相隔万里，遥相对峙，互争雄险。山海关被称之为"天下第一关"，而嘉峪关则又被称之为"天下第一雄关"，增加了一个雄字。可惜嘉峪关西门上之"天下第一雄关"匾额已毁于军阀时期，不能与山海关之"天下第一关"匾额东西遥相辉映了。

我曾有机缘，十经山海，三渡嘉峪，饱览两关景色。山海关之巍巍燕山，滔滔东海确实雄伟壮阔，明朝人曾有"万顷洪涛观不尽，千寻绝壁画应难"之句，予以描绘称赞。而嘉峪关则莽莽祁连，茫茫戈壁，更有其雄奇壮丽之处。真可谓各据地势，各有特点，难以高下之分也。

1981 年 8 月，又再渡嘉峪关，并再登关城，复寻墩堡烽火遗址。巍巍雄关，皑皑祁连，景色倍觉迷人，能不歌之……

"十唱"过后，罗哲文却谦逊地说："十唱均系旧体辞章，难以表达对嘉峪关之赏赞，只是作后日之记忆而已。"其实，这不仅印证了"以诗为证"的评说，也应了"吟诗留史"之论。

其他诗词多遗篇

一个人的身份有多种，可往往因为某方面成就过于突出而掩盖了其他。比如，世人皆知林徽因是著名的诗人、文学家，而鲜有将其定位为建筑师，其实她的墓碑上只有一行字：建筑师林徽因。关于这一点，罗哲文也未能幸免，因为他几乎所有的公众身份和社会职务都与文物古建筑密切相关，即便他的书法造诣和摄影成就在业内有目共睹、人所共知，但是极少有人称呼他是书法家或摄影师，就好比他创作了大量旧体诗词一样，至今也没听说谁将他定位为诗人。因此，多年前当笔者获见罗哲文精心整理那份包括诗词以及为诗词配置大量珍贵照片的稿本时，当即就动议说何不将这些诗词用书法形式重新书写，再配以相关照片（包括手绘图纸）交付出版社公开出版，以供更多的人欣赏呢？此议一出，顿觉浅陋，并后悔不迭：一是，因为作者既然如此精心整理，定有出版之意，何需笔者浅陋置喙；二是，提议以书法形式重新书写那百数十首诗词，这对于年逾八旬且事务繁忙的老人来说，徒增这么大工作量岂不是一大罪过。而今又一想，罗哲文对书法、摄影和诗词的兴趣不减当年，如果能将其诗、书、画（照片和图纸）"三绝"合一出版面世的话，对作者来说不仅是一个纪念，更是嘉惠后学的一种好方式，只是不知哪家出版社能够慧眼识珠，早日玉成此一功德之事。

"踏遍神州万里遥"的罗哲文，无疑是一位真正的诗人，否则他每到一地怎么都能吟诵出绝妙诗词呢？确实，在捧阅罗哲文颇费心血整理的诸多诗词，被其归入"其他"类的有很多，因此这里只能摘录其中几首，以供读者对罗哲文的性情及人生志趣，有更多一点的了解。

2004年4月末，罗哲文来到湘西凤凰古城考察时，曾专门参观拜谒了大文学家沈从文先生的故居和墓地，并赋诗曰：

谒沈从文墓地

良师益友忘年交，犹忆端门话早朝。

一束鲜花呈墓表，香风吹送九重霄。

其中，罗哲文对"犹忆端门话早朝"一句，作了这样一则注脚：

1950年，我从清华大学调到中央文化部文物局，就与沈从文先生相识，他其时在文化部所属北京历史博物馆工作。1950—1951年，文化部文物局与该馆共同举办了多个伟大祖国艺术、伟大祖国建筑、敦煌艺术、抗美援朝等展览。以伟大祖国历史的光辉成就，唤起被帝国主义侵略蔑视百年的爱国热情。我其时正代表文物局与该馆共同举办伟大祖国建筑展览，与沈从文先生常在一起工作、聊天，向他学习到不少东西。他是我的老师林徽因、梁思成（20世纪）30年代文学上的知交，在文学上给了我很多的教益。该馆当时馆舍在故宫端午门之间的东西朝房，时常谈起我等上班与当年大臣们早朝相似。解放之初，我们所有干部也都要在上班之前学习政治一两个小时，改造思想。学习改造很重要，不能迟到，因此很早就要起床。特别是春秋冬日，早上五六点天还未明。沈从文先生常谈起大臣们早朝情况，大臣们也是天不亮就在朝房等候了。皇帝们也都厌倦早朝。常说唐明皇"从此君王不早朝"的故事。

与这类诗词所不同的，还有下面两首和诗：

今年（1986年）六届四次全国政协会议期间，吾等住京丰宾馆近月。委员中年高者多矣。然而均是心情舒畅，兴致勃勃，畅所欲言，同商国事，竟未有言年老者。老画家刘海粟年已九十有二，尚称要做小学生；老摄影家黄翔已年过八旬，还当场拜师学艺，真可说得上是国泰民安人不老。有广州中山大学教授商承祚先生年方八十有五，健步如飞，上下楼梯不需人相扶。商老曾作了一首《年龄歌》张于大厅过道之内。歌云：

九十可算老，八十不稀奇。

七十难统计，六十小弟弟。

五十、四十爬满地，

三十、二十睡在摇篮里。

于是，罗哲文"对号入座"，虽然他当时也是年逾花甲的老人，仍以"小弟弟"的身份奉和两首，并发表在当年 7 月 14 日的《北京晚报》上：

其一

腾腾一月聚京丰，国事同商兴意浓。

花甲古稀谁说老？八旬九十正春风。

其二

国事同商又一年，五湖四海共婵娟。

尧天舜日春常在，喜煞群翁不老仙。

年轻时的罗哲文勤奋好学，步入晚年后依然笔耕不辍，只是他创作的时间实在是太少了，许多诗词都是他奔忙在世界各地旅途中完成的。试想，如果没有太多事务性工作缠绕的话，以罗哲文的才思敏捷和勤奋创作，那将会为中国古典诗词增添多么璀璨的光华啊！

古建筑学家罗哲文治学的四个支点（四）

——破解古画中的建筑密码

———

窦忠如

　　对一代建筑巨匠梁思成先生的家学渊源与皇皇著述稍有了解之人，不能不对其言必有据，且善于分析比较的治学方法深表感佩。而直接师从梁思成先生长达十年之久的罗哲文，在这方面得到了恩师的言传身教，如通过考证传世书画解析古代建筑形制和历史等，就是其至今还不广为人知，且更不为人所重视的一种治学方法与才能。

由"梦华录"到"金明池"

　　因一篇文章或一幅画作而名载史册的例子，在中国乃至世界文化艺术史上可以说数不胜数、比比皆是，例如因《清明上河图》而为世人所铭记和仰慕的北宋伟大画家张择端。殊不知，张择端除了《清明上河图》之外还有一幅传世名作，那就是罗哲文以"一幅宋代宫苑建筑写实图"为题，对这幅画作中诸多建筑进行细致入微考证和诠释的《金明池争标图》。

原题为张择端作的《金明池争标图》，在 1959 年 6 月被收入文物出版社出版的《宋人画册》（第十六卷）之前，从未在历代各家相关著录中记载过，因此鉴别其是否为张择端所作，就是所有围绕或涉及该幅画作做学问者无法绕开的一个问题。对此，罗哲文发表于 1960 年第七期《文物》杂志上的一篇文章中，最后有这样一段文字："至于（《金明池争标图》）是否为张择端所作，则无法确定。不过像这样精细熟练的工笔画，有可能是他画的。画史上提到他曾画过两张名画，一是'清明上河图'，一是'西湖争标图'，没有'金明池争标图'。是否金明池俗称'西湖'，或是记载有误，或是另有西湖争标，都不得而知。"接着，罗哲文谦逊而坦诚地说："对于古代绘画，我纯系外行，只能提供一些情况，请专家鉴定。"

既然罗哲文在文章中谦虚地提请专家予以鉴定，那么不妨听一听与罗哲文同时期供职于文化部文物局并担任文物处副处长（当时处长一职虚悬多年）、当时中国首席书画鉴定名家张珩（字葱玉）先生对《金明池争标图》的细微分析和权威鉴定吧："按向氏《评论图画记》云：'西湖争标图、清明上河图，选入神品，藏者宜宝之。'知择端于《清明上河图》外，别有《西湖争标》一图，为传世名作。今按此图所绘景物，与幽兰居士《东京梦华录》（卷七）所记'三月一日开金明池琼林苑'及'驾幸临水殿观争标锡（注：疑是"赐"字）宴'二条，考之悉合。"于是，张珩先生在考证文章中将"幽兰居士"即宋绍兴年间的孟元老，在《东京梦华录》（卷七）中所描写北宋京城汴梁金明池里关于那场"争标"的场景，与《金明池争标图》中所绘景物进行了较为细致的对照，从而得出如下足可征信的鉴定结论：

（《金明池争标图》）虽仅尺幅，而于宣和全盛时金明池全貌，俱可按见，尤为历史考古之重要资料，不独艺术价值为可贵也。金明池在东都西城之西水门，向氏《评论图画记》所称之《西湖争标图》之西湖，如指金明池而言，则此图或即《西湖争标图》。然择端《清明上河图》卷真迹，今藏故宫博物院，与此相较，风格各殊，决非出于同一画家手笔。或谓此为择端早年作，宜有差异。不知画家早期与晚期作品，固可有所不同，然其时代风格仍属一致。今此图时代风格，应晚于《清明上河图》卷，乃无可疑。且图中景物，已在政和之后。若择端于政和末为早年，则《清明上河图》为南宋或金人破汴梁以后所作，时代风格不应颠倒如此，是早年之说为不确矣。上河图南宋时坊间摹本流行甚多，争标图同时被南宋画人转相临仿，亦无足异。大凡南渡之后，人民追怀汴梁全盛，拳拳故国之思，托于二图，盛相摹仿，固可理解也。此图虽未为真迹，出于南宋时人摹仿，然原本之出于择端，宜足征信，盖古人所谓下真迹一等者。即此已是瑰宝，又何必择端真迹始称珍重也。

诚如斯言，罗哲文在文章中则从建筑史角度对《金明池争标图》绘制时代作出了推论，结果竟与书画鉴定大师张珩先生以上所论相契："关于画的年代，按照建筑的形式、结构及细部来看，属宋代风格。临水殿为徽宗政和年间（1111—1118）的建筑，故此画应在政和以后，但也不会在南宋淳熙（1174—1189）以后，因为金明池在南渡后已毁，如果南渡时画家不到15岁，是不会记住金明池的情况的，所以此画应绘于北宋政和至南宋淳熙之间。"既然如此，我们还是来细致解析罗哲文是如何考证《金明池争标图》中的各色建筑，并从中获得与众不同成果的吧。

对于《金明池争标图》中诸多建筑景物的分布情况，"幽兰居士"

孟元老在《东京梦华录》中有这样一段文字描述："池在顺天门外街北，周围约九里三十步，池西直径七里许。如池门内南岸，西去百余步，有面北临水殿，车驾临幸，观争标锡（赐）宴于此。往日旋以彩幄，政和间用土木工造成矣。又西去数百步，乃仙桥，南北约数百步，桥面三虹，朱漆阑楯，下排雁柱，中央隆起，谓之骆驼虹，若飞虹之状。桥尽处，五殿正在池之中心，四岸石甃，向背大殿，中坐各设御幄，朱漆明金龙床……桥之南立棂星门，门里对立彩楼。每争标作乐，列妓女于其上。门相对街南有砖石甃砌高台，上有楼观，广百丈许，曰宝津楼，前至池门，阔百余丈，下阚仙桥水殿，车驾临幸，观骑射百戏于此池之东岸。临水近墙皆垂杨，两边皆彩棚幕次，临水假赁，观看争标……北去直至池后门，乃汴河西水门也。其池之西岸，亦无屋宇，但垂杨蘸水，烟草铺堤，游人稀少，多垂钓之士……池岸正北对五殿，起大屋，盛大龙船，谓之奥屋。"针对孟元老描写的金明池情形，罗哲文将之与《金明池争标图》中所绘场景，进行细致梳理并一一对照后认为："几乎没有多大出入，主要建筑完全吻合。"因此，罗哲文不仅得出上述与张珩先生鉴定结论相契合之观点，而且在肯定这幅名作艺术价值之外，还得出了另外两个方面的重要结论："一方面，它是研究我国宋代建筑和园林的绝好参考资料，使我们知道金明池的整个布局是四周红桃绿柳，中央建一岛屿，上建殿阁，以桥达于岸上。在两岸选择重点布置建筑，让另一部分特别幽静的处理手法，承袭汉唐的传统，对明清时期北海、颐和园的建筑布局也有一定的影响。个别建筑，像临水殿、大龙舟上的层楼，特别是水中圆殿的平面布局和立体结构的搭配，十分巧妙，在实物中还不多见。虹桥两端有华表，两旁的栏杆、望柱都是宋代的结构方式。桥南两个如阙门式的高台也是只见记载而无实物的例子，实甚罕见。另一方面，它表现了宋代帝王生活的一个场面。这种争标赐宴活动虽然是操练水军（原注：金明池于周世宗显德四年开凿，是为伐南唐、练习水军用的），但也反映了宋代盛事的一些社会情况。"

由此可见，罗哲文考证传世书画不仅在于解析古代建筑的历史与形制，对于画作中所透露出的社会生活等多种信息也没有忽视，而这对于精确辨识某个时代的建筑历史和形制，是一种极为重要的寻找旁证的方法。

由"运筏图"到卢沟桥

关于这一点，我们从罗哲文另一篇相类文章中也不难有所发现和体会，那就是发表于 1962 年第十期《文物》杂志上的那篇《元代"运筏图"考》。

在这篇同样能够较好体现罗哲文既精通文献史料，又重视分析比较这一科学严谨治学方法的文章中，他一开始就紧紧抓住这幅"未署画家姓名，亦无题款，仅右下角有一文徵明章（未辨真伪）"画作中最主要的一个画题，即"十一孔石拱桥和两端的房舍、寺庙以及车马往来和运输木材的情况"，从而精确无误地找到了考证这幅画作的突破口——画面中"很可能是描写元大都西郊通往华北平原及南方的一个重要津梁——卢沟桥"。于是，罗哲文根据这幅被鉴定专家定名为元"运筏图"画作中所绘制的内容，对照现存卢沟桥的建筑形制，并结合相关历史文献和考古资料予以验证后，从而获得了六个方面的考证成果。首先，罗哲文从画面中那座石桥上找出了五处与现存卢沟桥极为相似的地方：第一，画面中石桥的主要结构部分即 11 个拱券与现存卢沟桥完全一致；第二，画面中石桥的栏版形制及栏杆上的石狮与现存卢沟桥基本吻合；第三，画面中石桥东端一对石制华表的形制与现存卢沟桥极为相似；第四，画面中石桥西端和东端栏杆分别用石象、石狮顶住的情形与现存卢沟桥完全一致；第五，画面中石桥南面桥墩那向顺水方向收进的船尾形平面与现存卢沟桥的形式除线条略有不同外基本一致。然而，针对画面中石桥与现存卢沟桥有以上五点吻合或相似之处，治学严谨的罗哲文在慎重得出"两者之间的相似程度是非常大的"结论后，又与当时其所能知道的全国所有联拱石桥的资料相比照，最终才信心十足地肯定说："这张画上所绘的11孔石桥即是北京的卢沟桥。"

既然肯定了元"运筏图"中所绘11孔联拱石桥即是北京卢沟桥的结论，罗哲文随后又从"卢沟桥两岸的建筑布置"、"桥北的山峦"、"关于运筏的场面"和"画上所反映的元代人物情况"等几个方面，对这幅画作进行了进一步的细致考证，由此使人们不难获知其不仅从古代建筑形制特征为切入点考证传世书画的治学方法，还对其从地理位置、时代风貌和社会状况等方面对一幅古代书画进行印证，从而才最终获得足可征信的权威结论表示钦佩。因此，在这篇文章的最后谈及关于这幅画作的作者和年代问题时，即便罗哲文谦虚地表示说他的考证只是"提供一些线索供专家们参考"，但是其从建筑和服饰这两个方面划定这幅画作作者和年代的范围，还是能够给人以一种治学讲求独辟蹊径的别样收获。

佛光寺里的意外发现

民国26年（1937年）6月，梁思成先生发现当时中国最早古建筑——山西省五台县豆村的佛光寺后，五台山不仅成了佛教徒的朝圣地，也成为中国建筑学人的朝圣地。作为建筑巨人梁思成先生的得意门生，罗哲文第一次朝圣五台山佛光寺的时间虽然已不能确知，但是1964年7月的那次佛光寺之行竟然使他有了重大收获。

这实在是一次惊喜的意外发现。这一年在暴雨容易不期而至的7

月，罗哲文在山西省文物工作委员会孟繁兴同志的陪同下，对该省境内一些文物古建筑进行实地考察。不料，当他们到达五台山豆村境内时，竟突然下起了连绵大雨，以致两人被迫滞留在佛光寺内多日不能成行。正是在这么一个上天所赐的机会里，使罗哲文与孟繁兴两人得以对这座著名唐代木构建筑大殿进行了比较细致的观察，从而获得了多处唐和五代时期文字题记及一处唐代壁画的重大发现。关于这座唐代木构建筑的年代问题，虽然已经被梁思成先生等人当年所解决，但是罗哲文与孟繁兴两人的此次发现，还是为确定这座唐代建筑年代问题提供了有力的证据。比如，罗哲文与孟繁兴两人借助手电筒和马灯昏暗光线的照明，花费了整整三天的时间，终于在大殿大门背后与门颊（即门框立枋）上发现了八处唐和五代时期的文字题记，以及数十处"未题年月的唐、五代、金以及明、清题记"，特别是唐咸通七年（866 年）、咸通八年（867 年）和乾符五年（878 年）的三处题记，对当年梁思成先生确定佛光寺建造于唐大中十一年（857 年）之结论，提供了一个极为有力的佐证。

至于罗哲文与孟繁兴两人在大殿正中佛像须弥座束腰上发现的那处唐代壁画，罗哲文在 1965 年第四期《文物》杂志上发表文章记述说："此殿的佛像、佛座已经重装油彩过许多次，最后一次是在 30 多年前。为什么这块壁画没有被重新油彩呢？这是由于它所处的位置决定的。佛座紧靠扇面墙，中间距离甚窄，人只能侧身而进，加之里面光线又暗，不为人所注意，所以多次重装都没有触及这块壁画。在过去很长一段时间里，佛座背后两侧又砌了土墙，使这块壁画处在一个密闭情况之下，不通空气，不见阳光，因此，不仅至今保存完好，而且还色彩如新。"阅读这段文字，不由使人对罗哲文与孟繁兴两人之所以能发现这处壁画，产生了一种天赐机缘的感觉。试想，这处壁画如果不是绘制在如此狭小隐蔽的位置，千余年来肯定被信徒施主出资重新装饰油彩所掩盖；

试想，如果不是后来在佛座背后两侧砌筑了一道土墙的话，这处壁画也许在空气和阳光侵蚀下早已毁坏无余；试想，如果不是连绵大雨阻隔了罗哲文与孟繁兴两人的行程，这处珍贵的唐代壁画又不知何时能重现世人眼底？确实，因为多种机缘使罗哲文与孟繁兴两人得以发现这处唐代壁画，也因为这处唐代壁画而使佛光寺再次引起世人的关注，并由此使人们对这座唐代木构建筑有了更多的了解与认识。那么，这处唐代壁画绘制的内容是什么，它体现了何种绘画风格，它的发现又有何重要价值呢？

对此，罗哲文在文章中再次谦虚地表示："由于我这方面的知识很少，难作深入的分析比较，只提供给有关专家们研究参考。"既然如此，我们不妨遵照罗哲文的意愿，摘录其文章中关于这处壁画的一段文字："壁画通高0.3米许，长约0.8米。从画面上看，可分为左、中、右三部分。这三部分虽然是分离的，但彼此之间也有密切的联系。左端画的是一个手持宝剑的天王，天王旁边有一女立像，头戴花冠，左手托一香盂，盂中燃香，右手托花。正中画的是一个身穿翻领花甲胄的力士，手擒一个类似猿猴的动物。右端画的是一个手持长杆的力士，向左边追赶，右上角残存着三爪的龙腿和龙尾一段。壁画的内容尚待进一步的考证。此图在内容和构图上，与唐吴道子的'天王送子图'有相近之处。可惜该壁画的其余部分已毁，不能全部对照。"其实，罗哲文在文章中既有比较性的分析，也为"有关专家"提供了比较可信的研究途径。至于意外发现这处壁画及多处题记之意义，罗哲文在文章中总结了四点：一、唐至明清这数十处文字题记，对确定佛光寺的历史年代提供了有力证据；二、唐和五代时期的题记，为佛光寺大殿的建筑布局提供了新的证明资料；三、在这些题记中，还反映了唐及各代一些政治和军事情况；四、这处残损的唐代壁画，是中国古代木构建筑中极为罕见的早期实物。

其实，面对这次看似意外的重要发现，以及罗哲文如此精到的学术结论，人们有理由相信这是源自罗哲文多年来对文物古建筑热爱和研究的必然结果，也有理由相信这时年富力强的他将会取得更加辉煌的学术成就。当然，还包括他通过对传世书画的考证，来研究古代建筑这一刚刚展露其别样才华的治学领域。

附记：2012 年初，我刊分三期连续刊发了纪念梁思成先生逝世 40 周年的专题文章，这些文章是根据梁先生生前偏爱的弟子罗哲文与另外三位德高望重的清华建筑学人之口述整理而成，文章还未刊完就被《新华月报》分期转载，并受到读者特别是学界的一致褒扬。然而，一个多月后罗老却不幸驾鹤归去，给世人留下了"一世书生终无奈"（2012 年 5 月 20 日《中国青年报》纪念罗老的文章标题）的悲怆。由此，笔者不禁再次回想起当初到罗老家征求意见并审阅稿件时的情景。那是我最后一次见到罗老，他的精神状态比不久前我看到的要好了许多，特别是那个让罗老生病后不愿见人的导尿器已经不见了，这让我心中甚为欣慰。当我把文章一句不落地读给罗老听后，仔细听完的罗老补充了一点内容，并说："你的文章我放心。"接着，罗老提出让我与张幼平先生（中国建筑工业出版社应约同访罗老的编辑）带着他和老伴到另外一个地方取点东西，没想到竟是他老人家要把刚出版的《神州行吟草——罗哲文诗词摄影选集》新作送给我们。最后，我们送罗老回到寓所楼前，罗老执意不让我们送上楼，而是在同样走路不太稳当的老伴杨静华老人的搀扶下，步履缓慢地向家中走去，边走还边举起右手挥了挥，虽然没有回头，但是我明白那是老人在向我们告别。

没想到，这竟是罗老与我的永别！！！

鉴真坐像回乡记

———

许凤仪

1980 年的烟花三月，古城扬州发生了一件引起中日两国高层关注的
盛事——唐代高僧鉴真像回故乡"探亲"。

一

早在唐圣武天皇天平五年（733 年），日本僧人普照、荣睿乘第九
次遣唐船来中国留学。临行前，知大政官事舍人亲王和佛教首领隆尊，
要他们在中国邀请一位大德高僧到日本传授戒律，弘扬佛法。普照等人
在中国长安、洛阳等地游学十年，四处寻访，得知扬州大明寺的鉴真是
一位德高望重的律学高僧。于是便专程从西安来到扬州，长跪在鉴真面
前，邀请他去日本弘扬佛法。寺中许多僧人劝道，大海茫茫，风高浪
险，欲渡大海，九死一生。鉴真却说："中国和日本乃佛法有缘之国，
为是法事也，何惜生命！"于是，55 岁的鉴真，开始了长达十余年的东
渡壮举。他六次东渡，五次失败，终因积劳成疾，双目失明。公元 753

年，鉴真终于如愿以偿，踏上日本国土，受到朝野上下的盛大欢迎。他亲自设坛为天皇、皇后、皇太子授戒。后来，天皇赐水田一百町，又赐一品新田部亲王旧宅一处，让鉴真建造规模宏大的唐招提寺。鉴真在招提寺生活了十年，对日本佛教、医药、建筑、雕塑和文化艺术作出了不朽的贡献，被日本人民誉为律宗的开山祖，医药的始祖，文化的恩人。他圆寂之前，弟子思托等为他塑造了一尊干漆夹纻像，后被列为日本的国宝。1200 多年后，为中日文化交流作出杰出贡献的鉴真宝像回故乡"探亲"，自然成为中日两国的一大盛事。

早在 20 世纪 60 年代初，毛泽东、周恩来等就在寻求打开中日友好关系的钥匙。赵朴初当即提出，这把钥匙就是鉴真。1963 年是鉴真圆寂1200 周年，日本全国举行盛大的纪念活动。10 月，中日文化界、宗教界知名人士在北京举行了隆重的纪念活动，并在大明寺举行了鉴真纪念堂奠基仪式。"文革"中破"四旧"，中央明确表示，大明寺要加以保护，鉴真纪念堂要继续施工，按期完成。那次纪念活动和鉴真纪念堂的落成，为中日友好关系打开了友谊的大门。

鉴真像回国"探亲"更是推进中日友好的大事，中日领导人非常关心。1973 年，日中文化交流协会理事长中岛健藏来我国访问，代表唐招提寺森本孝顺长老向中国提出请求，让鉴真大师像回国"探亲"，让故乡人民瞻拜。1978 年，中国佛教协会代表团访问日本，中岛健藏再次提出鉴真像回国"探亲"一事，得到赵朴初会长的赞同。10 月，邓小平访问日本，在参观唐招提寺时，79 岁高龄的森本孝顺长老陪同邓小平和廖承志瞻仰鉴真坐像，他再次提出让鉴真像回国"探亲"的请求，邓小平当即表示"欢迎鉴真和尚像和长老来中国"。一年之后，邓颖超参观唐招提寺，又一次表示了同样的意思。1979 年 12 月，日本首相大平正芳访华，也对鉴真像回国"探亲"作了高度评价。在中日双方的共同努力下，鉴真像回国"探亲"的准备工作，就紧锣密鼓地开展起来了。

二

鉴真像回国"探亲"，是中日两国关系史上千载一时的盛举。日本首相大平正芳在《日本经济》上撰文，盛赞日中友好合作及鉴真像回国"探亲"对推动两国文化交流的意义。日本方面成立以森本孝顺为首的鉴真像中国展团，以清水公照为团长的日本鉴真大师像来华巡展寺院团，以木村仗治为团长的日本鉴真大师像来华巡回展览团。护送鉴真像的重任落在守护宝像近 70 年的森本孝顺肩上。天皇特地接见了森本，对他说，一定要对扬州人民说，我们十分感谢鉴真大师为中日两国人民的友谊作出的巨大贡献。

鉴真的祖国，鉴真的故乡，也拉开了欢迎鉴真大师像回国"探亲"的序幕。国家成立了以赵朴初任主任的全国欢迎鉴真大师像回国巡展委员会，江苏省暨扬州市也成立了以戴为然为主任的欢迎委员会。北京上演京剧《鉴真大师》，举办"纪念鉴真大师书画展"，新闻媒体对全国各地积极做好欢迎鉴真大师像回国"探亲"的准备作了大量报道，并发表国家领导人和知名人士的纪念文章。

鉴真像回国巡展的第一站，就是他生活了 55 年的故乡扬州。鉴真像将安放在他讲学和东渡的发足地大明寺中。"文革"中，寺内僧人被扫地出门，寺院大门紧闭。殿宇年久失修，菩萨残肢断臂，彩绘驳落。从 1979 年下半年起，遣返回乡的僧人陆续被召回，市委、市政府对庙宇进行大规模维修，佛像贴金彩绘。1973 年落成的鉴真纪念堂，是供奉鉴真像的地方，供像的宝座用白矾石重新雕琢而成，并安装了恒温设备。短短半年多时间，寺内寺外面貌一新。

鉴真像是日本"国宝",迄今已有1200多年,年久质脆,温度和湿度的变化对它影响很大。为确保塑像的安全,日本鉴真和尚像中国展访团的先遣人员专程来到上海,与中国专家共同商议、设计坐像专车。专车是用四吨交通牌卡车底盘改装的。车厢内的地板上铺垫了三厘米厚的印花橡胶,厢壁是夹层的,中间填充塑料和海绵,既防潮又保温。整个车厢安装了滚动滑轮,坐像上车下车方便自如。上海至扬州有300多公里路程,路况不好,设计人员用装有震动仪的专车特地沿途行驶了一趟,测量途中车辆震动状况。为避免途中颠簸,六个车轮全部装上了液力减震器,后轮还特地采取了"等强度梁"措施,保证行驶途中四平八稳。日本专家检验后大为满意。赵朴初先生看了专车,欣然命笔,题诗一首赠送造车工人:

> 今朝像驾彩云归,
> 当年身入惊涛去。
> 大车迎得友情多,
> 春风稳上扬州路。

三

1980年4月13日下午4时50分,一架日本专机平稳地降落在上海虹桥机场。专程护送鉴真像的唐招提寺长老森本孝顺刚刚走出机舱,便得到赵朴初、陆恂如(江苏省暨扬州市欢迎鉴真大师像回国巡展委员会副主任)、王涛(上海人大常委会副主任)及各界人士100多人的热情迎接。

鉴真大师像在机场稍作停留,便在赵朴初、森本孝顺一行20多部车辆的护送下,用专车连夜送往大师的故乡扬州。

　　上海至扬州，通常七八个小时就能到达。春雨初止，路面油滑，为了保证鉴真像的绝对安全，车速限制在每小时 25 公里之内。为了不耽误展期，不得不日夜兼程。

　　专车夜间过无锡、常州、镇江，到镇扬汽渡码头登上了彩旗飞扬的渡船。半个小时后，汽渡到达当年鉴真东渡登船的瓜洲古渡。已等候在那里的省、市领导和数以千计手捧鲜花、挥舞中日两国国旗的群众，井然有序地走上前去，欢迎鉴真大师坐像，欢迎森本孝顺长老。森本激动得泪水直流，他握着戴为然的手说："我多年的愿望实现了，对扬州人民的真诚和友好非常满意，非常感谢！"

　　鉴真像被安放在鉴真纪念堂备有恒温设施的玻璃橱内。他坐北面南，一脸笑容。守护在鉴真像旁的森本含着激动的泪水说："你看，大师回到故乡，也开心地笑了。"中日双方分别在大雄宝殿和鉴真纪念堂内举行法会。大明寺住持能勤法师率 100 多位僧侣举行"奉迎鉴真大师像法会"。殿内香烟缭绕，钟鼓齐鸣，众僧侣诵经、礼拜；日方法会是由森本主持，奈良五大寺法师参加。他们在像前点香礼拜，唱"鉴真大和尚赞"。

　　4 月 19 日上午举行鉴真大师像扬州展出开幕式。江苏省省长惠浴宇、省人大常委会副主任戴为然、中国佛协代会长赵朴初、日本驻华大使吉田健三和扬州地区、扬州市领导人及各界人士 500 多人参加了开幕式，瞻仰鉴真坐像。森本亲自点燃了唐招提寺赠送的石灯笼，种植了樱花树。此后连续多天的《人民日报》《光明日报》等首都各家报纸及海外新闻媒介纷纷发布消息、照片，介绍鉴真大师像展出盛况。随后，《人民日报》又发表《千载一时的盛举》的社论，社论说："日本人民精心保护和供奉了一千二百多年的鉴真大师塑像这次回国巡展，不仅仅是佛教史上的一件大事，也是中日文化交流和两国人民友谊发展史上的一件具有重大意义的盛举。"鉴真像在扬州和北京巡展期间,邓小平、邓颖超、廖承志等国家领导人也发表讲话和题词。邓小平在《一件具有深远意义的盛事》一文中说:"在中日人民友好往来和文化交流的历史长河中,鉴真是一位做出了重大贡献,永远值得纪念的人物。在日本政府的支持下,日本文化界和佛教界人士,把国宝鉴真像郑重地送来中国供故乡人民瞻仰,这是一件具有深远意义的盛事,它必将鼓舞人发扬鉴真及其日本弟子荣睿、普照的献身精神,为中日两国人民世代友好事业作不懈的努力"。

四

鉴真像正式展出的第一天,天蒙蒙亮就有人在大明寺门前等候。展出时,门外已排成一条长龙。鉴真像在扬州共展出七天,每天瞻仰人数达两万多人,最多时达四万人,队伍井然有序,长达二三华里。为了让更多的人瞻仰鉴真坐像,观众只得鱼贯而入,在展厅不得停留,进出只有几分钟。

鉴真像供奉在扬州,近水楼台先得月。江苏和扬州的观众当然先饱眼福,还有许多人千里迢迢从上海、山西、广东、河南、安徽、辽宁、湖北、湖南、浙江等省来大明寺瞻仰鉴真大师像。中央有关部门的负责人、全国在江苏召开的一些会议代表、上海宗教界负责人和僧尼,以及一些知名人士王崇伦、华罗庚、刘旦宅等也赶来扬州瞻仰鉴真大师像。此外,日本、美国、英国的华侨、港澳同胞等十多个团队三万余人,也专程来参拜鉴真大师像。一时间宾馆、饭店、旅社爆满。许多人为买到一张参观券四处托人,费尽心机。家住仪征市的一位古稀老人,听到鉴真像要回故乡"探亲"的消息,便捎信给扬州的亲友,无论如何要帮助弄到两张参观券。他对亲友说:"我今年70岁了,身体又不好,离见马克思的时间不长了，我死后你们不要送花圈，但是一定要帮助我解决两张参观券。"扬州的友人接到老人的信，深深感动了，费了很大周折，才弄到一张票。他无可奈何之下，找到扬州市外事办公室，再三说明情由，恳求买一张参观券。老人恳切的要求，使外事办的同志大受感动，终于帮助他解决了难题。

接连好几天，参观的人不但没有减少，反而在天天增多。4 月 25 日是鉴真大师像展出闭幕的日子。这天人流如潮，人数超过四万。直至下午 4 时，观众排成的长队还是一眼看不到头。还有一个小时就要关庙门了，队伍开始骚动起来，秩序开始混乱，大批维持秩序的公安人员，再三劝说也没有用，人们还是潮水般地向大明寺涌去，眼看要出大事。现场警卫人员未经请示，对空鸣枪示警。枪声，加上劝说，观众秩序才稳定下来。后来，这位鸣枪的警卫受到严厉批评，他说："观众对鉴真景仰的心情我是理解的，但秩序如此混乱，出了乱子影响太大，我也是迫不得已！"

鉴真大师像回到故乡，欢迎场面如此之大，观众如此之多，是出乎森本孝顺意料的。他高兴地说："我从 12 岁起侍奉鉴真大师像，快 70 年了。我一直把他当作活人来供奉的。鉴真像是日本国宝。日本人民对鉴真大师是极有感情的。但是，日本人民没有鉴真故乡人的福气。鉴真像在日本每年只开放三天，供人瞻仰，平常是不开放的。邓小平、邓颖超访问唐招提寺，要打开保持恒温恒湿的安放鉴真大师像的玻璃柜，也要得到天皇的特许。这次在他的故乡展出七天，我们日本人也认为是不公平的事。"话音刚落，在场的人都笑了。

4 月 29 日，鉴真大师像由专机送往北京，继续展出。鉴真像回国"小住"45 天，在北京、扬州展出 23 天，瞻仰人数达 50 多万。鉴真大师像巡展结束，很快就要离开祖国回到日本唐招提寺了。赵朴初按捺不住临别依恋之情，赋诗赞道：

看尽杜鹃花，

不因隔海怨天涯，

东西都是家。

去住夏云闲，

招提灯共大明龛，

双照泪痕干，

万绿正参天，

好凭风月结来缘，

像教住人间。

图书在版编目（CIP）数据

情系国宝 / 刘未鸣，刘剑主编 . -- 北京：中国文
史出版社，2018.7（2022.10 重印）
　　（纵横精华 . 第一辑）
　　ISBN 978 - 7 - 5205 - 0386 - 0

　　Ⅰ . ①情… Ⅱ . ①刘… ②刘… Ⅲ . ①文物工作 - 中
国 - 文集 Ⅳ . ①K870. 4 - 53

中国版本图书馆 CIP 数据核字（2022）第 163951 号

责任编辑：金硕　胡福星

出版发行：**中国文史出版社**

社　　址：北京市海淀区西八里庄路 69 号　　邮编：100142
电　　话：010 - 81136606　81136602　81136603　81136642（发行部）
传　　真：010 - 81136655
印　　装：廊坊市海涛印刷有限公司
经　　销：全国新华书店
开　　本：787 × 1092　1/16
印　　张：22.5
字　　数：279 千字
版　　次：2018 年 8 月北京第 1 版
印　　次：2023 年 1 月第 2 次印刷
定　　价：72.00 元